河北省高速公路建设
低碳发展报告
(2024年)

雷伟 / 主编

中国建设科技出版社有限责任公司
China Construction Science and Technology Press Co., Ltd.
北京

图书在版编目（CIP）数据

河北省高速公路建设低碳发展报告 . 2024 年 / 雷伟主编 . -- 北京：中国建设科技出版社有限责任公司，2025.5. -- ISBN 978-7-5160-4411-7

I . F542.822

中国国家版本馆 CIP 数据核字第 20258PE274 号

河北省高速公路建设低碳发展报告（2024 年）
HEBEISHENG GAOSU GONGLU JIANSHE DITAN FAZHAN BAOGAO（2024NIAN）
主　编　雷　伟

出版发行：	中国建设科技出版社有限责任公司
地　　址：	北京市西城区白纸坊东街 2 号院 6 号楼
邮　　编：	100054
经　　销：	全国各地新华书店
印　　刷：	万卷书坊印刷（天津）有限公司
开　　本：	710mm×1000mm　1/16
印　　张：	12
字　　数：	230 千字
版　　次：	2025 年 5 月第 1 版
印　　次：	2025 年 5 月第 1 次
定　　价：	88.00 元

本社网址：www.jskjcbs.com，微信公众号：zgjskjcbs
请选用正版图书，采购、销售盗版图书属违法行为
版权专有，盗版必究。本社法律顾问：北京天驰君泰律师事务所，张杰律师
举报信箱：zhangjie@tiantailaw.com　举报电话：(010) 63567684
本书如有印装质量问题，由我社事业发展中心负责调换，联系电话：(010) 63567692

本书编委会

主　　编　雷　伟

编　　委　蒲昌瑜　张国清　孟会林　张建立
　　　　　靳彦彪　乔　盘　马华宝　孙　超
　　　　　田中男　骆　妍　赵占林

组织编写　公路建设与养护技术、材料及装备交通运输行业研发中心
　　　　　河北省交通规划设计研究院有限公司

摘 要

2020年9月22日，习近平总书记在第75届联合国大会一般性辩论上宣布中国二氧化碳排放力争于2030年前达到峰值，努力争取2060年前实现碳中和。2021年10月，中共中央、国务院印发《中共中央 国务院关于完整准确全面贯彻新发展理念做好碳达峰碳中和工作的意见》，对碳达峰碳中和政策体系进行了统领全局的系统谋划和总体部署。我国公路建设规模已达全球第一，公路建设过程会大量消耗能源、原材料以及相关成品或半成品，已成为交通行业温室气体排放的重要来源之一，其碳排放量不容小觑。

推进绿色低碳交通基础设施建设，是贯彻节约资源和保护环境的基本国策，强化生态环境保护的重要任务。构建绿色低碳交通基础设施体系，将绿色低碳理念贯穿于交通基础设施规划、设计、建设、运营和维护全过程，加快建设方式转型升级，已成为交通运输行业贯彻生态文明战略，服务"双碳"目标的必然要求，也是加快建设交通强国、推进交通可持续发展的关键举措。本书通过对河北省高速公路建设绿色低碳发展现状、技术创新、管理举措及新能源应用等方面内容进行深入研究和分析，对于了解问题、制定政策和推动行业发展具有重要参考价值。

本书分为四部分：第一部分为总报告，第二部分为低碳管理篇，第三部分为低碳技术与装备篇，第四部分为低碳能源篇。总报告概括了河北省高速公路建设低碳发展趋势与展望，通过对河北省高速公路建设低碳发展现状和主要成就进行总结梳理，分析其发展难点和重点，给出碳达峰具体行动建议。低碳管理篇对高速公路建设期碳排放核算、管控及碳排放交易发展情况进行论述与分析；高速公路资产全寿命周期智能管理平台、高速公路基础设施智能监测与预警技术发展与应用，为低碳减排提供了管理技术支撑。低碳技术与装备篇详细阐述了低碳长寿命沥青路面技术、工业固废循环利用及高速公路桥梁低碳资源化再生利用等低碳技术与装备在河北省高速公路建设中的技术创新、应用情况与展望。低碳能源篇总结了当前河北省高速公路低碳能源发展情况与展望，为智慧微电网技术在公路建设中的应用提供了思路和建议。

目 录

Ⅰ 总报告

1 河北省高速公路建设低碳发展趋势与展望（2024 年） ············ 001
    1.1 总论 ············ 001
    1.2 河北省高速公路建设低碳发展情况 ············ 003
    1.3 河北省高速公路建设低碳发展展望（2025—2030 年）············ 012

Ⅱ 低碳管理篇

2 碳排放核算与管理 ············ 014
    2.1 高速公路建设碳排放核算 ············ 014
    2.2 高速公路建设碳排放管理 ············ 020
    2.3 碳排放交易 ············ 026
    2.4 河北省高速公路建设碳交易市场发展情况及展望 ············ 030

3 高速公路资产全寿命周期智能管理平台 ············ 034
    3.1 建设背景 ············ 034
    3.2 研发历程 ············ 038
    3.3 总体方案 ············ 038
    3.4 市场化推广情况 ············ 062
    3.5 实施效果 ············ 062
    3.6 未来展望 ············ 063

4 高速公路基础设施智能监测与预警 ············ 064
    4.1 现状、问题 ············ 064

4.2　解决方案、技术及设备 ·· 069
　　4.3　应用案例：延庆至崇礼高速公路河北段综合运行智能
　　　　监测与预警系统项目（ZH4） ·· 070
　　4.4　未来展望 ··· 078

Ⅲ　低碳技术与装备篇

5　低碳长寿命沥青路面技术 ··· 079
　　5.1　高掺量胶粉改性沥青永久路面成套技术 ···························· 079
　　5.2　低碳长寿命沥青路面技术 ··· 127
　　5.3　沥青路面就地冷再生技术 ··· 136

6　工业固废循环利用 ·· 145
　　6.1　全固废胶凝材料研发与应用 ··· 145
　　6.2　碱渣固废高值路用技术 ·· 149
　　6.3　发展展望 ··· 153

7　高速公路桥梁低碳资源化再生利用 ·· 154
　　7.1　桥梁混凝土再生利用现状及问题 ····································· 154
　　7.2　关键技术研究 ·· 158
　　7.3　总体实施路线和方法 ··· 160
　　7.4　应用前景 ··· 170

Ⅳ　低碳能源篇

8　河北省高速公路低碳能源发展情况与展望 ································· 172
　　8.1　河北省高速公路低碳能源发展情况 ·································· 173
　　8.2　智慧微电网技术 ··· 177
　　8.3　河北省高速公路低碳能源发展展望 ·································· 180

参考文献 ··· 183

Ⅰ 总 报 告

1
河北省高速公路建设低碳发展趋势与展望（2024年）

高速公路基础设施建设对材料、能源消耗投入量大，对生态环境扰动范围广，是交通运输行业绿色低碳转型的突出特点。当前，我国交通基础设施建设总量跃居世界前列，但仍存在碳排放强度较高与生态环境协调发展不足的问题。加快构建绿色低碳交通基础设施体系，将绿色低碳理念贯穿于交通基础设施规划、设计、建设、运营和维护全过程，加快建设方式转型升级，已成为交通运输行业贯彻生态文明战略，服务"双碳"目标的必然要求，也是支撑加快建设交通强国、推进交通可持续发展的关键举措。

1.1 总 论

2020年9月22日，习近平总书记在第75届联合国大会一般性辩论上宣布中国二氧化碳排放力争于2030年前达到峰值，努力争取2060年前实现碳中和。目标的提出，彰显了中国主动承担应对全球气候变化责任的大国担当，是党和国家基于中华民族永续发展和推动构建人类命运共同体的责任担当而作出的重大战略决策。2021年10月，中共中央、国务院印发《中共中央 国务院关于完整准确全面贯彻新发展理念做好碳达峰碳中和工作的意见》，对碳达峰碳中和政策体系进行了统领全局的系统谋划和总体部署。

河北省高速公路建设低碳发展报告（2024 年）

自《交通强国建设纲要》发布和提出"双碳"目标以来，国务院先后印发《关于加快建立健全绿色低碳循环发展经济体系的指导意见》（国发〔2021〕4号）、《国家综合立体交通网规划纲要》、《国务院关于印发 2030 年前碳达峰行动方案的通知》（国发〔2021〕23号）等重大战略性文件，强调将生态环保理念贯穿交通基础设施规划、建设、运营和养护全过程、打造绿色公路、改进施工工艺，从源头减少交通噪声、污染物、二氧化碳等排放、提升交通基础设施绿色发展水平、二氧化碳排放强度比 2020 年显著下降，交通污染防治达到世界先进水平。高速公路交通基础设施建设减排已经成为交通低碳化发展重要内容，尤其是覆盖面广、纵横延展深、要素复杂的高速公路基础设施建设在绿色低碳发展方面面临巨大压力。

河北省高速公路建设低碳发展已全面开展，取得明显成效。

（1）国家低碳政策全面加速落实。自 2022 年 1 月 5 日河北省政府出台《关于完整准确全面贯彻新发展理念认真做好碳达峰碳中和工作的实施意见》以来，省发改委、省国资委、省交通运输厅等相继适时出台了多项绿色低碳指导性文件和意见，提出"双碳"背景下绿色低碳公路基础设施建设的总体要求、重点任务和组织保障措施，可指导公路建设项目制定绿色低碳专项方案，细化行动路径与举措，全面提升公路基础设施绿色化水平。

（2）绿色低碳科技创新多点开花。在新技术、新工艺、新装备、新能源等方面精准攻关，取得高掺量胶粉改性沥青永久路面成套技术、高速公路智能建造关键技术、新型钢混组合结构桥梁建造关键技术、公路全预制装配式双 T 梁桥技术、沥青路面原位冷再生成套装备及关键技术、多场景分布式光伏应用成套技术等多项低碳降碳关键技术，构建了节能降碳的设计理论和方法，逐步形成涵盖设计—施工—运营—养护全周期、结构—工艺—装备全要素的公路基础设施节能降碳核心技术框架与标准体系。

（3）低碳材料设备能源广泛应用。推广适用于公路基础设施的绿色低碳重点材料、产品和设备。出台相关鼓励政策或指导意见，促进各方主动利用大宗固废替代传统建材；对新型工程机械、清洁化运输车辆、绿色能源应用、能源自洽、低碳交通产品等开展广泛应用；推进充电桩、配套电网、加注（气）站、加氢站等基础设施建设。

（4）绿色低碳示范工程亮点纷呈。京港澳高速公路（河北段）改扩建工程、延崇高速（河北段）、石太高速改扩建工程、承平高速河北段以及衡德高速改扩建工程 5 条路线开展了绿色低碳示范工程建设；荣乌高速新线雄安北服务区、承平高速雾灵山零碳服务区项目成功入选交通运输部发布第一批公路水路典型运输和设施零碳试点项目；"高速公路＋光伏"项目得到大部分高速路段应用，新建、改扩建项目与分布式光伏同步设计同步实施，风能、氢能试点应用。河北省高速公路建设将全面迈入绿色低碳工程严要求时代。

（5）建设碳排放呈总体下降趋势。近年来，河北高速公路建设设计综合考虑项目特点、规范指标等条件，优选绿色低碳方案；施工大力推进低碳新材料及技术的应用，如采用新型低碳水泥或固废基胶凝材料替代普通硅酸盐水泥等；施工机械、运输设备电动化、新能源化；同步推进风、光、氢统筹建设开发利用，构建新型高速公路绿色能源供给和消费体系等。高速公路建设碳排放强度总体呈下降趋势，减少幅度超10%以上。

1.2 河北省高速公路建设低碳发展情况

1.2.1 河北省高速公路建设低碳发展概况总结

河北省交通网络发达，交通基础设施初步形成了陆海内外联动、东西双向互济的格局，基本建成通达全国的交通运输网络主骨架，"六纵六横一环"综合运输大通道基本形成，综合交通运输网络不断完善，实现了市市通高铁、县县通高速公路、村村通公路，全省交通运输事业取得历史性成就，发生历史性变化，实现跨越式发展。河北省统计年鉴数据显示，截至2023年年底，河北省高速公路通车里程达到8421km，居全国第7位，实现县县通高速；普通干线新增326km，达到2.05×10^4km；农村公路总里程达到1.82×10^5km（包括专用公路）。

1. 河北省高速公路建设绿色低碳阶段划分

河北省高速公路建设绿色低碳发展与全国公路绿色低碳发展阶段基本吻合并适度超前。1987—2008年主要是河北省高速公路建设起步、引进提高及多元快速发展阶段。本阶段河北省高速公路从无到有，引进吸收国内外先进技术，施工材料相对丰富，高速公路建设重点放在施工技术、质量和管理上。2009年开始推出高速公路要注重环保、绿色低碳，之后并逐步发展、加强。

第一阶段，2009—2015年绿色公路的内涵得到不断探索和实践。河北省高速公路建设进入整合提升、转型创新阶段，正在逐步全面深入地落实科学发展观，也正在向更好、更快、更优、更节能环保方向发展。在做好施工质量的同时，更加关注绿色公路建设，节能环保技术及设备。其间京港澳高速公路河北段改扩建工程全线作为交通运输部的"科技示范工程"和"首批绿色低碳公路主题性试点项目"顺利开展。

第二阶段，2016—2019年河北高速公路建设进入转型创新阶段，绿色低

碳建设正式全面拉开帷幕，提出建设以"两个统筹"为核心要求，以"资源节约、生态环保、节能高效、服务提升"为主要特征的绿色公路。

深入推进绿色公路建设，河北高速公路建设在设计理念、建设思路、建设品质、服务意识及运行效率等领域取得了较大进步，能源消耗和碳排放不断降低、环境效益显著提升。其中延庆至崇礼（延崇）高速公路被列为全国首批8个绿色公路示范工程之一，2019年底建成通车。

第三阶段，2020年以后河北高速公路建设进入绿色低碳智慧交通数字化阶段，绿色低碳建设走向全面落实。绿色低碳公路建设逐步转入以生命周期节能降碳为重点战略方向，实现生态环境质量改善由量变到质变的关键时期，进而加快建设交通强国、推动交通运输高质量发展。

2. 河北省高速公路建设绿色低碳主要政策

2021年5月26日，碳达峰碳中和工作领导小组第一次会议召开，标志着我国正式启动碳达峰碳中和行动。9月，印发《中共中央 国务院关于完整准确全面贯彻新发展理念做好碳达峰碳中和工作的意见》。2021年10月29日交通运输部发布《绿色交通"十四五"发展规划》，提出"优化交通基础设施空间布局、深化绿色公路建设、推进交通资源循环利用"等要求。

2020年以来，河北省交通基础设施建设积极落实"绿色低碳"的一系列国家政策，河北高速公路建设进入绿色低碳全面落实阶段。2022年1月5日河北省政府出台《关于完整准确全面贯彻新发展理念认真做好碳达峰碳中和工作的实施意见》。2022年12月河北省交通运输厅提出：初步设计审查筛选一些效益好、流量大的公路作为落实中国式现代化河北交通场景实践的依托示范工程，开展相应的专题研究，每条路的示范都应站在中国式现代化河北交通场景的基础上，以应用和落地为主，而不是单纯的科研、谋划，从项目特点、功能定位、区位优势出发，体现"一路一特色"，从绿色低碳、智慧智能、路衍经济、服务优质4个角度设立主题，补充专章。

2023年1月，河北省加快建设交通强国工作领导小组印发《交通强省行动方案（2023—2027年）》，提出加快构建绿色低碳的发展转型体系，明确2027年目标任务。2023年2月河北全省交通运输工作会议强调，走深走实绿色之路，精准用力推动交通运输节能减排、低碳转型。要抓实交通运输结构优化、节能低碳装备推广应用、资源节约集约利用，加快推进生态优先、节约集约、绿色低碳发展。

2023年3月，《河北省交通运输厅碳达峰碳中和工作2023年工作要点》明确了2023年碳达峰碳中和工作7方面重点任务。切实做好交通运输领域碳达峰碳中和工作，逐步实现交通运输领域绿色低碳发展。推进公路建设养护

I 总报告

绿色低碳发展，推广胶粉改性沥青、超薄路面等低碳材料和技术在基础设施建设中的应用，以石太高速改扩建为试点，开展全生命周期碳中和高速公路低碳转型工作。2023年，高速公路、普通干线公路废旧路面材料循环利用率分别保持在95%、80%以上。

1.2.2 河北省高速公路建设低碳发展主要成就

2020年以来，河北省高速公路建设低碳发展成效显著，主要体现在以下几个方面：

（1）高掺量胶粉改性沥青永久路面成套技术。基于绿色化、高性能、低成本的发展理念，带动了胶粉改性沥青产业向高掺量化升级换代，显著提升了路面使用寿命，减少路面维修频率及频繁养护维修带来的拥堵和事故发生率，实现了大量废弃橡胶轮胎的资源化再利用，有效推动了我国永久路面技术发展和行业科技进步。

该技术成果已在京德、荣乌、京港澳、邢临等10多条典型高速公路建设工程中得到规模化成功应用，显著提高了路面的耐久性，降低了大修和表层养护的次数；减少了因材料和能源重复消耗造成的环境污染和温室气体排放，全寿命周期成本显著降低。京德、荣乌高速等总里程超过2000km，使用高掺量胶粉改性沥青2.1×10^5t，产生直接经济效益38.49亿元，预期节约养护维修资金22.6亿元，节省石油沥青8.4×10^4t，节约碳排放1.188×10^5t，盈收碳交易金额1039.5万元。

（2）高速公路智能建造关键技术。在低碳高性能沥青智能化生产装备、路基路面智能摊铺碾压（图1-1）、全预制智能环形梁场（图1-2）等高速公路建设关键技术领域集成创新，解决了超高掺量胶粉改性沥青制备效率低、材料性能不可控的诸多难题，突破了路基路面工程无人机群摊铺碾压协同施工的技术瓶颈，变革了传统砼梁场分散式生产的方式，形成了高速公路智能建造系列成果。

该系列成果在高速公路上得到广泛推广应用，累计新增销售额64亿元，产生经济效益9.8亿元，工程应用超高掺量橡胶沥青达2.1×10^5t，消耗废旧轮胎约230万条，节省石油沥青用量约8.3×10^4t，节省梁板预制场临时用地420亩（约$2.8 \times 10^5 m^2$），减少永久占地面积124亩（约$8.27 \times 10^4 m^2$），产生了巨大的经济与社会效益。该成果推进了高速公路建造的绿色化、自动化、装配化与智能化，促进了高速公路智能建造技术的快速发展，为雄安新区对外骨干高速公路高质量建造作出了重要贡献。

图 1-1　施工现场无人驾驶智能摊铺与碾压

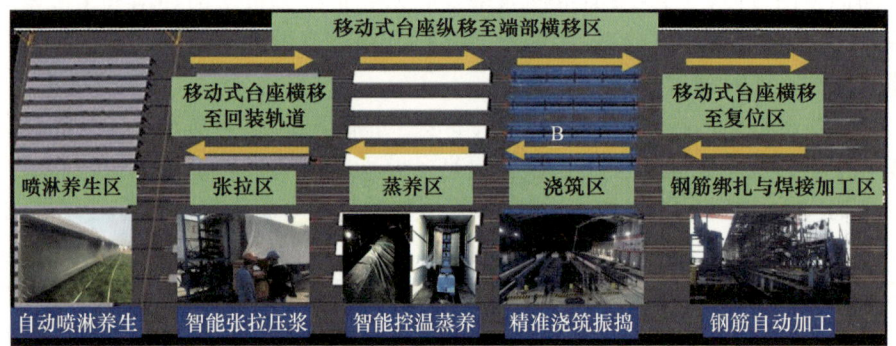

图 1-2　环形梁场生产工艺流程

（3）废旧材料综合循环利用。大力推行公路绿色低碳养护，将绿色低碳理念贯穿于公路养护管理全过程，努力加大养护工程中废旧材料的再生利用比例，进一步强化预防性养护理念，合理增加预防性养护工程，逐步压缩新建类型的结构性修复养护工程比例，最大限度减少水泥、石料、沥青等大宗筑路材料的消耗数量，努力实现公路养护材料的内循环。2021年，河北交投集团研发的"废旧轮胎胶粉改性沥青技术"纳入《交通运输部关于发布交通运输行业节能低碳技术推广目录》，"大掺量橡胶改性沥青技术"纳入《河北省低碳技术推广目录》。在荣乌新线、京德高速一期工程等路面使用胶粉改性沥青 5.57×10^5 t，消耗废旧轮胎 2.9×10^5 t、370万条，累计减少二氧化碳排放 2.15×10^5 t。全省干线公路废旧路面材料循环利用率分别达到 95%、80%。

（4）新型钢混组合结构桥梁建造关键技术与产业化。在钢混组合结构桥梁的结构力学特性、模型试验、设计理论、标准建设、装备研发与推广应用等方面开展了系统研究，形成了钢混组合结构桥梁设计与产业化建造技术体系，解决了钢混组合结构梁桥存在设计理论和标准不够完善、工业化制造水平偏低等问题，提高了结构安全耐久性，降低了全寿命周期成本，提升了公路桥梁的建设品质。（图1-3、图1-4）

图1-3 钢桁腹-混凝土组合梁

图1-4 装配式组合钢箱梁

自2011年开始，该成果已在邢衡高速公路、曲港高速、太行山高速、京张高速公路、京衡高速公路、延崇高速、津石高速、京港澳高速、迁曹高速、国道107邢台段绕城改建工程、内蒙古呼和浩特金海路改建工程等10多个项目100余座桥梁中进行了推广应用，总用钢量达5×10^5 t，显著提高了施工效率，带动了产业技术提升，有效化解了河北省钢铁产能过剩所带来的突出矛盾。

（5）公路全预制装配式双T梁桥技术。装配式双T梁具有整体刚度大、工后沉降小、现场施工快、经济性能好、环保性好等优势，是河北省高速公路第一次大规模应用全预制装配式结构。荣乌高速新线项目中5座桥梁共计3678m采用装配式结构，应用预应力预制管桩基础、预制墩柱、预制盖梁和双T梁，桥梁装配率达到92%，为拓展高速公路建设新工艺、新技术，桥梁装配化施工提供借鉴。

（6）高性能混凝土。相比普通混凝土，高性能混凝土的抗压强度、抗拉强度、抗压强度指数均更优秀，保证了工程的稳定性和安全性；高性能混凝土所使用的材料均经过精细筛选和处理，同时采用高品质的掺合剂和添加剂，使其耐久性能更高，能够在一定程度上抵御环境的腐蚀和氧化，延长使用寿命。高性能混凝土施工方便，施工时具备流动性良好、可自架立的性能，可以更轻松地应对各种结构形状复杂的建筑，减少了工序间的接缝，降低了成本，同时施工速度更快。高性能混凝土采用绿色环保原料，降低了对环境的污染，同时其优异的性能能够降低建筑物的用材量，减少了建筑垃圾的产生，具有更为环保和可持续的特点。因此，其在荣乌新线、京德高速公路、延崇高速等高速公路建设中广泛应用于桥梁、隧道等重要工程。

（7）新型绿色建材和绿色技术的应用。超高掺量胶粉改性沥青路面结构高效利用技术与装备、性能补偿型沥青温拌技术、高速公路超大厚度垂直振动压实技术与装备、绿色交通廊道植被碳汇能力提升技术、多场景分布式光伏应用成套技术、高速公路碳中和服务区成套技术应用、低维护管养技术应用、超低碳高性能水泥稳定碎石材料设计技术等绿色建材和绿色技术拟在石太高速公路改扩建中应用。

（8）光伏、风力发电等清洁能源。荣乌高速新线在路基中分带、路基边坡、收费站外墙、基地顶棚等地点，安装总容量为43MW的光伏组件，每年可提供清洁能源5300万kW·h。实现并网发电后，荣乌高速新线成为我省首条成规模利用路域资源设置光伏发电设施，并实现并网发电的高速公路，成为河北省交通运输企业深挖路衍经济的又一成果。雄安北服务区通过利用服务区的停车区、绿化场地、下沉广场、步道等区域搭建光伏发电和安装碲化镉薄膜发电玻璃，在服务区东北角区域配备风力发电机提供绿色电力，安装储能发电系统为光伏风机发电提供绿色储能保障等新工艺，将雄安北服务区打造成碳中和服务区，成为省内首家高速公路服务区新能源项目示范基地。

（9）示范工程方面。京港澳高速公路（河北段）改扩建工程以低能耗、低排放、低污染、高效率为目标，全线应用橡胶改性沥青铺筑路面，共利用废旧轮胎351万条；利用建筑垃圾、开槽土、废弃河砂和粉煤灰$3.56\times10^6 m^3$填筑路基，节约占地3563亩（约$2.38\times10^6 m^2$）；全线还推广应用了路基边坡柔性防护、下挖通道渗井排水、服务区太阳能光伏发电、服务区污水回收处

Ⅰ 总报告

理等多项技术和措施,处处体现节能环保,被交通运输部评为绿色低碳公路主题性试点项目和科技示范工程项目。

延崇高速(河北段)利用废矿渣等废弃物进行路基填筑,引入全断面掘进机等先进设备,应用智能交通管理系统、智能监控系统及无人机巡检等智能化技术,采用光伏照明系统、节能灯具及新型材料,实现了绿色节能是交通运输部第一批绿色公路建设典型示范工程和河北省交通运输厅品质示范工程。

荣乌新线、京德高速公路建成耐久路面示范工程,实现了"永久路面、智能建造、智慧高速"三大创新,打造了"雄安质量",创造了"雄安标准"。建设了G18荣乌高速新线雄安北服务区,是河北省首个综合能源零碳智能服务区。

石太高速改扩建工程开展高速公路改扩建工程低碳、降碳、典型碳中和场景打造及碳中和评价技术与监管控一体化平台等研究与应用,形成可复制、可推广的建设经验和典型案例,创建了河北省高速公路碳中和科技示范工程。

承平高速河北段从规划设计、工程建设、项目运营三个阶段深入推进绿色低碳建设,从资源循环利用、智能化施工、集约化生产、数字化应用等方面大力推进隧道弃渣综合利用、土地节约集约利用等绿色低碳技术,有效推进施工期节能降碳,进而建成一条绿色低碳的示范路。雾灵山服务区工程是该条高速公路绿色低碳建设理念的集中体现,已申报交通运输部公路水路典型运输和设施零碳试点。进入运营期,承平高速河北段将通过运营零碳服务区、光伏发电、智慧化运营、集约化管理等绿色低碳方面的创新技术,有效降低碳排放水平,构建源头控碳、过程降碳、末端汇碳、全生命周期碳管理的全链条低碳技术体系。

衡德高速改扩建工程围绕高速公路改扩建中采用桥梁拆除混凝土高值化再生利用、路面废旧材料冷再生技术、绿色低碳建材应用、施工过程碳排放管控及全路域分布式光伏发电系统等建设绿色低碳高速公路,已被列为交通运输部绿色低碳交通强国建设专项试点示范项目。

绿色低碳、智慧赋能是现代化交通运输高质量发展中的重要原则和目标。当前,河北高速公路深入聚焦现代化交通基础设施建养与运维、智慧交通技术迭代与数字化建设开展专项攻关,推进以"感知、控制、协同、管理、服务"为核心的智慧交通技术体系,延伸发展智慧交通产业;贯彻全生命周期绿色低碳发展理念,全面推进公路绿色低碳建设,夯实新改扩建项目"绿色公路"示范工程基础;倡导建设集约节约型基础设施,推广智能控制新技术与新设备,探索实践"近零碳服务区",探索光伏发电、制氢储氢等新技术应

用，不断打通能源"产、供、输、储、用"全产业链条，打造清洁低碳、安全高效的综合能源交通体系。

迈进中国式现代化新征程，交通强国、京津冀协同发展、雄安新区建设等国家重大战略的纵深推进为河北高速公路提供了重大发展机遇，河北高速公路将紧紧围绕中国式现代化河北场景，立足新一轮科技革命和产业变革前沿，聚焦智慧高速、绿色高速，对标新科技新基建，不断优化产业布局，加快高质量发展步伐，奋力谱写中国式现代化建设河北篇章！

1.2.3 河北省高速公路建设低碳发展难点和重点

"十三五"时期，我国提出了建设以"两个统筹"为核心要求，以"资源节约、生态环保、节能高效、服务提升"为主要特征的绿色公路。"十四五"时期，进入加快建设交通强国、推动交通运输高质量发展新阶段，绿色低碳公路建设将逐步转入以生命周期节能降碳为重点战略方向、实现生态环境质量改善由量变到质变的关键时期。绿色低碳公路建设应在延续"两个统筹""四大特征"基础上，进一步强化公路基础设施减污降碳协同增效，推进公路基础设施与生态环境融合，大幅提升公路基础设施绿色化水平。

河北省高速公路建设低碳发展与全国公路绿色低碳建设存在同样的难点。一是制度保障措施不健全。高速公路建设项目规划过程缺少以节能降碳为约束目标的评估、审查、监管制度体系，未列入固定资产投资项目审批要求。二是决策缺少定量数据支撑。公路基础设施尚未纳入交通领域能耗及碳排放统计核算，未形成统一的碳排放评价方法，导致当前缺少基础数据积累，无法有效支撑工程建设生命周期方案决策。三是核心技术路径不明确。工程建设中采取的技术措施仍然零散，实施效果有限且缺乏技术集成耦合，难以引导技术革新与重构，新型绿色低碳公路基础设施绿色低碳核心路径尚不确定。四是低碳循环利用水平低。从碳排放角度分析，材料生产和运输阶段碳排放量约占公路生命周期碳排放量的90%，因此利用工业固废和建筑垃圾替代部分建筑材料是开展节能降碳工作的重要途径之一。目前对于固废的资源化利用仍处于探索阶段，实际工程中资源化利用的种类少、利用方式单一、循环利用附加值低。

当前推进绿色低碳公路建设重点主要在以下三个方面。

（1）强化顶层设计，构建绿色低碳管理体系

构建全过程节能降碳管理链条。针对公路基础设施工许可、设计、招投标、施工、运营各个阶段管理特点和需求，推进公路建设两阶段设计中纳入节能降碳效益评估，强化绿色低碳技术方案审查；构建低碳招投标机制，将

企业自主低碳贡献作为评标依据之一；实施碳排放跟踪监测制度，实现对碳排放量的监控和调优；建立激励机制，激发企业作为节能减碳措施实施主体的能动性。

（2）突出技术引导，构建绿色低碳核心技术体系

一是构建全周期全要素绿色低碳技术体系与标准框架。综合考虑节能减碳效益的设计理论和方法，推广应用低碳装备及施工工艺，探索公路运营能源自洽和低碳养护技术，推进充电桩、配套电网、加注（气）站、加氢站等基础设施建设，形成涵盖设计—施工—运营—养护全周期、结构—工艺—装备全要素的公路基础设施节能降碳核心技术框架与标准体系。

二是梳理重点绿色低碳技术清单和产品推广目录。组织开展适用于公路基础设施生命周期的绿色低碳重点技术、产品和设备推荐工作，对新型工程机械、清洁化运输车辆、低碳施工工艺、低碳施工组织模式、生物质能源应用、能源自洽、低碳交通产品等方面开展系统梳理并进行绿色低碳效益综合评估与认证，加快先进适用新技术、新产品和新设备的推广应用。

三是建立生命周期碳排放评价技术体系。建立河北省公路基础设施项目材料、机械、能耗清单及碳排放因子基础数据库，收集整理单位材料和施工机械台班排放数据以及竣工项目决算文件，构建道路碳排放数据库，形成全省公路基础设施碳排放定额及碳排放基准，提出碳排放评价的参数标准和评价方法，建立公路基础设施生命周期碳排放评价技术体系。

四是推进绿色低碳替代材料深度利用。提出典型大宗固废替代传统建材的应用场景和配套工艺，形成成套应用技术及标准体系；出台相关鼓励政策或指导意见，促进各方主动深化固废资源作为替代材料高附加值利用；建立交通行业大宗固废应用物联网监控平台及交易平台，实现大宗固废供需信息匹配，构建产—销—用新模式。

（3）加强研究实践，打造绿色低碳建造新场景

一是开展全生命周期节能降碳关键技术攻关。围绕"减排"和"增汇"这两条根本路径，形成公路工程减碳效果优化设计体系，研发低碳施工—运营—养护建设成套技术、路域植被与土壤碳汇潜力促进技术，构建节能降碳管理体系。

二是全面建设绿色低碳新场景。在开展"低碳公路""低碳工地""（近）零碳服务区"等典型示范工程基础上，着力强化绿色低碳技术创新应用，推动非化石能源应用，提升生态文明建设与碳排放管理能力，全面打造高速公路绿色低碳建设新场景。

三是组织开展经验总结与推广。组织行业交流会和研讨会，加强公路基

础设施建设节能降碳技术路径及对策措施等方面的经验总结，加快成果研发与经验推广，凝聚发展合力；对公路建设管理人员、设计人员、施工人员开展系统培训，提升对公路行业绿色低碳转型的认知和接受度。

1.3 河北省高速公路建设低碳发展展望（2025—2030 年）

我国交通运输业碳排放约占全国总排放量的 10%，其中交通基础设施建设碳排放约占全国总排放量的 1%。虽然占比低，但交通基础设施体量巨大，碳排放绝对值大，每一条高速公路建设期碳排放都在 1×10^6 tCO$_2$e 级别以上，建设期短，对环境影响大。因此，迫切需要推进交通基础设施建设过程节能减排，降低碳排放强度。

1.3.1 加快制定河北省高速公路建设碳达峰具体行动方案

2021 年 10 月 26 日国务院印发《2030 年前碳达峰行动方案》，加快绿色交通基础设施建设。将绿色低碳理念贯穿于交通基础设施规划、建设、运营和维护全过程，降低全生命周期能耗和碳排放。2022 年 6 月 19 日河北省人民政府印发《河北省碳达峰实施方案》，加快绿色交通基础设施建设。2024 年 5 月 23 日，国务院印发《2024—2025 年节能降碳行动方案》，推进低碳交通基础设施建设，强化节能降碳目标责任和评价考核，加强能源消费和碳排放统计核算。

根据国家和地方的碳达峰顶层设计，投资建设方（政府部门或公司）应尽快开展制定河北省高速公路建设碳达峰具体行动方案，涵盖项目规划、设计、建设及运营等环节的整体方案，全过程严格贯彻落实。碳达峰具体行动方案包括对应 2030 年前碳达峰的阶段目标的主要目标，制定碳达峰发展路线图；提升绿色低碳勘察水平，进行碳核算核查；加快绿色低碳科技创新；推进低碳建造方式变革；加大低碳业务转型力度；布局绿色金融与碳交易；开展节能降碳增效行动；打造高速公路建设领域碳圈生态，形成一批碳达峰碳中和工程典型案例。

到 2025 年底，河北省高速公路建设应改变当前只注重低碳技术、材料与能源的局面，积极落实国家碳达峰、碳中和工作要求，统一部署、率先制定碳达峰行动实施方案，确定 2025 年、2030 年总体目标，全面推行碳排放核算与管理、低碳技术、低碳材料、低碳能源、低碳施工与管理等，构建碳排放管控平台，实现全过程碳排放动态管控，达到高速公路低碳建设阶段目标，整体扎实推动绿色低碳发展。

1.3.2 积极稳妥推进河北省高速公路建设低碳发展

高速公路建设低碳发展涉及诸多方面，在顶层设计碳达峰具体行动方案统一部署下，积极稳妥整体推进。在低碳材料、低碳技术及装备、智能交通、数字交通、绿色能源、示范工程等方面应比照总体主要目标推进，给予更大的政策支持。公路建设在碳排放核算核查、碳资产管理等方面较为落后，要引起足够重视。

因此，对建设项目乃至整个主体单位着力完善各领域碳排放基础数据的统计，建立公路基础设施建设生命周期碳排放管理体系、核算与评价指标体系，清楚碳排放水平，科学制定阶段目标，完善碳达峰路径，是稳妥推进的基础。在推进中实施碳排放管控，增强碳数据管理能力，要从源头和过程分析碳排放来源，分析各分项工程、分部工程、单位工程的碳排放量，确定重点控制环节和技术措施，确保碳排放阶段目标如期实现。建立碳资产智能管理平台，加大碳达峰碳中和技术人才培养力度，构建绿色低碳产业链供应链，布局绿色金融和碳交易，形成公路碳资产产业。

1.3.3 实现河北省高速公路建设碳达峰目标

实现河北省高速公路建设碳达峰目标，即到 2030 年年底前全省高速公路建设二氧化碳排放量总和达到峰值后逐步回落，二氧化碳排放量由增转降。经济增长不再以增加碳排放为代价，是高速公路建设绿色低碳转型过程中的标志性事件，标志着到 2030 年，河北省高速公路建设绿色低碳转型全面完成，绿色低碳业务增长点全面形成，绿色低碳发展模式普遍形成，在低碳新材料、新技术、新产业、新商业模式上取得全面突破，形成具有显著优势的产品与服务能力，河北省交通建设骨干企业成为高速公路建设和运营绿色低碳综合解决方案提供者，在公路建设碳达峰工作中发挥重要推动和引领作用。

公路建设领域实现碳达峰、碳中和愿景，是一项长期、艰巨、系统且庞大的工程，需要多部门、多行业、多学科深度融合，综合运用新一代信息技术、智能建造、绿色节能技术，推动能源更新、技术革命、产业转型，也需要搭建导向鲜明、要素集聚、学科协同、链条完善的集成化平台，共同推动公路建设"双碳"目标实现。公路建设行业要紧密抓住此次机遇，通过管理创新、技术创新等做好相关储备和产业布局，积极投入到交通基础设施碳达峰、碳中和工作中，为建设交通强国贡献力量。

Ⅱ 低碳管理篇

2
碳排放核算与管理

践行国家"双碳"目标,传统交通基础设施行业要以高质量发展为主题,以产业转型升级为主线,抢抓碳达峰碳中和发展机遇,充分发挥自身优势和研发能力,坚持科技、绿色双轮驱动,探索在资源高效利用和绿色低碳发展基础上的高质量发展。在其中,做好碳排放核算与管理是首要工作。

2.1 高速公路建设碳排放核算

总体而言,我国公路建设行业需加速构建标准化的碳核算体系框架,形成统一的核算方法和流程,以支撑碳减排技术研发与管理措施制定。本书从核算范围界定、核算边界划分、核算模型建立等方面提出标准化的核算流程,可对典型公路项目建设全过程开展碳排放量核算,形成统一的公路建设碳排放核算体系框架,为制定节能降碳措施提供理论支撑。

2.1.1 理论框架与核算边界

基于生命周期评价相关的国内外标准要求,结合高速公路实际建设特征,将高速公路建设期确定为从工程施工开始直至通车运营这一时间区间,将建设全过程划分为材料生产、材料运输以及工程施工三个阶段。根据公路建设的工程结构、工程计价、施工特点确定各阶段的核算边界,如图 2-1 所示。

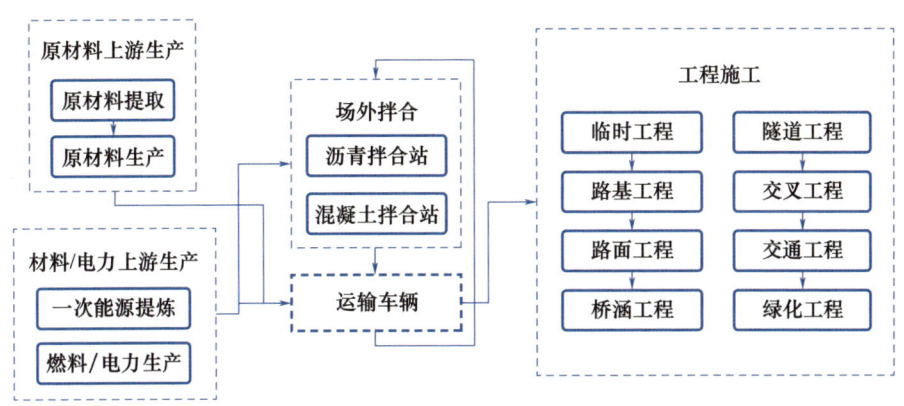

图 2-1 高速公路建设期碳排放核算范围

1. **材料生产阶段碳排放核算边界**

公路基础设施建材生产阶段碳排放计算的生命周期边界可采取"从摇篮到大门"的模型，即从建材的上游原材料、能源生产开始，到建材出厂为止。该阶段包含建材生产所涉及能源的开采、生产过程，建材生产所涉及原材料、能源的运输过程和建材生产过程。

2. **材料运输阶段碳排放核算边界**

公路基础设施材料运输阶段碳排放计算理论上应包含：建材从生产地运到施工现场的运输过程，建材运输过程所耗能源的开采、加工及运输工具的生产，运输道路等基础设施的建设等阶段。考虑到目前运输工具的生产、运输道路等基础设施建设等过程的基础数据尚不完善，且此类过程分摊到建材运输上的环境影响较小，可忽略不计。

3. **施工阶段碳排放核算边界**

公路基础设施施工阶段核算边界应以高速公路施工为主体，开展的一切生产活动，包括施工材料场内运输和加工、现场施工作业、施工生活办公区生产管理。核算范围应从项目开工起至项目交工验收为止。核算项目有临时工程、路基工程、路面工程、桥涵工程、隧道工程、交叉工程、交通工程及沿线设施、绿化及环境保护工程、其他工程、施工场地建设。

2.1.2 核算模型

由于公路建设过程中温室气体直接排放源为施工机械和运输车辆，间接排放源为筑路材料，高速公路建设碳排放核算采用基于排放清单的过程生命周期评价分析方法，通过工程数据清单和主要碳排放因子计算各阶段各单位

工程筑路材料和施工机械产生的碳排放总量,建立基于生命周期评价的高速公路全过程碳排放核算模型。

高速公路建设全过程碳排放总量 C 为材料生产阶段 C_{sc}、材料运输阶段 C_{ys} 和工程施工阶段 C_{sg} 的筑路材料和施工机械的碳排放总和。其计算公式可表示为:

$$C=C_{sc}+C_{ys}+C_{sg} \tag{2-1}$$

式中 C——公路建设全过程的碳排放总量($kgCO_2e$);

C_{sc}——材料生产阶段的碳排放($kgCO_2e$);

C_{ys}——材料运输阶段的碳排放($kgCO_2e$);

C_{sg}——工程施工阶段的碳排放($kgCO_2e$)。

1. 材料生产

材料生产阶段碳排放应按公式(2-2)计算:

$$C_{sc}=\sum_{i=1}^{n}M_iF_i \tag{2-2}$$

式中 C_{sc}——材料生产阶段产生的碳排放量($kgCO_2e$);

i——筑路材料类型,$i=1,2,3,\cdots,n$;

M_i——第 i 种筑路材料的总消耗量(kg);

F_i——第 i 种筑路材料生产过程的碳排放因子($kgCO_2e/kg$)。

主要材料消耗量(M_i)应通过查询设计图纸、采购清单等工程建设相关技术资料确定。

(1)筑路材料生产阶段的碳排放应包括下列内容:

① 筑路材料生产涉及原材料的开采、生产过程的碳排放;

② 筑路材料生产涉及能源的开采、生产过程的碳排放;

③ 筑路材料生产涉及原材料、能源的运输过程的碳排放;

④ 筑路材料生产过程的直接碳排放。

(2)筑路材料生产时,当使用低价值固废材料作为筑路材料时,可忽略其上游过程的碳过程。当使用其他再生原料时,应按其所替代的初生原料碳排放的50%计算;筑路材料建设和拆除阶段产生的可再生材料,可按其可替代的初生原料的碳排放的50%计算。

2. 材料(设备)运输

材料(设备)运输阶段碳排放量应按公式(2-3)计算:

$$C_{ys}=\sum_{i=1}^{n}M_iD_iT_i \tag{2-3}$$

式中 C_{ys}——材料(设备)运输生产阶段产生的碳排放量($kgCO_2e$);

Ⅱ 低碳管理篇

i——筑路材料类型，$i=1, 2, 3, \cdots, n$；
M_i——第 i 种筑路材料的总消耗量（kg）；
D_i——第 i 种筑路材料平均运输距离（km）；
T_i——第 i 种筑路材料的运输方式下，单位质量运输距离的碳排放因子 [kg CO$_2$e/（kg·km）]。

主要筑路材料的运输距离宜优先采用实际的材料运输距离。

筑路材料运输阶段的碳排放应包含材料从生产地到施工现场的运输过程的直接碳排放和运输过程所消耗能源的生产过程的碳排放。

3. 施工阶段

高速公路施工阶段碳排放核算完整工作流程主要包括：收集化石燃料、净购入电力等活动水平数据；分别计算高速公路施工直接碳排放量、施工间接碳排放量和施工期碳减排量；汇总计算高速公路施工碳排放总量。

公路基础设施建设阶段碳排放的关键在于确定施工阶段的电、汽油、柴油、燃气等能源的消耗量，方法主要有两种：一是施工工序能耗估算法，即根据各分部分项工程和措施项目的工程量、单位工程的机械台班消耗量和单位台班机械的能源用量逐一计算，汇总得到施工阶段能源总量；二是施工能耗清单统计法，即通过现场电表、汽油和柴油的计量进行统计，汇总得到施工阶段的实测总能耗。根据现场实测数据进行统计汇总，理论上可行，结果准确可靠，但无法在施工前估算。施工前可采用施工工序能耗估算法计算碳排放。

1) 施工直接碳排放核算

(1) 施工人员碳排放核算

施工人员碳排放应按公式（2-4）计算：

$$E_{\mathrm{p}} = \sum_{i=1}^{n}(A_i \times N_{\mathrm{p}i} \times EF_{\mathrm{p}}) \tag{2-4}$$

式中 E_{p}——施工人员碳排放量（kgCO$_2$）；
A_i——第 i 项工程内容的工程数量，单位：定额工程数量列表单位；
$N_{\mathrm{p}i}$——第 i 项工程内容的实测定额人工消耗量，单位：工日；
EF_{p}——施工人员生活耗能碳排放因子，（kg CO$_2$/工日），应优先采用实测数据，当缺少实测数据时，可按 1.84kg CO$_2$/工日计取；
i——核算项目序号。

(2) 施工机械碳排放核算

施工机械碳排放应按公式（2-5）计算：

$$E_{\mathrm{e}} = \sum_{i=1}^{n}\sum_{j=1}^{m}(A_i \times N_{\mathrm{e}ij} \times EF_{\mathrm{e}j}) \tag{2-5}$$

式中　E_e——施工机械碳排放量（$kgCO_2$）；
　　　A_i——第i项工程内容的工程数量，单位：工程数量列表单位；
　　　N_{eij}——第i项工程内容中第j种施工机械的台班消耗量，单位：台班；
　　　EF_{ej}——第j种施工机械的单位台班碳排放因子（$kg\ CO_2$/台班）；
　　　i——核算项目序号；
　　　j——施工机械序号。

（3）材料（设备）场内运输过程碳排放应按公式（2-6）计算：

$$E_{cw} = \sum_{k=1}^{n}\left(\sum_{i=1}^{m}(A_i \times N_{mik})\times L_k \times EF_{tp}\right) \quad (2-6)$$

式中　E_{cw}——材料（设备）场内运输过程碳排放量（$kgCO_2$）；
　　　A_i——第i项工程内容的工程数量，单位：工程数量列表单位；
　　　N_{mik}——第i项工程内容中第k种材料（设备）的台班消耗量，（kg 或 m^3）；
　　　L_k——第k种材料（设备）运输平均运距（km）；
　　　EF_{tp}——第p种运输装备单位周转量碳排放因子［$kg\ CO_2$/（t·km）］；
　　　i——核算项目序号；
　　　k——材料（设备）序号；
　　　p——运输装备类型。

各种材料（设备）的场内运输距离应采用实际运输距离。

2）施工间接碳排放核算

对于净购入使用电力产生的二氧化碳排放，用购入使用电量乘以电网平均碳排放因子得出，应按公式（2-7）计算：

$$E_d = \sum(AD_d \times EF_d) \quad (2-7)$$

式中　E_d——净购入使用电力的碳排放量（$kgCO_2$）；
　　　AD_d——高速公路建设施工净购入总电量（MW·h）；
　　　EF_d——区域电网平均碳排放因子［$kg\ CO_2$/（MW·h）］，电力排放因子应根据企业购电所属电网及目前的东北、华北、华东、华中、西北、南方电网划分，电网排放因子采用 $0.5703t\ CO_2$/（MW·h），或生态环境部发布的最新数值。

3）施工期碳减排核算

（1）回收利用材料减碳量

回收利用材料是指循环使用工业废料和建筑垃圾、公路工程废旧材料替代常规材料，减少的材料生产过程中的碳排放。

Ⅱ 低碳管理篇

回收利用材料减碳量应按公式（2-8）计算：

$$E_\mathrm{m} = \sum_{k=1}^{n}\sum_{g=1}^{m}(A_i \times N_{mjg} \times EF_{mg}) - \sum_{g=1}^{n}(S_{gj} \times EF_{tg}) \qquad (2\text{-}8)$$

式中　E_m——回收利用材料减碳量（$kgCO_2$）；

A_i——第 i 项工程内容的回收利用材料数量，单位：工程数量列表单位；

N_{mig}——第 i 项工程内容中第 g 种回收材料的数量，单位：工程数量列表单位；

EF_{mg}——第 g 种回收材料生产过程碳排放因子（$kgCO_2/kg$、$kg\ CO_2/m^3$），材料生产过程碳排放因子宜选用经第三方审核的材料碳足迹数据；

S_g——第 g 种材料（设备）运输第 t 种化石燃料消耗量（kg）；

EF_{tg}——第 g 种回收利用材料运输消耗第 t 种化石燃料的碳排放因子 [$kg\ CO_2/(kg)$]；

i——核算项目序号；

g——回收利用材料序号。

化石燃料的二氧化碳排放因子应按公式（2-9）计算：

$$EF_i = CC_i \times OF_i \times \frac{44}{12} \qquad (2\text{-}9)$$

式中　EF_i——第 i 种化石燃料的 CO_2 排放因子（$kgCO_2/GJ$）；

CC_i——第 i 种化石燃料的单位热值含碳量（kgC/GJ）；

OF_i——第 i 种化石燃料的碳氧化率，以%表示；

44/12——二氧化碳与碳的相对分子质量之比。

（2）绿色电力减碳量

高速公路施工绿色电力减碳量应按公式（2-10）计算：

$$E_{ld,i} = AD_{ld,i} \times EF_d \qquad (2\text{-}10)$$

式中　$E_{ld,i}$——核算区域 i 自产绿电所减少的二氧化碳排放量（$kgCO_2$）；

$AD_{ld,i}$——核算区域 i 输出电力（$MW\cdot h$）。

（3）施工期绿地碳汇减碳量

绿地碳汇吸收并存储的二氧化碳应按公式（2-11）计算：

$$E_{th} = AD_{th} \times EF_{碳汇} \qquad (2\text{-}11)$$

式中　E_{th}——高速公路绿地碳汇量（$kgCO_2$）；

AD_{th}——高速公路施工现场核算期内绿地面积（hm^2）；

$EF_{碳汇}$——高速公路施工现场碳汇因子 [$kgCO_2/(hm^2\cdot a)$]。

4）施工碳排放汇总

高速公路施工碳排放总量按公式（2-12）计算：

$$C_{sg}=E_p+E_e+E_{cw}+E_d-(E_m+E_{ld,i}+E_{th}) \qquad (2-12)$$

式中 C_{sg}——高速公路施工总碳排放量（$kgCO_2$）。

4. 碳排放强度

由于高速公路项目里程长、施工工序复杂、影响因素众多，碳排放总量无法反映重点耗能单元的排放特征，且工程管理中通常采用里程作为进度指标，因此为评估各耗能单元的碳排放水平，提出高速公路建设碳排放强度 CD，其计算公式为：

$$CD=\frac{C}{D} \qquad (2-13)$$

式中 C——公路建设全过程的碳排放总量（$kgCO_2e$）；

D——与核算范围对应的公路里程（km）；

CD——单位里程高速公路建设全过程产生的碳排放量，即每千米碳排放量（$kgCO_2e/km$），除以车道数或路基宽度可以直接转化为单位车道数或单位路基宽度碳排放量等指标，可与其他项目进行比较。

2.2　高速公路建设碳排放管理

世界已经进入全球气候变暖时代，中国明确提出2030年前碳达峰、2060年前碳中和的目标。交通基础设施作为交通运输的重要载体，其建设施工阶段碳排放量巨大，从基础设施的角度来探寻节能减排路径已成为新的发展趋势，加强基础设施碳排放管理对促进交通运输行业碳达峰碳中和至关重要。目前，学术界在碳排放研究进程中逐步形成碳管理理论，但其概念尚未形成统一定义。在宏观研究层面，碳管理更加注重从政策策略、统筹规划、施工新材料新技术及智能化数字化角度对碳排放进行宏观把控；在具体研究层面，碳管理研究核心在于碳排放核算及分析上，提出碳减排建议，给出碳管理目标制定及施工过程动态管控流程，具体实现碳管理目标。

2.2.1　碳排放宏观管理

"十四五""十五五"期间，全国及各省面临较大规模及体量的高速新建、改扩建建设，且该阶段又处在实现2030年"碳达峰"的关键节点之前，如何统筹在实际建设施工中推进绿色建材的使用，减少道路施工对自然资源损害，

Ⅱ 低碳管理篇

切实将高速公路作为新基建的低碳主体，建设低碳化、能耗低、环境污染小的高速公路，其意义和价值重大。

随着《交通强国建设纲要》《国家综合立体交通网规划纲要》等相关政策的不断出台，我国已明确提出推动交通基础设施数字转型、智慧升级等具体工作的目标节点。在政策导向的基础上，高速公路业主单位如何顺应数字化经济发展潮流，平衡好企业数字化转型和经营决策（专项预算）之间的关系，逐步有序推动高速公路智慧化运营管理、低碳化经营，具有较大的探索发展空间。

基于高速公路基本现状，从短期看，处理好前期高速公路低碳运管、数字化转型与企业经营压力、资金预算的矛盾，需要一定的政策驱动及引导；从中期看，推动高速公路行业保持"低碳、脱碳"发展，最终要依靠碳市场机制的不断完善；从长期看，强化高速公路行业主体在碳市场上的全产业链发展，核心来自基础学科的研究突破及落地应用，需要不断地进行科技创新。

围绕国家"双碳"目标的战略部署及高速公路行业主体的建设、经营业态、使命责任，需要做好以下 4 个方面的碳排放宏观管理工作，以期为行业的低碳转型打下坚实基础。

(1) 构建企业碳资产管理体系

结合企业的经营业态、资产规模及企业的战略定位，有针对性地开展"十四五"双碳专章或发展规划编制工作，并提前做好的人才、资源的前期储备工作。

企业根据自身的实际现状，做好自身的碳排放核查工作；同时，根据企业碳排放情况及所在区域的碳减排政策，研究行业及区域碳配额分配机制及 CCER（即国家核证自愿减排量，简称 CCER）自愿减排抵消机制，为企业的碳资产管理奠定基础。

企业根据其战略规划及定位，确定企业碳资产管理架构形式、组织机构及人员配备，制定适合自身发展的"双碳实施路径"，并结合企业采用的交易策略、流程制定企业碳资产相关规章制度，完成企业碳管理体系构建。

(2) 推动绿色节能助力碳中和

碳排放监测管理方面，构建企业综合能源管控平台进行能源管理，将高速公路的具体场景纳入监测范围，实时监测企业全线用能情况，实现碳排放实时监测控制。这一举措不仅强化了能源管理，还显著推动了绿色节能目标的实现。

机电专项提升工程的方案或技术指标制定方面，将"碳排放成本"或"低碳排放标准"统筹纳入考虑，优先制定、甄选一些高性价比的方案，逐步树立"低碳化"的基本导向，引导前期项目设计及具体实施的全过程，倒逼行业供应链全链条的能效优化，减少业主作为链条末端的碳排放量。例如：招标采购文件中，明确节能低碳的相关技术指标或将低碳相关的解决方案优劣重点作为评标的评分标准。

加快高速公路充电桩配套建设，满足新能源车辆快速发展需求，为新能源车提供充电服务，有效减少车用汽、柴油消耗；同时，应用分析 ETC 门架及收费站出入口等行业数据，通过大数据的监测分析，提前告知车主引导到空闲的充电桩去充电，着力提升用户便捷充电体验。

在新建或改扩建项目中，优先推广绿色建材的使用。例如：大量使用固废基材料，从材料生产源头实现节能减排；应用沥青路面冷再生、温再生等技术，实现路面材料再生利用以及施工用料的节能减排，在高速公路沿线服务区、收费站等地方，集中进行污水处理，实现污水减排。

结合地方自然资源禀赋，依托高速路网沿线的资源，有针对性地在建筑物屋顶、服务区、道路边坡、沿线 ETC 门架或监控杆位等区域，通过构建分布式光伏或风力发电形成"绿电"，在"自发自用，余电上网"的基础上，逐步改变企业能源消费结构，促进企业绿色用能，发挥低碳优势，减少碳排放，逐步实现"能源结构低碳化、生产运营去碳化"。

（3）打造数字化转型智能化发展

从高速公路信息化提升服务于"双碳"目标来看，应提升高速公路承载力及车辆通行能力，特别是极端天气频发或通行量不均匀系数较高的路段，减少和避免主线拥堵。

从不均匀系数维度来看，目前高速公路主要涉及两大类，一是随着城市集群化的建设，部分发达区域的高速公路愈发呈现出"市政道路化"的属性。二是法定节假日期间的自驾出行，也使得高速公路通行量呈现峰值。高位通行量情况下，高速公路极易出现交通事故或突发事件，造成车辆拥堵。针对上述情况，高速公路路段业主单位可以有效联合路政、交警，一方面依托体制优势和联动机制，另一方面基于信息化提升，系统集成高速公路沿线车道通行指示情报板、匝道与主线交界处红绿灯以及沿线监控视频的事件监测等资源，使得在局部点位拥堵情况下可以通过有效控制匝道及应急车道的启用，缓解主线拥堵。

针对极端天气频发路段，在推进高速公路智慧化和信息化过程中，应重点关注通行用户的"伴随式服务"，即可以通过网络互联将路段沿线实时的各类监测数据提供给第三方导航终端（如气象信息、视频事件监测信息、路面凝冰、边坡及桥隧监测信息等）或通过车路协同及时将路侧方信息提供给通行车辆，以期弥补现行情况下第三方导航终端数据源单一的弊端，从而为高

速通行车辆提供精准的路况信息服务和突发情况下司机必要的应急应变时间，减少一次事故的发生及避免二次损失的扩大。

在日常收费运营及三大系统改造过程中，业主单位要重点区分"支撑型应用""业务型应用""创新型应用"的工程界面，合理确定技术方案及其对应的预算列支。一方面避免资金浪费及后续系统不可用性；另一方面可以基于"利旧复用"的思路迭代式推进提升改造工作，减少试错成本。例如：基于"去岛化"的理念以及收费机器人规模化应用，实现收费站区的"无人化"，为车乘人员提供低碳智能的快捷服务；基于视频联网上"云"的事件监测预警、高大边坡监测系统及无人机等各类技术手段，形成对高速公路的低碳化巡检运管。

基于高速公路碳减排场景类型多及减排潜力大的基本现状，重点做好收费系统数据与沿线路衍经济业态下其他系统数据的融合，并借助区块链技术，实现数据的"信用化"，确保数据与低碳减排行为及量化减排量之间的映射关联，为后续高速公路交通碳普惠平台的建立以及广大用户个人碳减排、碳中和的实现奠定基础。

（4）重点做好碳资产的综合开发及运营管理

逐步探索高速公路林业 CCER 项目的开发，尤其是"十三五"期间建设完成和"十四五"期间拟规划建设的高速公路，通过系统对高速公路中央隔离带、预留带、边坡及服务区等沿线区域内的绿化林木进行 CCER 项目开发，进而形成有效的核证减排量。一方面可以用于企业自身的"碳中和"，潜在提升企业社会形象；另一方面可以参与碳市场的碳交易，作为营业外收入直接"变现"。

基于高速公路数字化转型，在部分高速公路机电专项改造提升的同时，依托第三方碳咨询机构，配套进行碳减排新型方法学的开发，进而形成有效的核证减排量。例如，基于高速公路出入口的 ETC 通行、收费机器人、服务区沿线充电桩等减排场景，将其打造为碳减排示范项目，并依托 CCER 进行减排量申请核证，形成"可持续、可复制"的盈利模式。

探索构建碳普惠平台，借助普惠"碳积分"，有效将用户、高速公路业主单位、高速公路沿线其他业态经营单位、低碳行为方式（如使用 ETC 作为高速公路通行介质、采用 ETC 加油或通行车辆为新能源车辆等）等多维主体有效整合，一方面增加用户黏性，潜在实现"引车上路"，进而推动路衍经济的多业态发展；另一方面通过"碳积分"变现的方式，让公众用户享有"碳普惠"收益，持续推动大众积极参与"双碳"行动。

提前做好"碳配额"在交通行业试行的相关准备工作，通过引进第三方碳咨询公司进行碳资产管理咨询服务，帮助企业建立碳资产管理组织架构、制定科学的碳交易及碳金融计划目标，并通过各类碳金融手段（如碳配额与 CCER 现货交易、碳配额与 CCER 置换、碳资产托管、碳资产回购及抵押融资等），来实现碳资产的保值增值。

2.2.2 碳排放具体研究

1. 碳管理目标制定

从高速公路施工角度出发，将碳管理目标定义为在碳管理基本单位内，为了落实碳排放具体管理措施而制定的最大碳排放量限制目标。碳管理基本单位定义为整个研究系统中进行碳管理目标制定的最小一级单位，可根据实际工程客观情况进行调整。碳管理目标的确立需要确定碳排放量最大限制目标，并对目标进行论证，所确立的目标将作为贯穿项目施工阶段碳排放控制管理的主线，对项目控制碳排放手段的实施起着重要作用。施工碳管理目标的制定由碳排放量估算、概算和预算组成，最后形成施工阶段碳排放目标，如图 2-2 所示。根据碳排放预算量，直接确定最终的施工碳排放目标。

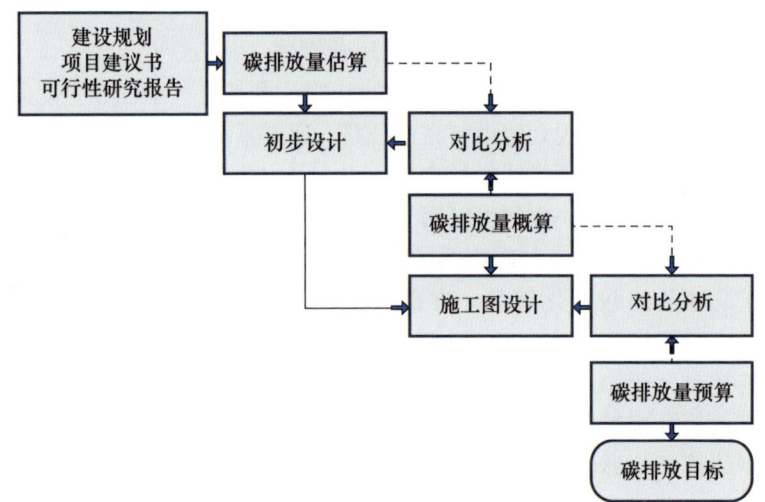

图 2-2 施工阶段碳排放目标的制定流程

为了实现碳管理的具体落实，以碳排放单元过程为基本单位进行数据采集与碳管理目标制定。通过与实际工程估算、概算、预算文件结合，自下而上形成碳管理目标，有助于从建设工程的各个层次进行碳管理。在进行碳管理目标制定时，以单元过程分解结果的子目工程为基本单位进行计算。子目工程由多个班组或施工队进行施工，主要包括钢筋加工班组、模板加工班组、路基班组和木材加工班组等。碳管理目标核算时，首先按照班组或施工队对子目工程进行拆解，分析各班组的材料消耗、人工消耗、电力消耗、燃油消耗；以此为基础，计算每个班组或施工队的碳管理目标，进而逐层计算子目工程、分项工程、分部工程、标段（单位工程）的碳管理目标。

2. 碳管理目标动态控制

高速公路施工期碳排放管理控制主要体现在施工阶段根据碳排放量与碳管理目标对比结果对施工工艺、施工组织安排等的优化工作中。针对每个具体的子目工程，定期核算施工碳排放量，通过与其对应的碳排放管理目标进行对比分析，判断是否需要优化并探索碳减排的关键点，在符合碳排放目标的范围内，改进施工工艺，进行施工组织再设计，制定节能减排措施，最大限度达到节能减排的效果。若实际碳排放量与目标偏差过大，应根据实际碳排放情况调整目标，以更好地指导下一步施工活动。当不发生偏差时，继续落实原有施工方案，动态调整流程如图 2-3 所示。

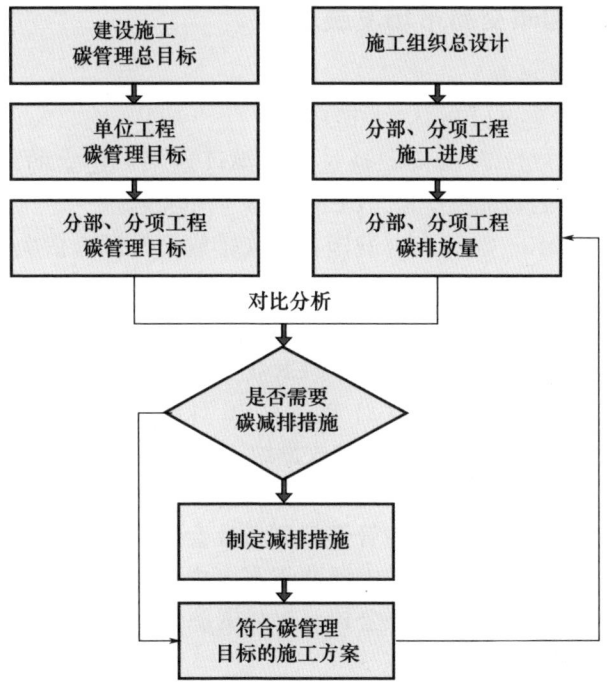

图 2-3　碳排放目标动态调整流程

高速公路施工阶段自下而上核算碳排放，自上而下制定碳管理目标，将碳管理分级分层地落实到每个分部分项工程中，将施工碳管理进行前置化处理，为建设工程碳管理模型创新提供新思路。高速公路建设工程碳排放总量

占比最多的分部工程为桥梁涵洞工程和交叉工程，因此将二者列为碳管理重点对象。做好碳管理目标时序划分及动态控制，对实际工程数据进行系统研究，进一步完善施工期碳管理目标制定体系。

2.3 碳排放交易

碳排放权交易是以市场化手段推动"30·60"目标的重要手段之一。近年来，我国加快绿色低碳转型的作用初步显现。作为气候金融的重要组成部分，碳市场的发展对明晰碳排放产权、促进产业的绿色低碳发展具有重要意义。我国碳市场自 2002 年起步，经过多年的发展，2021 年 7 月已形成全国性市场与 8 家试点市场共存的市场，河北省 2021 年 10 月开始参加全国碳市场交易。碳市场的发展，对促进节能减排、绿色经济转型发挥了重要作用。

2.3.1 我国碳交易市场发展现状

1. 碳市场发展进程

我国碳市场发展可以分为三个阶段：

第一阶段，2002—2012 年，通过《京都议定书》建立的清洁发展机制（CDM）项目产生的核证减排量（CERs）参与国际交易。

第二阶段，2013—2020 年，我国各个碳排放交易试点依次开展，除配额交易外，还可使用 CCER 抵消碳排放，建立国内核证减排市场。但由于 CCER 呈现出自愿减排交易量少、个别项目不规范、供需不平衡等特征，于 2017 年 3 月被暂停项目备案，存量 CCER 仍可在市场交易。

第三阶段，2021 年至今。2021 年 7 月 16 日建立全国碳排放市场，目前仅覆盖电力行业，年覆盖二氧化碳排放量约 4.5×10^9 t，是全球目前规模最大的碳现货市场。2024 年 1 月 22 日，全国温室气体自愿减排交易市场在北京重启。此次高规格重启，宣示着主管部门调动社会力量参与减排、进一步扩容碳市场的政策意图。在启动仪式上河北省塞罕坝机械林场、中国广核集团有限公司、国家电力投资集团有限公司、自然资源部第三海洋研究所 4 家单位出席，均为 CCER 项目开发方。

2. 碳市场运行机制

我国碳市场运行机制主要有配额管理机制、CCER 抵消机制、MRV 管理机制和碳价调控机制。

一是配额管理机制。配额管理机制主要包括碳配额和国家核证自愿减排量，以碳配额为主、CCER 为辅。碳配额发放主要有两种模式：免费发放和付费（拍卖或者固定价格），以免费发放为主，付费占比较低。8家试点碳市场中只有6家可以通过拍卖的方式进行配额发放（北京和湖北试点碳市场只有免费配额发放机制），全国碳市场则采取免费分配的方式。

二是CCER抵消机制。除了配额之外，碳市场也可以采用CCER作为抵消机制，碳排放强度较高的控排行业可以选择购买更多的CCER抵消部分碳排放，碳排放强度较低的控排行业和非控排行业也可以选择购买CCER后再次售卖给碳排放强度较高的控排行业。全国碳市场和试点碳市场对抵消上限、项目时间限制、项目地域限制和项目类型限制等方面作出了严格规定。

三是MRV管理机制。为保证全国碳市场和试点碳市场中碳排放数据的质量，我国参照CDM体系建立了MRV管理机制，对温室气体排放进行测量、报告和核查。

四是碳价调控机制。碳市场还设置碳价调控机制对碳价进行管理，以防碳价格波动过大，主要是对碳价涨幅、交易者头寸和交易量等进行调控。

3. 碳市场发展现状

一是全国碳市场。2021年7月16日，全国碳市场正式开始交易，碳市场启动当日成交量超过4.1×10^6万t。全国碳市场自成立至2023年1月末，碳排放配额累计成交量2.3×10^8t。市场交易主要集中在履约期末，11月、12月配额成交量分别占总成交量的13%和70%。首期履约期结束后，碳市场进入平淡期，交易意愿降低，交易量大幅回落。

从成交金额看，全国碳市场自成立至2023年1月末，累计成交额104.9亿元。其中，挂牌协议交易成交额18.24亿元，占总成交额17%；大宗协议交易成交额86.66亿元，占总成交额83%。

从成交价看，全国碳市场自成立至2023年1月末，日成交均价处于30~65元/t之间。

二是试点碳市场。从2011年10月以来，我国在北京、天津、上海、重庆、湖北、广东、深圳和福建等地逐次开展了碳排放权交易试点工作。由于各个试点地区经济发展水平、能源消费结构和碳市场制度设计等存在较大差异，其交易量、成交金额和成交价也呈现较大差异。

从成交量看，广东、湖北、深圳碳市场的交易量处于前列，北京、上海碳市场处于中等规模，重庆、天津和福建碳市场的规模相对较小，市场较为低迷。广东和湖北碳市场交易量占比超过六成，广东碳市场的日交易量大幅领先其他市场。此外，作为上海碳市场配额净买入主力的发电行业，在2020履约年度率先纳入全国碳市场，使得上海配额分配总量减少约1/3，2021年上海碳市场现货成交量和成交额同比下降59%。

从成交价看，试点碳市场的日成交均价处于 2~95 元/t 之间，试点碳市场的价格波动幅度较大。平均碳价呈先下降后回升的趋势。北京和上海碳市场的碳价处于较高水平，重庆、天津和福建碳市场的碳价则较低。北京、深圳和广东碳市场的价格波动性最大，湖北、天津碳市场的价格较为稳定。

三是国家核证自愿减排量。CCER 是碳市场的重要补充部分，截至目前，发改委公示的 CCER 审定累计 2871 个，备案项目 861 个，获得减排量备案项目 287 个，获得减排备案项目中挂网公示 254 个。CCER 审定的项目类型主要是可再生能源项目，以风电、光伏、水电项目为主。2014—2021 年间，前七大碳交易试点共成交 CCER $4.42×10^8$ t，其中上海碳交易所累计成交量为 $1.71×10^8$ t。

2022 年全国 CCER 交易量为 $7.959×10^6$ t，同比 2021 年下降 95.5%，主要是因为市场中流通的 CCER 有限，且全国碳市场没有 CCER 抵消的需求。试点碳市场中，2022 年的市场成交主要集中于上海和天津，占总成交量的 65% 以上。根据 CCER 项目的类型、地域和时间差异，2022 年 CCER 成交价格在 20 元/t 至 80 元/t 不等。

2.3.2 我国碳交易市场发展存在的问题

1. 碳市场活跃度不高

全国碳市场首日成交 $4.1×10^6$ t 后，交易量持续走低，且大多数交易临近交割期才进行碳配额买卖，75% 的交易发生在履约前夕，"潮汐"现象明显。以上海碳市场和全国碳市场为例，碳排放交易呈脉冲状态和周期性，除了清缴月份外，其余成交非常少，全国碳市场的日成交量要高于上海碳市场。

试点市场规模更小、流动性差。2015 年 7 家市场总交易量只有 $2.9×10^7$ t。2016 年发改委发布启动全国碳排放权交易市场建设的通知后，交易量有所放大。从各个市场来看，广东碳市场累计成交量与全国碳市场规模相当。此外，除湖北成交量稍大外，其余市场交易量均很小。

2. 专业人才匮乏，能力有待提升

社会大众对碳交易关注度不足，认知度不高，由此导致社会参与度较低。正是因为社会关注度不够，缺乏相应的碳金融专业人才、系统性技术人员、风险监管人才的参与，我国碳金融市场在一定程度上缺乏活力。

3. 市场分割，容易形成碳泄漏

市场分成全国碳市场和 8 个试点碳市场，各地区的政策和覆盖范围也有差异，这种差异会导致部分高排放产业由政策执行严格的地区向政策宽松的地区转移，即所谓的碳泄漏，削弱了全国减排的效果。

2.3.3 河北省碳交易市场发展情况

2021年10月15日河北碳排放权服务中心举办全国碳交易市场河北服务中心揭牌仪式。河北碳排放权服务中心作为全国碳交易市场河北服务中心、全国碳市场能力建设（上海）中心河北分中心，重点是要做好排放单位的各项服务工作，配合政府做好管理及服务，促进企业减排和低碳转型，为全国碳市场的建设提供有力的支撑。

河北省在深化降碳产品价值实现和碳资产化改革，深入推动降碳产品开发与碳资产价值转化做了很多工作。如为持续推进降碳产品价值实现，2022年12月30日河北省降碳产品价值实现服务平台正式启动，该平台集中交易管理系统、监管监察管理系统和信息发布系统三大应用系统于一体，实现了河北降碳产品交易生态全流程的在线管理，并依照用户类别为市场参与主体提供相关服务。

在降碳产品生态价值实现方面，河北省取得三个突破。一是降碳产品开发实现从单一林业碳汇转向碳普惠；二是主动履行社会责任单位从电力、钢铁、焦化行业转向其他行业延伸拓展；三是从线下签约履约向线上平台履约转变。河北降碳产品价值实现迈出了坚实步伐，走上了快车道。

截至2024年6月河北省生态环境厅共举办四批降碳产品价值实现集中签约仪式，挂牌降碳产品拓展到了草原、湿地、海水养殖贝类、景区碳普惠等众多领域，摘牌单位包括钢铁、焦化、玻璃、水泥、热电等行业30家企业，全省累计完成降碳产品项目开发26个，核证总规模达到近7×10^6 t，累计交易1.315×10^6 t，实现价值转化7390万元，价值实现规模和领域持续扩大。

同时，降碳产品方法学体系初步形成。在原有森林固碳等降碳产品方法学基础上，从生态固碳、生活低碳、生产减碳等多方面发力，初步构建起科学规范的降碳产品价值标准化核算体系。截至2024年5月河北省生态环境厅共发布23个碳减排量核算方法学，涉及温拌沥青、风光发电、低能耗建筑、氢燃料电池、碳捕集、公转铁、森林、草地、湿地、芦苇、水藻、地热能、生物能、氢能重卡、LNG重卡、地源热泵、抽水蓄能等。开发领域向农业、交通领域拓展，温室气体控制向氧化亚氮延伸。同时鼓励支持各地积极发掘降碳产品和碳资产开发场景，编制具有区域、行业特色的项目开发核算方法学。

2.4 河北省高速公路建设碳交易市场发展情况及展望

目前，全国碳市场只纳入了电力行业，2023年10月18日，生态环境部发布了《关于做好2023—2025年部分重点行业企业温室气体排放报告与核查工作的通知》，明确了2023—2025年石化、化工、建材、钢铁、有色、造纸、民航等重点行业企业温室气体排放报告与核查的重点工作要求。这意味着，这7大行业纳入全国碳市场的脚步已渐行渐近。交通运输及基础设施建设应在八大行业之后才会纳入全国碳市场。纳入全国碳市场标志着进入碳排放国家强制管理阶段，不纳入不代表不用碳减排，只是等待管理制度、技术条件等成熟时纳入，所以这个时期要做好碳核算、碳管理及碳交易的各项工作准备。

1. 高速公路建设碳排放核算

目前，国家没有出台公路建设行业统一的碳排放核算方法和流程，内蒙古发布了《公路基础设施建设碳排放核算规程》地方标准，江苏省发布了《高速公路施工碳排放核算指南》团体标准，湖北省发布了《湖北省交通运输领域碳排放核算方法和报告指南（试行）》等。对高速公路建设期碳排放从核算范围界定、核算边界划分、数据清单构建、排放因子选取、核算模型建立等方面提出核算方法和流程，采用的都是排放因子法，可以对典型公路项目建设开展碳排放量核算。待国家出台规范后，形成统一的公路建设碳排放核算体系框架。

国家发展改革委《政府投资项目可行性研究报告编制通用大纲（2023版）》增加碳达峰碳中和分析，对于高耗能、高排放项目，在项目能源资源利用分析的基础上，预测并核算项目年度碳排放总量、主要产品碳排放强度，提出项目碳排放控制方案，明确拟采取减少碳排放的路径与方法，分析项目对所在地区碳达峰碳中和目标实现的影响。

2022年12月河北省交通运输厅提出：初步设计审查中需要筛选一些效益好、流量大的作为落实中国式现代化河北交通场景实践的依托示范工程，开展相应的专题研究，每条路的示范应站在中国式现代化河北交通场景的基础上，以应用和落地为主，而不是单纯的科研、谋划，从项目特点、功能定位、区位优势出发，体现"一路一特色"，从绿色低碳、智慧智能、路衍经济、服务优质四个角度设立主题，补充专章。

基于上述要求，河北省高速公路建设新设计项目可行性研究报告增加碳达峰碳中和分析章节，初步设计进行碳排放核算及降碳方案、建议的绿色低

Ⅱ 低碳管理篇

碳专题研究。青银高速公路石家庄至冀晋界段（即石太高速）的改扩建工程、邯港高速公路衡水沧州界至国道 G205 段、衡水—昔阳高速公路赵县至赞皇（冀晋界）段、衡水至德州高速公路改扩建工程等进行了相关设计和研究。

高速公路建设降碳案例：石太高速公路改扩建项目以碳中和高速公路典型示范工程、数智化高速公路典型示范工程为目标，打造河北省第一条碳中和高速公路。从绿色低碳、智慧交通、安全耐久等方面，开展旧沥青路面原位就地冷再生成套技术和装备，实现路面材料的"以旧换新"，减少了新筑路材料用量，降低污染和能耗。在新建沥青路面上采用高掺量废旧轮胎胶粉改沥青技术，不仅低碳节能，还提升了路面结构耐久性和使用寿命；在石料加工方面，将施工产生的弃土石方用于加工石料，进行高值化利用。采用桥梁低碳资源化再生利用技术，把拆下来的混凝土处理后再生利用，不仅节省材料、避免搬运，还节约土地。房建设施零碳综合能源管理系统，能够将各类管理体系如空气源热泵、污水处理设备、照明、末端风盘、给排水、充电桩、光伏设备等进行资源整合，集中管控，实现能源利用效率的最大化。项目还打造了车路云网一体化管理系统"智慧大脑"，实时感知和采集交通信息，并传输到云端进行处理和分析，这些数据既可以为相关部门提供交通运行态势预测，也可以为驾驶员提供个性化的行车建议和服务。建设应用分布式光伏、光制氢、房建工程光储充一体化工程，助力碳中和高速公路项目建设。经估算，石太高速公路建设及运营 8～10 年即可实现全生命周期碳中和。

衡德高速改扩建工程被列入绿色低碳交通强国建设专项试点建设示范项目，将打造"高速公路建设期碳排放智能管理平台"，实现对施工碳排放全过程动态管控。利用工程预算数量表、实际发生工程量及能源消耗量等多源数据信息，对衡德高速改扩建工程项目建设全过程开展碳排放量核算，获得具有可比性的、更接近实际排放的高速公路碳排放指标和统计数据，对重点环节进行来源解析，有效识别复杂公路建设系统中重点碳排放环节及其影响，提出有针对性的节能降碳技术措施建议。构建原材料、运输及施工机械基本信息与碳排放状况可视化管控平台，设置原材料、运输与施工等机械设备碳排放红线，建立碳排放超出预警机制，创新绿色低碳建设管理模式，实现施工过程碳排放和施工进度、质量双管控，全过程碳排放动态管控，达到高速公路低碳建设目标，为后续运营阶段的碳资产管理奠定基础。

2. 碳管理

习近平总书记指出，"推动经济社会发展绿色化、低碳化是实现高质量发展的关键环节""我国已进入新发展阶段，推进'双碳'工作是破解资源环境约束突出问题、实现可持续发展的迫切需要，是顺应技术进步趋势、推动经济结构转型升级的迫切需要"。实现碳达峰碳中和，是立足新发展阶段、贯彻新发展理念、构建新发展格局、推动高质量发展的内在要求，是一场广泛而深刻的经济社会系统性变革，具有重大的现实意义和深远的历史意义。

河北省高速公路建设碳管理主要集中在降碳技术、低碳材料开发、应用、光伏、氢能等新能源开发与替代上。宏观管理需要做好积极构建企业碳资产管理体系、推动绿色节能助力碳中和、打造数字化转型智能化发展、重点做好碳资产的综合开发及运营管理4个方面的碳排放管理工作，以期为行业的低碳转型打下坚实基础。具体研究做好高速公路建设项目碳管理目标制定、动态管理。同时，做好从宏观到具体碳排放管理实现碳达峰碳中和"3060"目标。

"十四五"以来，河北交通投资集团有限公司立足主业，强力推进"三年上、五年强"专项行动，努力打造低碳工程，综合利用光伏发电、制氢、雨污水资源化利用、充电设施建设等零碳示范技术，实施"雄安北综合能源零碳智能服务区试点项目"，重点建设固废处理系统、海绵广场、充电桩、智慧监控系统等基础设施，推广零碳技术试点应用。河北交通投资集团有限公司作为河北省交通强省建设的主力军和排头兵，应积极落实国家碳达峰碳中和工作要求，统一部署、率先制定碳达峰行动实施方案，确定2025、2030年总体目标，顶层设计企业集团碳排放管理平台，推动绿色低碳发展（图2-4）。

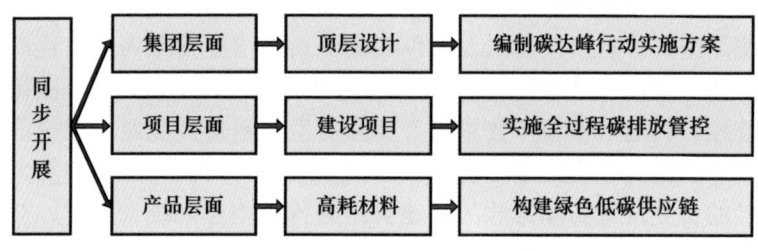

图 2-4 当前重点同步开展任务

同时，集团开展绿色低碳示范工程，制定公路基础设施施工碳排放核算标准，进行建设项目碳排放管控。对当前建设项目实施建设全过程碳排放管控，前期根据概算工料机数量表核算碳排放量，对重点环节进行来源解析，提出有针对性的节能降碳技术措施。施工过程构建碳排放管控平台，实现全过程碳排放动态管控，达到高速公路低碳建设目标，为后续运营阶段的碳资产管理奠定基础。

打造集团碳圈生态，推动产品（重点高碳排放大宗材料）碳足迹、碳标签等相关标准的建设。构建绿色低碳产业链供应链，完成整体低碳建设项目的输出。

3. 碳交易

（1）大力开发高速公路建设降碳产品项目

交通运输部门开发的降碳产品方法学，目前已发布的有《河北省工业企业"公转铁"项目碳减排量核算方法学》《河北省氢燃料电池重型货车使用阶段碳减排核算方法学》《河北省路用温拌沥青混合料降碳产品方法学》3个，正在申报的有《河北省废旧轮胎胶粉生产改性沥青降碳产品方法学》等。降碳产品方法学的开发数量少，速度慢，积极性不高。

加快高速公路 CCER 项目的开发，对高速公路中央隔离带、预留带、边坡及服务区等沿线区域内的绿化林木进行 CCER 项目开发；对建筑物屋顶、服务区、道路边坡等区域的分布式光伏进行 CCER 项目开发；以及基于高速公路的出入口的 ETC 通行、收费机器人、服务区沿线充电桩等减排场景，将其打造为碳减排示范项目，并依托 CCER 进行减排量申请核证，利用 CCER 自愿减排抵消机制，通过河北省降碳产品价值实现服务平台实现降碳产品价值，形成"可持续、可复制"的盈利模式。

（2）稳步科学推进碳金融工作

提前做好"碳配额"在交通行业试行的相关准备工作，搭建碳资产管理组织架构、制定科学的碳交易及碳金融计划目标，并通过各类碳金融手段（如碳配额与 CCER 现货交易、碳配额与 CCER 置换、碳资产托管、碳资产回购及抵押融资等），来实现碳资产的保值增值。

探索构建碳普惠平台，借助普惠"碳积分"，将用户、低碳行为方式（如使用 ETC 通行、ETC 加油或新能源车辆等）等多维主体有效整合，一方面增加用户黏性，潜在实现"引车上路"，进而推动路衍经济的多业态发展；另一方通过"碳积分"变现的方式，让公众用户享有"碳普惠"收益，持续推动大众积极参与"双碳"行动。

3 高速公路资产全寿命周期智能管理平台

3.1 建设背景

3.1.1 国内外发展现状

在 20 世纪 70 年代，澳大利亚的"Austroads"路面管理系统将其开发的 PMS（Pavement Management System）系统命名为"道路资产管理系统"，基础设施管理史上首次出现了"资产管理"一词。

1999 年 2 月美国联邦公路局（FHWA）率先成立了世界上第一个资产管理办公室（Office of Asset Management）来统一管理全美的公路资产并开展了资产管理方面的研究与合作，对推进一些先进的管理理念和研究方法起了积极作用，提倡路面、桥梁、隧道及道路硬件等设施管理的系统化理论和方法，对系统投资经济分析进行了探讨，引进了各学科、各领域的先进技术，主办了各种培训及研究，并与其他机构进行了充分的合作研究，开展国际范围的资产管理研究。

澳大利亚、新西兰、加拿大、芬兰、瑞士等国家制定了详细的交通资产管理方案手册和报告；欧洲合作发展工作小组发布的资产管理系统工程描述（1999）将资产管理定义为"不同于现有的路网内存在的传统的单设施的管理方法如路面管理系统、桥梁管理系统等，资产管理关注的是整个路网的全体组成部分，对有限资源的综合管理，通过正确的资产管理，政府能够提高项目和基础设施的质量，增加信息可达性和综合利用程度，强化决策过程，做出有效的投资，降低总体成本，包括交通事故引起的社会影响和经济影响。

国内对于公路资产管理以及公路资产管理系统的研究尚处在起步阶段。苏卫国、张肖宁对公路基础设施资产管理进行了总结和概述；邹志云等对公路交通资产管理系统框架进行了研究，定义了公路资产管理的管理对象、目的和系统框架；初秀民对交通资产管理系统的方法和技术进行了初步研究；熊辉、史其信总结了路面管理理论与方法的研究进展与趋势后，指出资产管理是设施管理发展的一个必然方向，并首先表现为对路面和桥梁的资产管理；中公高科技术团队以车辆运营费用、道路事故费用、建设费用等经济指标为优化条件，研究建立了道路全寿命周期成本分析模型。

总结国内外现状可知，公路资产管理不同于传统的公路设施管理，它是一种全新的管理理念，把公路基础设施看成一种资产，通过对其资产价值的分析，从经济效益角度对设施进行管理。国外在本领域的研究早于国内，并在公路基础设施管理中起到了很好的作用。在管理系统功能和软件性能方面，国内的交通基础设施管理系统已经有了一定程度的突破，但仍以单个设施管理系统的发展为主，尚未上升到资产管理的高度。可预见未来，随着计算机网络技术、数据库技术等一系列计算机相关技术迅猛发展并逐渐成熟，将大大推进公路资产管理技术的应用和发展。

3.1.2 行业政策要求

近年来，随着新一代信息技术的发展与应用，国务院及交通运输行业主管部门相继出台指导文件，推进大数据、互联网、人工智能、区块链、超级计算等新技术与交通行业深度融合，大力推进信息化、数字化应用，实现数据资源赋能交通，推动高质量发展。

2017年，交通运输部印发《关于推进公路水运工程BIM技术应用的指导意见》（交办公路〔2017〕205号）决定在公路水运工程中大力推进BIM技术的应用，提升公路水运工程建设品质，落实全生命期管理理念。并安排部署了把握工程设计源头、推动设计理念提升，打造项目管理平台、降低建设管理成本，加强BIM数据应用、提升养护管理效能，推进标准化建设、研发应用基础平台，注重数据管理、夯实技术应用基础5项主要任务。文件还明确提出：到2020年，相关标准体系初步建立，示范项目取得明显成果，公路水运行业BIM技术应用深度、广度明显提升。BIM技术应用基础平台研发有效推进。建设一批公路、水运BIM示范工程，技术复杂项目实现应用BIM技术进行项目管理，大型桥梁、港口码头和航电枢纽等领域初步实现利用BIM数据进行构件辅助制造，运营管理单位应用BIM技术开展养护决策。

2019年7月，交通运输部印发的《数字交通发展规划纲要》强调：推动交通基础设施规划、设计、建造、养护、运行管理等全要素、全周期数字化。构建覆盖全国的高精度交通地理信息平台，完善交通工程等要素信息，实现对物理设施的三维数字化呈现，支撑全天候复杂交通场景下自动驾驶、大件运输等专业导航应用。针对重大交通基础设施工程，实现基础设施全生命周期健康性能监测，推广应用基于物联网的工程质量控制技术。

2019年9月，中共中央、国务院印发《交通强国建设纲要》，明确提出大力发展智慧交通；推动大数据、互联网、人工智能、区块链、超级计算等新技术与交通行业深度融合；推进数据资源赋能交通发展，加速交通基础设施网、运输服务网、能源网与信息网络融合发展，构建泛在先进的交通信息基础设施；构建综合交通大数据中心体系，深化交通公共服务和电子政务发展；推进BIM技术应用于交通基础设施全寿命周期管理，实现基础设施资产数字化动态管理。

2019年12月，为贯彻落实习近平总书记关于网络强国的重要思想和国家大数据战略部署，推进交通运输治理体系和治理能力现代化，提升综合交通运输服务水平，加快建设交通强国，交通运输部印发《推进综合交通运输大数据发展行动纲要（2020—2025年）》。文件中要求推动各类交通运输基础设施、运载工具数字孪生技术研发，加快交通运输各领域BIM技术创新，形成具有自主知识产权的应用产品。

2021年2月，《国家综合立体交通网规划纲要》中提出，到2035年，"交通基础设施数字化率达到90％"的目标要求。河北省交通运输厅印发《河北省国民经济和社会发展第十四个五年规划和二〇三五年远景目标纲要》，明确提出：加强BIM、GIS等先进技术应用，积极推进基础设施数字化建设。

2021年3月，《中华人民共和国国民经济和社会发展第十四个五年规划和2035年远景目标纲要》指出，"培育壮大人工智能、大数据、区块链、云计算、网络安全等新兴数字产业，提升通信设备、核心电子元器件、关键软件等产业水平。构建基于5G的应用场景和产业生态，在智能交通、智慧物流、智慧能源、智慧医疗等重点领域开展试点示范。

2021年12月，《数字交通"十四五"发展规划》明确提出要统筹交通基础设施与信息基础设施融合发展，通过先进信息技术赋能，推动交通基础设施全要素、全周期数字化。

2022年1月，国务院印发《"十四五"现代综合交通运输体系发展规划》，明确提出：坚持创新驱动发展，推动互联网、大数据、人工智能、区块链等新技术与交通行业深度融合。

2023年3月，河北省交通运输厅印发《建设公路平安百年品质工程》[冀交公（2023）81号]，明确指出：实施全过程智能建造和施工工艺标准化建设，加强基于BIM＋GIS的可视化信息管理平台在工程施工管理中的应用，提升信息化管理水平。

3.1.3 业务发展需要

1. 公路工程项目数字化转型需求

随着数字经济的快速发展,利用数字信息技术、互联网和人工智能技术对传统产业的数字化升级已成为推动产业高质量发展的必然选择。为贯彻国家交通强国战略,顺应行业数字化转型需求,公路工程项目管理迫切需要通过有效的数字化转型手段,构建核心优势,快速适应数字经济的新模式、新业态,实现新旧发展动能转换,以"数字"为项目管理赋能,打造长期竞争优势。

针对公路工程施工点多、作业面广、路线长的特点,工程项目承载的数据体量大、参建单位多、人员配置复杂、作业现场风险等级高,亟须搭建一套智能化管理平台,应用数字化手段规范项目建设流程、提升工程作业质量、辅助养护科学决策、合理规划项目资源,满足公路工程项目数字化转型、现代化管理的需求。

2. 工程项目施工过程管控需求

当前公路工程建设项目中,绝大多数缺少风险源管控、安全隐患识别、重点场站实时监管等功能,造成了一定的工程项目施工风险;项目生产过程中原材料通常缺少质量数据溯源,无法进行源头管控,尚未达到精益建造要求;项目参建各方众多,由于缺少统一的协同工作平台,信息交互不及时、不准确,导致了大量的人力、时间资源浪费。

若能通过公路智能管理平台的应用,实现各参建单位协同工作、数据共享,并充分发挥BIM技术优势,将业务管理与BIM结合,建立可视化场景,准确识别工程的危险源、安全隐患部位、危险因素、隐患等级等信息,精准记录建设过程中原材料来源、配比、所使用的结构部位、成形时间、质检结果等数据,则可很大程度上提升项目施工过程管控水准,实现项目数字化管理、可视化标识、动态化监管。

3. 公路建养一体化管理需求

公路工程建设项目中,已有各系统之间尚不能进行数据资源的互联和共享,导致公路建设运营养护各阶段数据隔离,建管养数据通道尚未打通,公路建养一体化发展缺少必要的数据支撑。行业内现有数据(如设施病害与建设过程的质量、技术状况等)尚未能实现联动与整合,缺乏实时准确的交通轴载、气象等要素数据,未能为公路养护科学决策提供有力的数据支撑。迫切需要一套数字化、智能化管理平台,实现数据从设计施工阶段向运营阶段的延伸、共享和复用,形成全过程、全要素、全周期数据管理平台,为公路建养一体化服务提供技术支持。

4. 公路资产数据管理需求

如今，数字技术作为交通行业重要的生产决策手段，已经成为新时期的核心竞争力。截至 2023 年底，河北省高速公路总里程已经突破 8421km。庞大的基础设施建设规模，形成了珍贵的公路数据"富矿"。然而，省内却一直没有形成一套与之相匹配的公路建管养一体化数据管理与决策分析系统，造成大量的信息孤岛和数据断点，阻碍了行业数字化进程。因此，亟需一套智能的公路资产管理平台，整合大数据、云计算、人工智能、物联网等技术，服务于智慧公路建养全过程的数据、资产分析，实现让数据赋能、数据创收，真正开启数字技术服务智慧公路应用的新征程。

3.2 研发历程

作为河北交通勘察设计行业引领者和技术革新者，河北省交通规划设计研究院有限公司（以下简称"河北交规院"）依托多年的交通勘察设计领域经验，及强大科研资源，于 2018 年组建项目组，主要领导亲自谋划、亲自部署，通过内部立项，以基础设施全寿命周期资产管理为核心，推进高速公路资产全寿命周期智能管理平台（以下简称"平台"）的研发。项目组先后赴浙江、安徽、福建、广东、河南等地广泛调研，充分汲取先进经验，确定研发技术路线，开展平台技术解决方案编制。

2019 年 5 月，项目组完成平台技术解决方案编制，并邀请国内专家进行技术咨询与研讨，为平台全面建设奠定了基础。2019 年 10 月，河北交规院在雄安新区设立实践基地，现场派驻技术团队，围绕交通强国建设试点任务配套工程建设，开展技术攻关与平台研发工作。

2020 年 5 月，河北交规院在"荣乌高速公路新线京台高速至京港澳高速段和北京新机场至德州高速公路京冀界至津石高速段智慧高速公路全过程管理平台项目"招标中一举夺魁，自主研发的"高速公路资产全寿命周期智能管理平台"开启了服务智慧高速公路建设应用新征程。

3.3 总体方案

3.3.1 技术路线

平台按照"基础研究、技术研发、平台建设、应用示范"的全链条一体化技术路线，从业务、数据、技术上挖掘关联。以"推动公路交通基础设施规划、

Ⅱ 低碳管理篇

设计、建造、运行管理、养护等全要素、全周期数字化"为指引，河北交规院联合同济大学、东南大学等国内知名院校，采用多单位合作、多学科（计算机、数学、信息、工程等）交叉、协同攻关、整体化实施的先进研究方法，发现和解决基础设施数字化管理核心问题。同时将理论建模、实验研究、软件开发、模拟仿真、系统集成、应用示范等多种手段有机结合，形成了公路基础设施全寿命周期资产智能化管理技术解决方案，建立了高速公路资产全寿命周期智能管理平台，实现了高速公路基础设施数字化、施工要素和过程管理信息化、风险管控精细化、基础设施安全监测智能化、全寿命周期养护决策科学化。

3.3.2 总体框架

平台围绕公路基础设施"建管养运服"全生命周期数字化建设需求，突破跨阶段、多版本、多维时空模型迭代更新和统一管理难题，通过构建"一套模型"，汇聚公路材料、施工过程质量、养护检测监测、运营路域环境等全量全要素信息形成"一套数据"为公路基础设施数字化建设、精细化管控、智能化分析、科学化决策等提供全过程、全方位技术服务。

平台按照"一个数据云中心＋三个业务管理子平台"的总体框架进行研发，如图 3-1 所示。

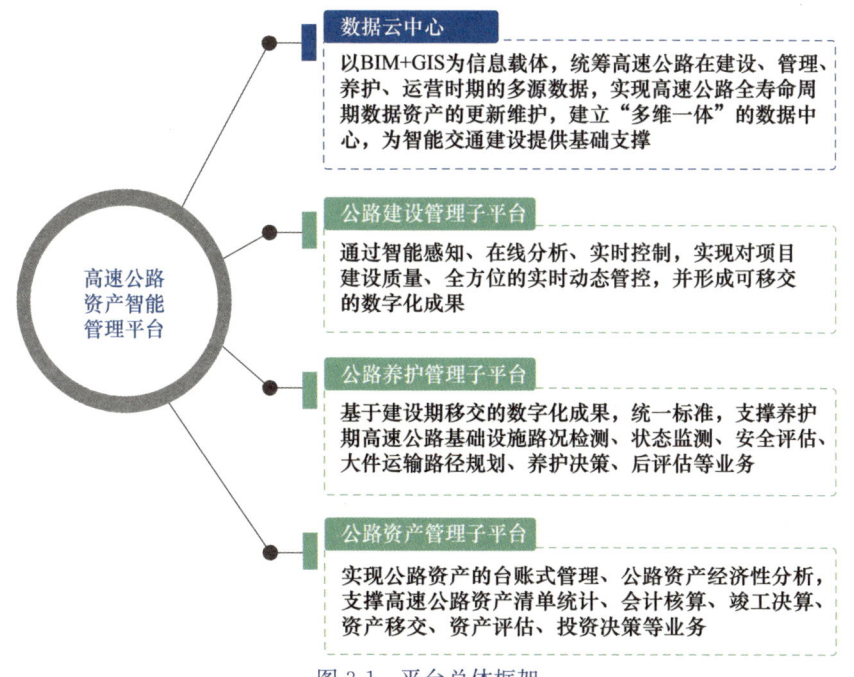

图 3-1 平台总体框架

数据云中心：以BIM＋GIS为信息载体，统筹高速公路在建设、管理、养护、运营时期的多源数据，实现高速公路全寿命周期数据资产的更新维护，建立"多维一体"的数据中心，为智能交通建设提供基础支撑。

公路建设管理子平台：通过智能感知、在线分析、实时控制，实现对项目建设质量、全方位的实时动态管控，并形成可移交的数字化成果。

公路养护管理子平台：基于建设期移交的数字化成果，统一标准，支撑养护期高速公路基础设施路况检测、状态监测、安全评估、大件运输路径规划、养护决策、后评估等业务。

公路资产管理子平台：实现公路资产的台账式管理、公路资产经济性分析，支撑高速公路资产清单统计、会计核算、竣工决算、资产移交、资产评估、投资决策等业务。

3.3.3 设计原则

平台建设总体遵循开放性和规范化、符合开发技术要求、协同式接口设计、面向服务设计、灵活性和拓展性、系统信息安全保密、高并发和大负载、可维护性和易用性等原则。

（1）开放性和规范化原则

在系统的设计和开发过程中能够体现统一的框架、协议、标准和规范，体现与网络无关、与操作系统无关、与数据库无关、与应用无关的开放性思想。信息系统平台具有良好的开放性，能够方便和其他已有系统整合接入，并且对已有的开发框架能够很好适应和接入，避免颠覆已经采用的技术架构。

（2）符合开发技术要求原则

系统设计采用.NET Core技术开发路线，.NET Core基础技术平台支持多种语言混合编程（C♯、VB、J♯）可以与C语言开发基础类库进行协同运行，.NET Core支持Windows服务器操作系统与Linux操作系统部署，系统开发采用C♯（C Sharp）计算机软件开发语言。

系统结构化数据存储采用SQL Server2008 R2大型数据库，系统设计遵循数据存储与数据库软件无关原则，数据基础操作层采用工厂设计模式可以动态配置数据存储应用软件，系统数据存储支持SQL Server、Oracle、MySQL等主流系统数据库软件。

系统平台以及系统辅助软件支持Windows7操作系统版本以上的主流用户计算机操作系统。

（3）协同式接口设计原则

系统设计基于标准接口服务设计，每个接口定义清晰，各个接口之间通

过耦合关系协同使用,降低高内聚所产生的系统功能性瘫痪灾难。通过清晰化的应用接口定义已有系统,可以轻松地与本系统进行数据交互、数据共享,标准化接口打破不同系统语言障碍,实现不同语言系统之间的数据互通与业务协同。

(4) 面向服务设计原则

面向对象技术的组件模型为软件体系结构设计和大型应用软件开发提供了重要的指导思想,将"业务对象"作为开发的基础设计粒度,实现独立业务封装打包,提高业务功能高复用性和服务稳定性,利用这些组件可以轻松建立分布式应用程序。

面向服务的体系结构(service-oriented architecture,SOA)将应用程序的不同功能单元(称为服务)通过这些服务之间定义良好的接口和契约联系起来。接口是采用中立的方式进行定义的,它独立于实现服务的硬件平台、操作系统和编程语言。这使得构建在各种这样的系统中的服务可以以一种统一和通用的方式进行交互。B/S 系统结构本身具有一点部署多点使用特点,基于 SOA 架构的业务逻辑服务设计,可以很好地将应用界面程序与应用数据逻辑分离,这样不仅在平台系统内部可以灵活使用,而且在对外系统数据应用融合方面也是可以很方便调用。

(5) 灵活性和扩展性设计原则

平台设计采用业务应用组件化(插件化)开发,组件化开发方式遵循业务内容边界对业务功能进行组件化,通过系统统一功能配置调度机制,轻松实现多业务灵活组装服务于不同业务需求的业务用户。

基于系统平台组件式服务配置机制可以随时进行业务扩充,通过业务接口预定义对未来业务模块进行预定义预留,在后期完成业务模块定义和开发后,可以通过系统配置机制快速融入到系统服务体系中,实现系统运行动态扩展。

(6) 系统信息安全保密原则

在保证系统平台高度可靠的基础上,对登录的用户进行身份认证和授权确保身份的真实性,对于恶意性注入式登录进行安全拦截并对尝试的用户名进行定时锁定拒绝服务,对于暴力尝试性登录进行计算机名(Mac)锁定与尝试的用户名锁定拒绝服务处理,在敏感信息的传送中采用数字签名和加密技术,对于数据库中敏感机密信息采用加密存储,防止重要信息的泄露。

(7) 高并发和大负载原则

通过系统平台业务服务横向业务多例运行(微服务),统一应用负载均衡服务调度,将应用端的大并发请求分配到不同的平台服务器节点去处理,并

结合多级缓存、线程池、资源连接池、数据分割、非阻塞 IO 等高级技术的综合应用，支持高并发用户访问和大负载请求，实现系统访问效率的极大提升。

（8）可维护性和易用性原则

采用主流技术，确保平台易于学习，使用者在较短时间内能够掌握，平台界面采用简单、直观的图形化界面和多种输入方式，提供统一的图形化的维护界面，维护人员通过简单的培训即可完成对整个系统的配置、管理。在系统分发时通过统一的系统配置程序，用户只需点击运行系统相关设置即可自动配置完成。

3.3.4 主要功能

1. 数据云中心

数据云中心可完成高速公路全线 BIM 模型建设与三维地理信息影像采集，以及 BIM、GIS 模型的高度拟合。以 BIM＋GIS 为信息载体，整合各类业务数据资源建设中心数据库，用于存储和管理整个平台各组成部分所涉及的海量数据，协助工程建设、设计、施工及养护管理等各参与方实现对建设工程全过程的精益管控，向公路管理部门提供可视化的业务数据、智能化的管理手段，提升全线宏观管理与微观精细化管理水平，为建设期安全、质量、进度、投资等管理提供可视化环境，为基础设施数字化、智慧公路建设提供基础数据支撑。

（1）BIM＋GIS 一张图

如图 3-2 所示，将 BIM 属性与 GIS 属性相融合，满足工程建设管理单位业务模型、辅助量测、工程进度、质量、安全等数据的可视化展示需求，并形成 BIM 模型与 GIS 空间数据的跨领域无缝衔接，建立统一的空间数据融合平台，实现分布式、多源、多类型、海量异构空间信息数据的一体化组织与管理，为公路全寿命周期可视化管理提供数据支撑，提升空间数据获取、处理、存储与同步更新水平。BIM＋GIS 一张图主要服务于管理层对项目施工过程质量、安全、进度、费用的宏观掌控，用于集中管理、查看、统计和分析工程管理信息。

（2）全寿命周期数据库

平台利用信息化手段，将传统工作产生的数据流数字化，以 BIM 模型为纽带，贯穿起公路项目全寿命周期的数据信息，实现数据无障碍流转。平台对各类数据制定标准基础格式，进行汇总整合实现各类数据复用，打破数据孤岛。平台基于已收集的数据进行相关大数据分析，辅助管理者充分掌握项目建设情况。数据内容包括基础数据和应用数据，如地形数据、环境数据、

图 3-2　BIM＋GIS一张图

GIS数据、设计数据、施工数据、监测数据、模型数据、业务管理数据、设备信息数据、监测监控数据、物资成本数据、直到后期的运营维护数据等。平台通过对数据的采集、加工、处理、存储，构建统一的数据标准，实现对应用平台层的数据支撑，形成全寿命周期数据库，服务于工程项目的整个寿命周期。

（3）大数据看板

大数据看板主要服务于对项目施工过程质量、安全、进度、费用进行宏观掌控的管理层，用于集中管理、查看、统计和分析工程管理信息。用户通过BIM信息模型将管理信息汇总到统一的数据库中，形成一个汇总的项目基础数据库，根据不同的岗位权限可以进行不同数据的查询与分析。大数据看板通过与各子系统模块的对接，对生产情况进行统计，以图表形式展示项目宏观统计分析数据、安全预警信息统计分析、质量预警信息统计分析、计划进度执行情况统计分析、投资完成情况统计分析等，并能够实现按安全、质量、进度、投资等相关业务查询相关详细数据为管理和决策提供依据，为项目的成本管理提供依据。

（4）云服务平台

平台采用云服务布设，实现公路全过程数据资源的集约整合和共享应用。云服务平台以BIM＋GIS融合模型为信息源载体，建立统一的数据交换和数据开放共享机制，将系统内外部的各种数据资源进行整合，利用云计算的优势将公路全过程数据转化为云服务并对外发布，实现数据开放共享。

2. 公路建设管理子平台

公路建设管理子平台可以提供下列管理服务。

(1) 综合管理

综合管理平台实现了对项目信息（项目属性、项目阶段、工程概况、项目驻地地址、合同总造价、开工日期及竣工日期等）、项目人员（姓名、岗位、资格证书、联系方式、在职情况、工程负责内容、考勤等）、机械设备（名称、型号、进场日期、是否特种作业设备、计划使用时间、计划退场时间、设备操作人员基本信息及持证情况、设备保养及检修记录等）、材料（物资进场登记、发料管理、核销管理）、方案（专家论证表、专家签到表、施工方案等）等信息的统筹记录与业务流程的在线流转，为项目基础信息管理提供依据。

(2) 合同管理

合同管理模块是基于项目实际管理需要对项目的合同签订情况进行统一管理，可实现合同文件的在线签审、状态查询，并自动形成合同管理台账。在合同管理台账中，用户可根据合同类型进行统计查询；通过输入筛选条件，可在线查看相应的合同内容、审核记录、合同履约情况、合同支付等关键信息。

(3) 征地拆迁管理

平台基于 BIM+GIS 技术，以高速公路工程项目征地拆迁管理工作为切入点，通过建立征地拆迁数据库，形成了对征拆工作系统化，数字化，流程化的管理。

针对高速公路工程线路长的特点，平台实现了对征拆区段的划分，对不同行政区域内的拆迁内容进行分区管理，辅助征地拆迁工作；平台对土地及其附着物（农田、水田、山地、林地、宅基地、工业用地、公共用地等）的信息进行分类管理，该信息可进行自定义设置，可进行增删改查，实现土地信息的精确管理，保证各类型土地能按照相应的要求独立进行土地征收；平台支持照片、录像等原始资料的上传与保存，形成完整的征地拆迁影像资料；基于 GIS 模型，用户可查询当前土地状态、工作进展状态（未开始、进行中、已完成），如图 3-3 所示，平台以不同颜色标注征地拆迁的总体进度，实现待拆、未拆、特殊建筑的征拆状态信息的集中展示管理。

(4) 计量支付

计量支付管理模块用于对建设过程中各单位的计量支付管理，旨在规范项目计量支付行为，使计量支付工作标准化、统一化、规范化和程序化，做到"准确、规范、及时"，减少和避免工程计量支付中的错计、漏计、少计或超计现象的发生，有效控制工程计量支付，实现对项目投资目标的控制，保

Ⅱ 低碳管理篇

图 3-3 征地拆迁进度可视化显示

障项目计量支付工作的顺利开展。计量支付相关数据可与 BIM 模型关联，通过点击相应的 BIM 模型构件，查看该构件的计量支付情况，实现计量支付信息在 BIM＋GIS 一张图中的可视化展示。

（5）进度管理

进度管理模块将施工进度计划与 BIM 模型进行挂接，实现进度信息的填报、分析及调整、汇总、查询等功能。基于对工程量的统计，平台支持自定义时间轴及区域对工程实际进度进行汇总展示，并与计划进度进行比较分析，生成进度报表，为施工进度管理提供进度评估，使项目管理人员能够直观地掌握项目整体实际工程进度。

（6）质量管理

平台通过信息化技术实现质量报验、质保资料管理、施工日志、首件工程等功能，对工程质量进行智能化闭环管控，实现了项目参建各方的协同管控与信息共享。项目质量信息与 BIM 模型进行关联，用户可通过点击模型查看工程构件的全过程信息。

（7）安全管理

安全管理模块用于安全检查记录、隐患整改、监理指令、风险源辨识等安全管理功能，并结合物联网技术实现对满堂支架、挂篮施工等关键位置、重点工序的在线安全监测，优化传统人工监管模式，加强现场施工可控性，实现项目全方位的安全管控。

（8）变更管理

变更管理模块支持工程变更信息的在线录入，结合工程变更管理审批流程，提供变更的申请、审批、下达等功能。

（9）智能建造

通过集成应用 BIM、IoT、5G 等先进技术，平台针对梁场、张拉压浆、拌合站、摊铺碾压、环境水保等进行动态监测，实现重点施工工序的智能化管控，全面提升工程项目精益建造水平。

（10）环境监测管理

为满足建设项目需求，平台通过对接现场布设的环境监测设备，全方位收集环境监测、监督、管理中的各种数据资料，并对这些资料进行处理和加工，达到实时环境监测和管理的目的。

平台可通过对接施工现场布设的能见度仪、声级仪、粉尘传感器、温度、湿度、风速等自动监测设备，获取施工环境数据，实现施工现场的环境实时监控。同时根据各种监测数据情况，对其超标指数进行设置，当超过一定标准值后平台进行预警提示。

平台结合 GIS、互联网技术，在远程平台上进行发布，实现施工环境信息实时远程管理，并将监测位置及监测数据在 GIS 地图上动态显示。

（11）视频监控管理

平台对现场关键场所视频监控进行统一规划、统一管理、分布存储，以光纤专线为传输介质，采用现场安装摄像装置的方式实现，采用无线网桥技术将监控数据与录像硬盘机连接，并通过网络传输至监控室。可在 BIM 中根据权限范围进行查看、预览、回放一定时间周期范围内的历史视频监控内容。可通过网页及移动端对现场的视频进行实时查看，且支持监控的云台操作。并在 BIM＋GIS 一张图上对监控设备位置进行标识和定位，如图 3-4 所示。

图 3-4　视频监控管理

II 低碳管理篇

视频内容可以通过远程监控平台调用并进行远程集中管理，如视频实时查看（PC端、移动端）、摄像头远程调控（焦距、方向）、现场语音控制传输、历史视频查看及查询、删除过期视频等。

（12）档案管理

按照交通运输厅发布的《公路工程竣工文件材料立卷归档规程》最新规定，把工程建设管理实施过程中产生的文件、图纸、照片、影像资料通过分类管理，归纳组织加以保存，作为工程竣工验收的资料和文档，方便技术人员查询，为项目今后的维护运营管理等提供方便。

平台实现了工程建设管理项目前期文件、设计文件、工程管理文件、施工文件、监理文件、竣交工验收文件、资金管理文件、科研文件材料、其他载体档案等全部工程档案的数据管理，具备工程档案数据的快速查询、调用，满足档案管理部门验收的相关要求。档案管理内容与BIM模型互联互通，通过点击BIM模型构件即可查询其相关档案资料。

（13）系统后台管理

通过系统后台管理模块，可实现对平台用户账号、权限、审批流程等功能的在线设置及管理。

（14）建设管理移动端

平台主要功能均支持移动端应用，移动端数据与web平台基础业务互联互通，可随时随地进行信息填报，加快平台信息流转及审批速度，全面提高工作效率，满足工程施工智能管控需求。

在工程施工中主要由以下几个方面进行移动端管理：

① 浏览三维模型；
② 查看三维模型设计、计量、变更等关联信息；
③ 填写及查看现场施工进度；
④ 实时录入质量、安全、进度等信息并动态跟踪管理；
⑤ 查看施工资料；
⑥ 审核、审批各类管理文件；
⑦ 查看文件、图纸、通知公告、检查通报、工艺方案；
⑧ 填写、查看施工日志、安全日志；
⑨ 施工影像采集、查看；
⑩ 查看实时视频监控录像；
⑪ 各类监控数据的预警提醒；
⑫ 各类待办事项的提醒。

3. 公路养护管理子平台

（1）基础信息管理

该平台实现所辖路线的路基、路面、桥梁、收费站、服务区等基础设施以及运营单位的人员、设备等基础信息管理；以 BIM＋GIS 为信息载体，实现资产管理全维度、全过程、全要素数据关联。

（2）路况评定

根据公路资产数据库的基础信息及定期检测数据，按照《公路技术状况评定标准》的要求对各路段的路基、路面、桥隧构造物和沿线设施等进行 MQI 及分项指标的评定，生成规定格式的数据报表。

将评价结果进行统计分析，生成技术状况指标评价分布饼状图、优良率路等级柱状图、路面使用性能分布折线图等分析图形，同时可以选择历年技术状况检测数据，进行当前评定结果与历年评定结果的对比分析，如图 3-5 所示。同时，支持历史数据的查询、筛选及报送等功能。

基础数据 路况评定 统计报表 养护综合统计 技术状况统计 日常养护报表 养护设备报表 专项工程报表　　欢迎您【管理员】2020年1月3日 周五 使用手册 返回首

序号	法人单位	管理处	养管单位	路线	里程(公里)	MQI								
						2018-12	2018-11	2018-09	2018-07	2018-06	2018-05	2018-04	2018-03	2018-01
1	沧州市高速公路建设管理局	沧廊高速公路运营管理处	沧廊（京沪）高速孟村养护中心	G2 京沪高速	48.232	0	0	0	0	0	0	0	0	0
2			沧廊高速公路养护工区	S3 廊沧高速	47.356	0	0	0	0	0	0	0	0	0
3		津汕高速公路运营管理处	津汕高速公路养护工区	G18 荣乌高速	69.068	92.443568	0	93.406947	0	93.464818	0	0	94.376343	0
4		沿海高速公路管理处	沿海养护工区	S11 沿海高速沧州段	49.574	95.672773	0	95.672773	0	95.672773	0	0	95.672773	0
5	承德市交通运输局	河北承德承朝高速公路管理处	承朝高速养护中心	G25 长深高速	118.405	0	0	0	0	0	0	0	0	0
6		河北承德承秦高速公路管理处	河北承德承秦高速养护中心	S72 承秦高速	93.306	0	0	0	0	0	0	0	0	0
7		河北承德承唐高速管理处	承唐（承德）高速养护工区	G25 长深高速	82.279	0	0	0	0	0	0	0	0	0
8		京承高速管理处	京承高速养护工区	G25 长深高速	11.596	0	0	0	0	0	0	0	0	0
9				G45 大广高速	65.114	0	0	0	0	0	0	0	0	0
10				S103 承德西环高速	7.030	0	0	0	0	0	0	0	0	0
11	邯郸市高速公路管理局	邯郸市高速公路管理处	邯大魏县养护中心	S22 邯大高速	67.983	0	0	0	0	0	0	0	0	0
12			邯郸东养护中心	G22 青兰高速	93.790	92.622331	0	92.816382	0	92.816382	0	0	92.636032	0
13			邯郸西养护中心	G22 青兰高速	76.615	94.048021	0	93.850923	0	93.873079	0	0	94.010270	0
14				S0411 邯郸市绕城高速	22.528	94.952630	0	94.810584	0	94.442593	0	0	94.489080	0
15		保阜高速公路有限责任公司	东下关养护工区	G1812 保阜高速公路	43.266	0	0	0	0	0	0	0	0	0
16			阜平东养护工区	G1812 保阜高速公路	35.802	0	0	0	0	0	0	0	0	0
17			顺平南养护工区	G1812 保阜高速公路	33.750	0	0	0	0	0	0	0	0	0
18			蠡县养护工区	G1812 保阜高速公路	34.906	0	0	0	0	0	0	0	0	0
19		河北保沧高速公路有限公司	高阳工区	S013 保沧高速	57.889	94.799423	0	95.526246	95.260333	0	0	0	94.118511	0
20			河间工区	S013 保沧高速	62.311	95.143383	0	95.734875	95.448446	0	0	0	95.086122	0
21		河北保津高速公路有限公司	霸州工区	G18 荣乌高速	56.926	0	0	92.645623	92.694903	0	0	92.694903	0	0

图 3-5　历史对比分析

（3）桥梁管理

在桥梁管理方面，可实现桥梁基础信息、日常巡查、定期检测、专项检查、技术状况评定、安全监测等信息管理；实现桥梁基本信息增删改查管理，桥梁信息与 BIM 模型联合展示；实现桥梁技术状况指数评定及评定结果的统计分析，并在 BIM＋GIS 一张图上进行信息可视化展示。

（4）日常养护

该平台对日常巡查过程中的病害制作通知单、维修日志、安全检查单、验收单的闭环管理，实现对养护作业流程进行精细化管理，配合养护巡查设备，可进行高效、及时、准确的日常养护管理，其历史数据可为日常养护经费划拨提供依据，如图 3-6 所示。

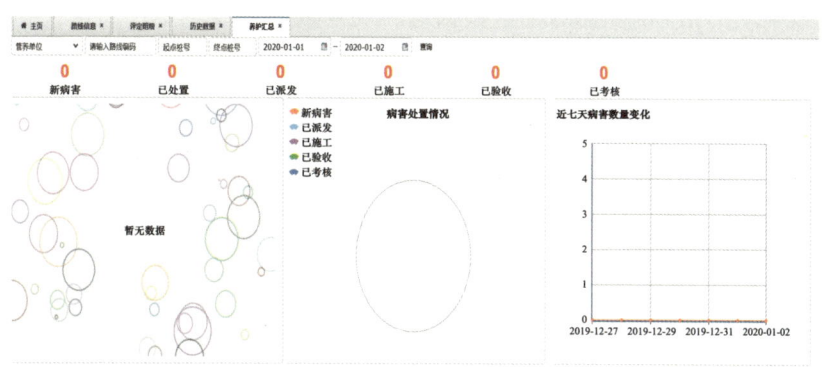

图 3-6　日常养护

（5）专项养护管理

专项养护管理是从项目立项到工程竣工验收的全过程管理，包括工程信息、立项依据、工程招标、进度管理、投资管理、变更管理、立项依据和资料管理。结合 BIM＋GIS 实现大中修工程、专项工程各阶段的可视化展示，实现专项工程标准化、程序化、规范化、动态化管理。

（6）养护决策分析

养护决策的核心内容是建立基于数字驱动的高速公路智能管理决策技术体系，从公路资产全寿命周期的保值增效需求角度制定长效方案，在指定的预算资金约束下，寻求最优养护策略，使得效益目标最大化，或是在一定的使用性能要求和资源限制的约束下，寻求最优养护策略，使得费用目标最小化。基于全寿命周期大数据，建立适用的性能评价、预测与决策模型，支撑公路养护科学决策。跟踪项目养护措施、工艺及材料的工程质量及养护效果，对养护路段进行逐年的循环检测，通过分析挖掘历年数据的变化情况评估养护工程的实施效果，为今后养护方案的制定提供决策支持。

（7）设施监测管理

应用智能硬件、物联网、5G 通信等技术，对影响基础设施安全的车辆荷载、交通量、路域环境、结构安全监测变量等关键要素进行一体化实时在线监测，实现重点桥梁、涵洞设施的监测数据管理、车辆荷载模拟验算、安全监测预警管理、安全评估分析管理并为对接安全监测管理平台预留接口。设施监测管理包括检测监测数据管理、车辆荷载模拟验算与事先预警、安全监测分析与评估和综合展示共 4 个部分。

（8）交通与环境管理

交通数据主要包括：车辆营运后高速公路各个断面的交通流量状况、各高速公路的出入口收费站的称重数据等。气候数据主要包括：高速公路沿线途经各县市的日最高气温、日最低气温、日降雨量等数据。

基于当前的交通流量监控数据、动态称重数据，计算得到各断面的流量、轴载数据结果，以柱状图、饼图、折线图等方式对数据结果进行展示。

统计年度、月度气温变化趋势，高速公路沿线降雨量分布情况，以图形化方式对数据结果进行展示。

（9）业务报表

按照集团公司要求实现各类表单的统计报送，包括但不限于：公路养护工程计划、公路扬尘治理工作台账、投资完成情况月报等，实现与交投集团养护系统对应功能的对接，如图 3-7 所示。

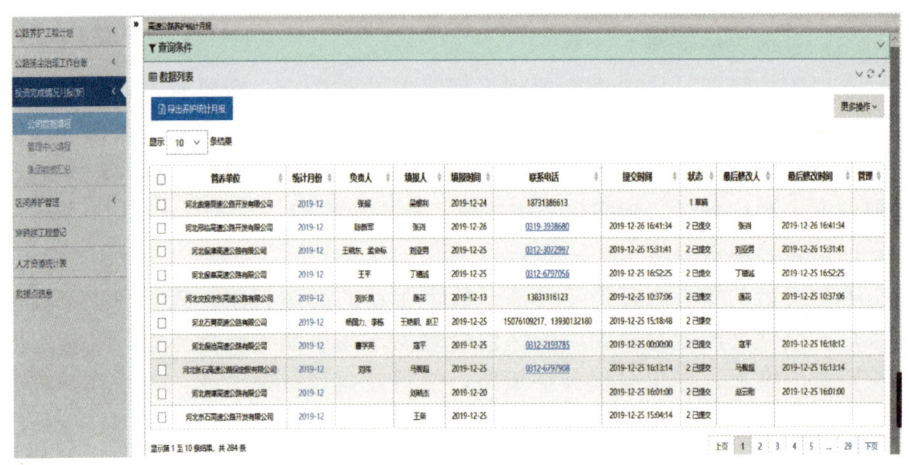

图 3-7　业务报表

（10）运营期管理移动端

开发智能移动终端（智能手机）应用，实现移动端应用可与 web 平台基础业务数据互联互通，包括日常巡检、养护、设备、应急管理等功能。

4. 公路资产管理子平台

（1）资产清单

资产清单模块以资产注册、台账式管理为主线，从公路实体和数字信息等不同角度分析公路资产组成，将公路建设全要素、全过程转为公路资产清单；并以 BIM 模型为基础，实现公路资产的确认、计量及处置全过程可视化管理。

(2) 资产评估

基于公路设施实物分类、使用性能以及财务计提折旧等内容，实现资产价值评估、资产现值查询、全寿命周期资产价值预估等，为竣工决算、资产移交提供技术支持。

(3) 投资决策

以建设期和运营期积累的实物资产和数据资产为基础，统筹考虑通行收费、运营养护需求等，融合公路资产价值评估、公路设施性能预测、公路养护决策和全寿命费用等系列模型，实现公路资产管理的成本-效益分析功能，为全寿命周期投资决策提供科学支持。

3.3.5 创新亮点

平台结合高速公路资产管理核心需求，通过平台研究与应用，在以下方面进行了创新与突破。

1. 数字孪生，构建数字高速

在沿道路中心线 500m 宽度范围高精度的 GIS 模型基础上，建设高速公路 BIM 模型，搭建高速公路 BIM+GIS 一张图（图 3-8）。在工程建设过程中，以 BIM 模型为纽带实时关联图纸、计量支付、施工进度、施工影像资料等建设的全过程数据，真实记录高速公路数字化资产形成，全面建成了数字高速公路，打通了建管养一体化管理数据通道（图 3-9）。

图 3-8　高速公路 BIM 模型

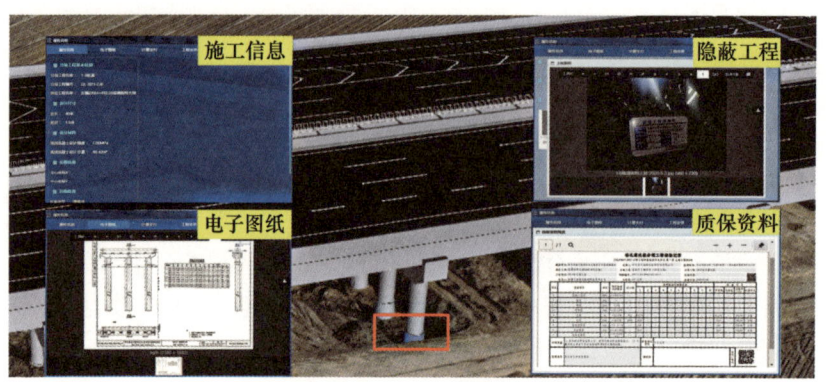

图 3-9　高速公路数字化资产形成

2. 智慧管控，强化进度管理

该平台自动关联工程进度数据，并与工程计划进行动态对比分析，分析结果以日报、周报、月报等形式推送至各级管理人员。平台预判进度计划偏差，实现关键节点施工进度滞后情况的动态预警，引导管理人员通过优化施工组织，保障项目整体进度，降低工程延误风险（图3-10）。

图 3-10　高速公路进度管理智慧管控

3. 质量溯源，聚焦精益建造

抓源头：建立统一的材料数据台账，包含供应商、进场检验、质检证书、出入库调拨等信息，从源头记录并把控原材料质量。抓过程：在拌合站、摊

Ⅱ 低碳管理篇

铺碾压现场、试验室等位置安装智能监测设备，实时抓取数据并上传平台，实现过程数据动态监控，保障重点环节、工序的质量数据真实有效。抓智能：以二维码作为构件信息载体，记录预制构件信息从生产到安装过程的记录，实现构件信息追溯（图3-11）。结合上述管控手段，当任意工程构件、部位出现质量问题后，平台可调取其生产全过程的质量数据，全面监管工程质量，提升工程项目精益建造水平（图3-12）。

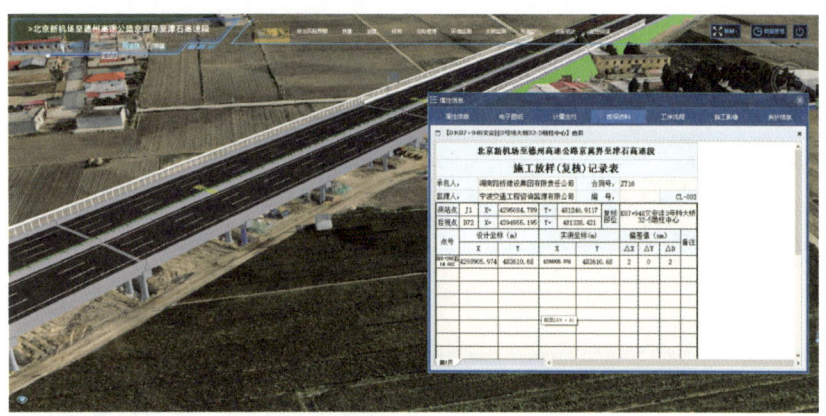

图3-11 高速公路质量溯源数据

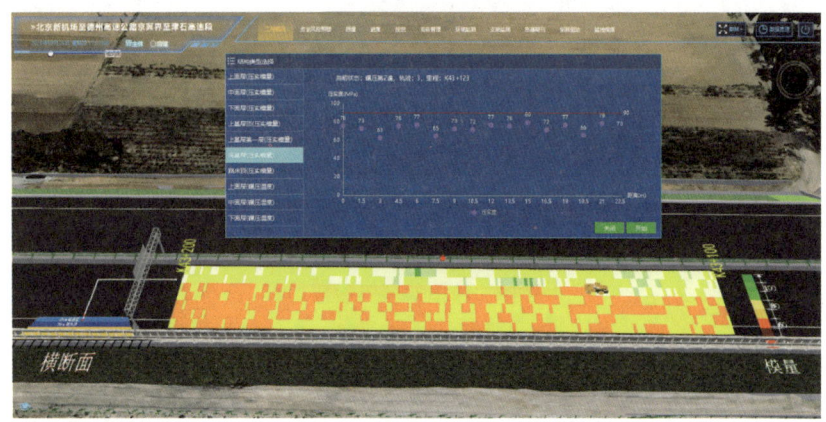

图3-12 高速公路工程质量监管

4. 风险预警，构建安全防线

结合施工安全风险评估结果，平台将施工作业过程中可能出现的风险源进行导入，结合工程进度，按照低、中、高、极高的风险等级划分，实施安全风险分级管控（图3-13）。平台将不同等级的风险处理措施推送至施工人员

053

与各级安全管理人员，对工程安全态势进行实时动态调控，有效规避施工风险（图 3-14）。

图 3-13　高速公路安全风险评估

图 3-14　高速公路风险源监控

5. 看板定制，支撑动态决策

平台结合项目需求，定制开发进度、质量、安全、投资、劳务、环境信息等数据看板模块（图 3-15），自动统计各参建单位人员投入、当日产值、本月累计投资、安全隐患数量等数据报表，并按照管理需求定期将数据推送至相关人员，真正实现让"数据跑路"，减少工作量，优化提升项目工作与管理效率，为项目的精细化管控和动态决策提供数据支撑。

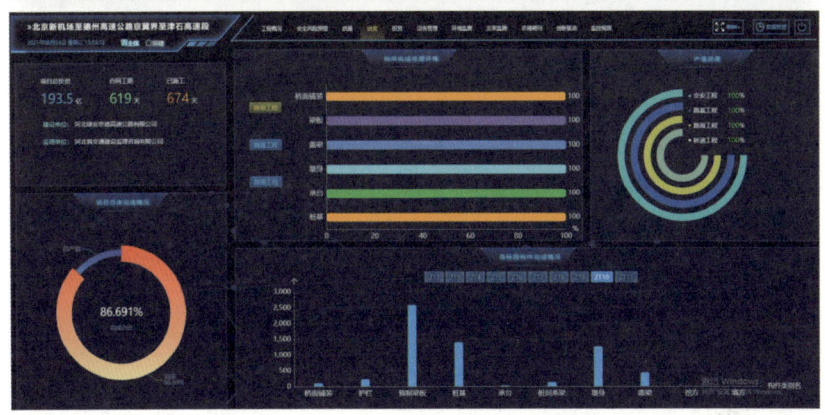

图 3-15 高速公路数据看板模块

6. 数据赋能，辅助科学管理

基于建设期数字化成果，平台融合车道级的交通荷载、路域环境、结构安全状态、日常巡查等养护多维感知数据，实现基础设施精准、高效养护。同时平台嵌入技术状况评定、基础设施性能预测、养护后评估等模型与算法，结合时间-空间维度分析各类病害的发展趋势，根据养护措施的经济性（投入产出比）、可靠性、安全性等指标，优化养护时机与养护措施，实现养护决策科学化管理（图3-16）。

3.3.6 关键技术

高速公路资产的全寿命周期智能管理平台是通过综合运用软件支撑技术、BIM 技术、GIS 技术、物联网 IoT 技术、公路资产管理技术以及基于建管养大数据资源的挖掘与应用技术等前沿手段来构建的。

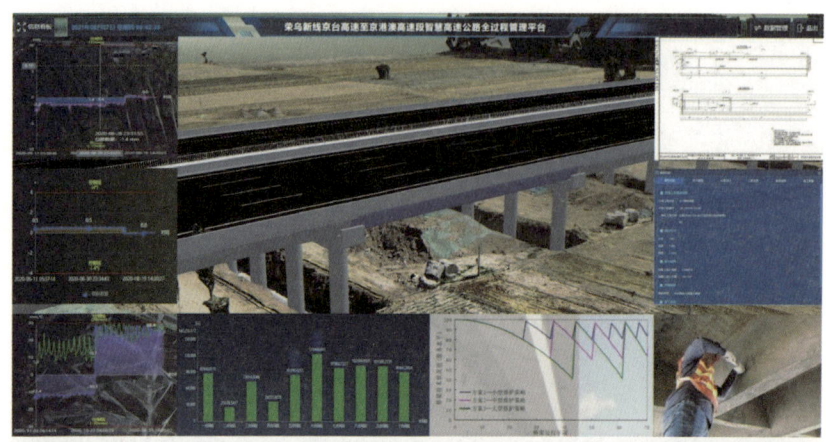
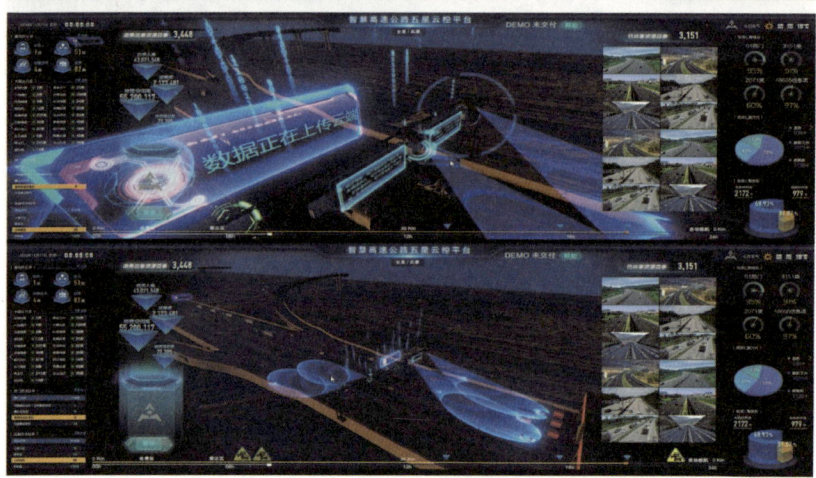

图 3-16　高速公路高效养护平台

1. 软件支撑技术

本平台基于 B/S 架构构建（图 3-17），充分利用互联网的优势，确保用户在任何有网络的地方都能随时接入系统，进行数据处理和交互。整个系统统一部署在服务端，充分利用服务端的资源，便于系统维护、升级以及进行各类诸如后台数据备份、安全控制等方面的诸多配置和管理操作，安全、方便、服务快捷。系统平台以及辅助软件支持 Windows7 及以上版本的主流操作系统。

系统设计采用 .NET Core 技术开发路线，支持多种语言混合编程（C♯、VB、J♯），同时可与 C 语言开发基础类库协同运行。C♯作为 .Net 平台主推语言，具备和同平台其他语言（VB.net、C＋＋.net、J♯.net）混合编程能

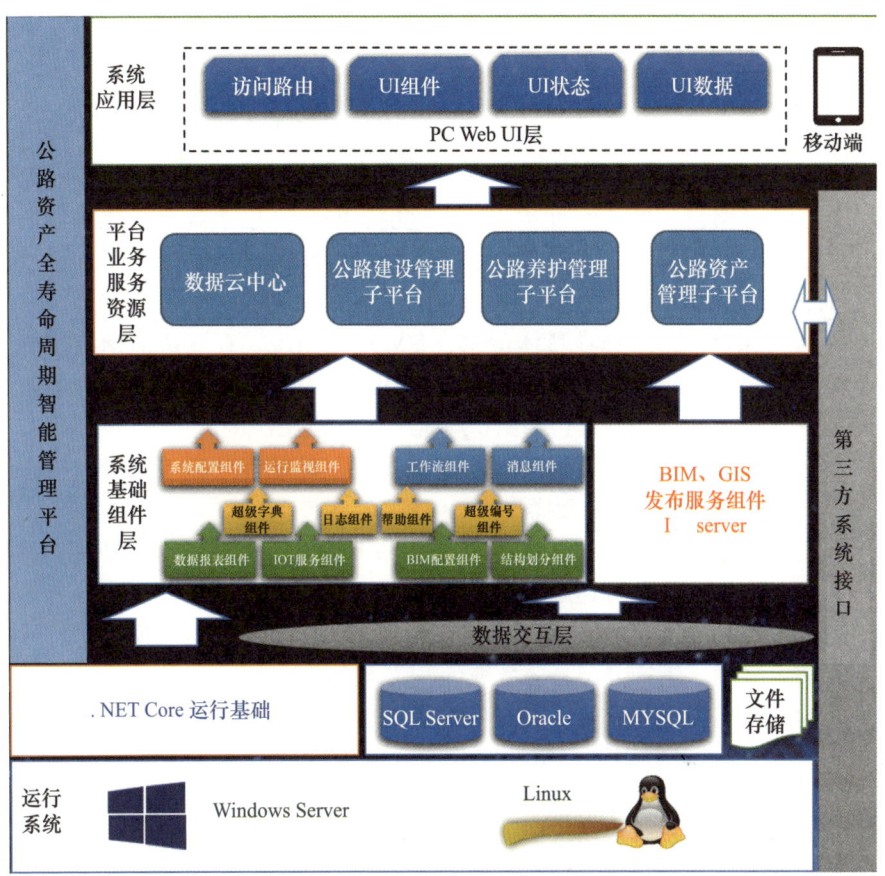

图 3-17 平台技术架构示意图

力,具备丰富的类库和稳定的性能,极大的提高了编程效率和功能开发稳定性。此外,.NET Core 支持 Windows 与 Linux 操作系统,增强了系统的跨平台能力。

本平台数据包含结构化数据和非结构化数据,为了满足项目实际技术要求情况,系统数据交互处理被独立抽象出来,采用工厂设计模式设计数据交互层,通过动态配置系统数据库类型,实现系统与预设数据库的交互切换;系统中非结构化数据(各类文件、图形影像、其他大型块状数据)则通过交互层的统一抽象处理,集中处理块状数据,并根据项目实际灵活切换文件存储的介质(本地磁盘存储或专业网络对象存储服务)。针对后期数据剧增的情况将通过第三方的大数据管理工具进行性能优化。

系统平台为用户提供 PC 机客户端应用和移动端应用,PC 端提供相关业务功能接口，用户根据岗位权限配置相对应的功能模块；移动端可实现流程审批、消息推送、数据采集、简单图表统计、物联网数据预警等功能，对于比较复杂的表格数据业务功能，移动端只提供数据采集。

2. BIM 技术

本平台以 BIM＋GIS 为信息载体，实现公路全过程管理的一张图监管功能，并且将公路设计图纸、计量支付、进度、安全、技术状况等建养数据与 BIM 工程构件进行绑定。由此可见，BIM 建模精度、加载速度等 BIM 技术应用是平台研发的关键技术环节之一。

为应对综合公路工程项目体量大、专业多的情况，在建模前期制定统一要求，规范 BIM 建模的过程及成果文件。BIM 建模过程中，项目所有模型文件均保证单位、坐标、高程、贴图材质统一，且模型比例为 1∶1 设计真实比例。建模前在标段的基础上合理拆分模型文件，确保拆分后单独的文件内存不超过 50MB，便于模型处理操作。

平台针对公路工程项目，实现全线 BIM 模型建设（包含全线公路工程、交通工程及沿线设施和房建工程等），主体及交通工程按照公路工程的分部分项进行构件级划分进行 BIM 建模，房建工程建模粒度根据建筑模型交付标准进行主体、管综、装饰分层分区域进行 BIM 建模。

平台将施工合同、质量、变更等全过程管控信息与 BIM 模型进行关联，通过 BIM 模型可查看钢筋与混凝土信息；实现设计、施工信息的可视化管控，并将最终的施工信息与 BIM 模型绑定，实现设计、施工管理信息的传递，反映基础设施全过程信息，实现建设期数据向养护期数据移交。

BIM 模型建设均遵循以下技术要求：

（1）单位统一性：项目所有模型文件基本的设计单位应统一为"m"。

（2）坐标统一性：所有文件的三维空间坐标信息完全符合设计坐标要求。

（3）高程统一性：所有模型高程信息完全与设计信息保持一致。

（4）贴图材质统一性：需满足高分辨率、清晰的要求，材质图片格式 png、jpg，每张图大小不大于 500kB，材质库中材质命名的方式为"字母＋数字（版本号）"；如：C_1。

（5）所有模型材质效果均以平台最终显示效果为调整标准，需设计单位配合不断调整材质。

（6）项目所有模型构件编码必须保证唯一性。

（7）模型文件命名规则：必须严格按照统一形式规则命名，如：项目名称、分区标段、专业代码、类型、描述依次组成，由连字符"_"隔开，如：项目代码_分区/标段_专业代码_类型_描述。

Ⅱ 低碳管理篇

3. GIS 技术

本平台基于 GIS 信息实现平台的可视化展示，支撑征地拆迁、视频监控、应急管理等功能模块的开发。

GIS 模型建设均遵循以下技术要求。

（1）三维地理信息数据建设

数字倾斜摄影影像：结合工程需要提供不少于一次沿路线横向宽度不低于 400m 精度优于 10cm 的三维倾斜摄影影像。

（2）GIS 空间数据处理

将倾斜摄影、二维图纸、矢量地图、二/三维空间标注等 GIS 空间数据进行整合形成标准的 GIS 空间数据库，实现空间数据的更新、发布、维护。

GIS 数据满足以下技术要求：

① 数据格式为 OSGB 格式 GIS 地形数据，地形数据文件中心点数据要求为 WGS84 数据。

② 生成瓦片分块规格：200～300m。

③ 成果的坐标位置应与标准的 WGS84 坐标一致，生成的中心点坐标文件中的数值应为 WGS84 坐标系。高程系为设计高程系。

④ 地形模型应未做压平、镶嵌、拉伸、旋转等修改操作。

⑤ 生产出的 DATA 模型文件中应带有 XML 格式的中心点文件。

⑥ 模型精度优于 10cm，生成地图比例尺为 1∶500。

⑦ GIS 缓存数据每个块数据不宜超过 3GB，数据瓦片大小保持 200m×200m 到 300m×300m 之间，数据瓦片层级不要超过 12 渲染级。

4. IoT 技术

本平台针对公路工程建设项目开展物联网技术应用，通过传感器技术、RFID 技术、北斗定位技术、数字影像等物联网技术，实现在实验室数据监控、拌合站生产监控、路面摊铺碾压、水泥搅拌桩施工、预应力施工质量监控等方面的集成监管功能。从而对公路工程建设项目智能化、信息化、自动化发展奠定技术基础，为工程决策管理提供高效、便捷、适用的技术支撑。对物联网技术在本省公路工程项目建设中的应用起到推广作用。

本平台所采用的物联网技术均遵循如下技术要求：

（1）各单位所有的硬件设备必须满足生产要求及信息化管理要求，例如：试验室力学设备需为自动控制型，拌合站中控机必须采用工控电脑操作系统不得低于 Windows 7 版本，预应力施工设备应具有移动网络信号，以保障实现张拉、压浆过程及结果数据的实时上传，数据不得采用后传模式等要求。

（2）实施单位所加装的数据采集设备种类、精度必须符合管理需求。

（3）软件平台需统一数据接口格式，以便多系统集成应用。

（4）根据不同的物联网应用场景，搭设不同的网络传输形式。

（5）物联网设备在应用实施过程中，应根据不同的功能需求和现场实际，调整实施方式。

5. 公路资产管理技术

公路资产管理作为一种先进管理理念，可通过对基础设施资产的价值动态评估，制定多设施优化的投资方案，达到公路资产管理成本效益的最大化。由此可见，建立完善的公路资产管理技术体系是保障公路资产管理子平台顺利落地的关键技术环节。

公路资产包含各类基础设施等实体资产和其产生的数据资产。通过制定公路资产管理的范围及目标，明确资产管理的数据收集范围，基于建养大数据整合路面、桥梁、隧道、其他基础设施动态评定方法，将各类基础设施状态转化为资产价值进行分析，构建全部基础设施资产价值动态评估模型，对公路整体资产进行动态综合评定。依据公路资产管理关键要素动态发展规律，构建资产价值预测模型，实现对公路基础设施资产价值的评估及预测，并通过公路全寿命周期智能化资产管理决策技术，辅助制定各类基础设施的管理决策，最终实现公路资产管理效益最优化。主要核心技术包括：

（1）公路基础设施资产管理评估关键技术

厘清公路路桥性能状态与资产价值的内在理论关系，结合公路路桥设施性能状态的评估与性能退化预测，设置公路基础设施资产价值参数，将公路路桥设施状态转换为资产价值。基于路面桥涵设施性能的资产转化成果，构建公路路桥资产价值评估模型，实现对公路资产价值的精准评估。

（2）公路其他设施资产价值评估方法技术

统筹考虑公路其他设施（交通工程、机电等设施）建设期的规划、设计及施工成本及运营期的投资、管理及维护成本，制定成本核算规则，对公路成本进行综合核算；通过公路基础设施资产寿命周期效益分析方法，构建公路全寿命周期效益评估模型，对公路其他设施资产效益进行全寿命周期评价。最终形成标准化的公路其他设施资产价值评估方法。

（3）公路多设施综合优化技术

基于公路资产管理成本—效益分析、资产价值评估模型，建立公路多设施综合优化模型，对公路规划、建设及养护管理措施进行分析并提供决策方案，选取全寿命周期性价比最优的决策方案，实现公路使用性能与管理成本效益的综合最优决策，进而实现公路全寿命资产价值最优化保值，达到公路资产管理降本增效的目标。

Ⅱ 低碳管理篇

(4) 公路资产管理系统构建技术

以资产信息数据为依托,加强对公路建设、运营维护数据的集成、分析和挖掘能力,实现公路基础设施规划、设计、建造、养护、运营维护等全要素智能管控,并形成国内领先、可移植、可复制的信息平台,满足路网不同层级建设、运维数据管理与业务应用需求。

6. 基于建管养大数据资源的挖掘与应用技术

本平台建设目标之一是将建设期数据成果移交至运营期,并充分挖掘数据资源价值,为公路管理提供科学辅助决策支持。因此,基于建管养大数据的挖掘与应用是实现平台建设目标的关键技术环节之一。

以公路全寿命周期建养大数据为基础,制定数据源定义、多源数据采集方法、数据对接、关联与追溯分析方法、数据云平台建立方法等技术标准,构建一套涵盖公路全寿命周期建养多源数据的标准化采集、规范化管理的技术体系,并融合新一代信息管理技术,研发公路建养大数据云平台,为全寿命周期数据资产持续有效的管理提供技术保障;在此基础上,系统分析国内外公路资产管理大数据特性,深入研究公路全寿命周期数据间的关联性,确定服务于资产管理的有效数据及其类型,实现公路全寿命周期数据资产的智能化管理与应用。主要关键技术包括:

(1) 面向资产管理的公路建管养一体化数据标准化

立足河北省公路建设养护管理工作实际,开展数据需求分析,包括公路基础属性数据、公路建设过程中涉及的质量、进度、资金、安全生产等数据,以及运营阶段的设施状态、路域环境、车路协同等数据,最终确定全寿命周期各阶段的数据类型与数据源定义,从数据格式、采集内容、方法、采集时段、周期及频率、区域界定及采集设备的规范化等方面建立公路全寿命周期数据标准化体系,对路网全寿命周期资产数据进行系统性、规范性的整合,制定既有数据处理评估、清洗方法。

(2) 资产管理及建管养大数据云平台构建技术

结合大数据技术的相关理念,分析路域环境、安全监测、交通流等相关外部系统数据现状,针对外部系统不同的数据量和网络部署,提出相应的接入方案,解决外部动态数据与公路资产管理建管养大数据云平台的数据关联问题;融合 BIM、GIS 等现代化信息技术,制定相应的数据存储和检索技术,构建基于 BIM+GIS 的公路建管养大数据云平台;完成数据云平台总体架构设计,制定最小管理单元标准、编码、数据接口、数据传递、数据接入及共享等标准;在此基础上,建立全寿命周期协同数据管理、数据匹配与检索调用机制,针对不同建设或养护环境下公路全寿命周期数据进行聚类、相关性分析，进一步明确数据的具体检索与调用条件。

（3）建管养各阶段数据对接、关联与追溯技术

采用人工智能技术对建管养工程大数据进行深度挖掘处理：通过对工程结构设计、使用材料、试验检测、施工控制等建设期大数据的挖掘分析，预测评估公路建设状况及工程质量，并通过持续实时更新建设数据，达到对建设数据的科学动态调整；通过系统分析建设工程数据与养护运营数据两者的关联性，梳理建设工程数据对养护智能决策的关键影响指标，建立关联模型，实现建管养数据对接，结构性能建管养各时期的关联及基础设施质量追溯，提升建设工程指标控制的科学性。进一步提升其使用品质及耐久性，达到公路全寿命周期数据智能化应用的目的。

3.4 市场化推广情况

在京津冀首条山区高速公路改扩建工程石太改扩建项目中，平台围绕桥梁拆除、维修加固、拼宽工艺等重难点生产过程开展智慧化监管；面向干线公路管理需求，采用轻量化设计，为邯郸市干线公路工程管理提供服务。截至目前，平台已陆续在荣乌新线、唐秦、衡昔高速等省内5条段350余千米进行了推广应用，节约项目建设成本3%左右，取得了较好成效。

3.5 实施效果

3.5.1 管理效益

（1）在高速建设项目中，资产管理平台集成应用大数据、物联网等先进技术，实现对建设过程中原材料、重点工序及关键工艺指标的提取与监管，为工程的智能建造、项目精细化管理提供了技术支撑。

（2）在工程实施前期，平台集成应用无人机三维倾斜摄影与BIM建模技术，1:1生成实景模型，真实还原现场地貌、地物，快速定位征拆区域，合理确定方案，降低因征拆、工程变更等导致的资源消耗，辅助项目成本及进度管理。

（3）在项目实施过程中，资产管理平台施工安全风险评估中梳理的危险源、风险等级、处置措施赋予对应的施工部位，并应用BIM技术在平台中显示，确保施工现场人员、项目管理人员实时掌握风险状态，及时采取防护措施，为项目安全管理提供坚实保障。

（4）在高速公路养护过程中，资产管理平台结合桥梁、路面等基础设施

分级监测体系，以数据为基础，动态评估设施技术状态，辅助养护科学决策、降低养护维修成本，综合提升资金使用效率及项目管理水平。

3.5.2 经济效益

（1）平台将传统文件的线下流转方式转换为电子化线上签审，有效减少跑办时间与纸张资源消耗。全年约形成管控记录三十万余条，相比于纸质化的办公方式，可节约 1.3t 左右纸张消耗，每月进行 1000 余条会签审批，每条节省审批时间 0.25 小时，折合全年可节省跑办时间约 125 天，提升业务跑办效率 30%。

（2）公路工程管理项目中，往往涉及业主、设计、养护、监理等参与单位，各单位间信息同步性不高，沟通协调难度较大。基于统一的数字化管理平台，可实现各单位间实时、准确、完整的工程数据协同管理，降低项目沟通时间成本约 30%。

（3）基于性能模型，以数据为基础，分析并提出高速公路的最优养护策略，为高速公路养护项目规划、养护时机选择、养护资金分配、质量效益评估等提供决策支持，预计可节约养护资金 10% 以上。

3.5.3 社会效益

（1）响应国家政策，率先建立公路工程数据管理与应用技术服务平台，依托物联网、大数据和云计算等信息化技术，布局"数字＋交通"，实现公路全过程数据共享与管理、智能决策等功能，以技术创新推动行业数字化转型。

（2）通过智能养护系统的应用，对路网提出科学的养护规划方案，提升高速公路养护水平，保障高速公路始终保持在良好的技术服务状态，为大众提供安全、便捷、舒适、高效的交通出行，以实际行动建设"人民满意交通"。

3.6 未来展望

历经数年耕耘，高速公路资产全寿命周期智能管理平台从夯基垒台、立柱架梁到落地生根、持续发展，已取得一系列实打实、沉甸甸的重要成果。未来，研发团队将以更高站位、更宽视野、更大力度来谋划和推进新时代智慧交通产业发展工作，聚焦新形势新挑战、把握数字化发展新机遇，重点围绕基于大模型的"一图多识"、数据资产入表等方向持续发力，立足河北、辐射京津冀、面向全国，为构建中国式现代化交通基础设施数字化体系提供坚实的科技支撑。

4 高速公路基础设施智能监测与预警

高速公路基础设施智能监测与预警技术主要是围绕道路、桥梁、隧道、边坡等基础设施群开展智能监测与预警技术体系研究。围绕监测对象选择、关键感知指标选取、测点布设优化、监测数据评估分析以及辅助管养决策等方面，形成一整套完整的解决方案。

在标准化层面上，基础设施群监测系统采用统一标准进行设计、施工和运维，避免了因单体结构单独建设导致难以集中统筹管理和有效扩展的问题；在硬件层面上，通过在基础设施群的关键部位布设智能传感硬件，将实时采集的表征结构安全状态的关键指标信息汇总于集群综合运行监测系统平台，实现重点桥梁、特长隧道等基础设施群全寿命周期运行状态的远程综合感知；共用监控中心硬件设备，降低建设成本；在软件层面上，搭建标准统一、稳定开放的集群监测系统，实现了基于 BIM+GIS 的基础设施群的集中展示和新增监测项目的便捷添加；在智能层面上，实现重载车辆的主动安全预警，将分级预警结果和应急预案同步推送至养护管理人员，确保预警事件从发生到处理的快速、高效。

4.1 现状、问题

公路基础设施智能监测与预警技术包括桥梁结构安全监测技术、隧道结构安全监测技术和路基边坡安全监测技术。

1. 国外发展状况

国外桥梁的安全监测始于 20 世纪 50 年代，1967 年 12 月，俄亥俄河上的一座桥梁倒塌事故，导致 46 人丧生，这个事故促使美国于 1971 年制定了国家桥梁检测标准（NBIs），用于全面指导桥梁检测的各个环节；20 世纪 80 年代后，国外已有大量桥梁建立了较为完备的健康监测系统。1984 年英国 Foyle 桥安装了长期监测仪器和自动数据采集系统，这是世界上最早的桥梁健

康监测系统之一。2000年,在美国宾夕法尼亚州投入使用的Commondore Barry大桥监测系统,总共安装100多个数据通道,主要包括应变仪、加速度仪及视频系统,现场进行数据采集后,数据传输至系统分析软件,该系统以LabView为平台进行集成。建立健康监测系统的还有日本明石海峡大桥(主跨为1990m)及南备赞濑户大桥(主跨1100m)、丹麦Great Belt East悬索桥(主跨1624m)、英国Flintshire独塔斜拉桥(主跨194m)、挪威Skarnsundet斜拉桥(主跨530m)、加拿大的Confederation大桥等。在安全评估方面,国外形成了相关的评估指南和标准,加拿大新型结构及智能监测研究机构发布了《结构健康监测指南》,美国Drexel大学智能基础设施与交通安全中心在美国联邦公路局的组织下完成了《重要桥梁健康监测指南的范例研究》,结构评估、监测与控制组织在欧盟组织下发布了《针对结构评估及健康监测的认证过程F06》《既有结构评估指南F08a》和《结构健康监测指南F08b》,日本土木学会于2006年发布了《基于监测数据的桥梁性能评价指南》等,提出了在桥梁结构性能评估中引入健康监测数据,并强调要在建设过程中、使用过程中关注监测数据进行性能评估。

隧道安全监测技术方面,20世纪70年代起,日本颁布了《铁路隧道维修技术标准》,在隧道检查和诊断的工作方法及流程、隧道内病害的科学技术检测、隧道病害等级划分、针对各种隧道病害的养护技术、病害隧道诊断专家系统,以及网络无缝对接技术的隧道健康安全监测等方面进行了大量系统的研究工作。美国《高速公路和铁路交通隧道检测手册》是美国在公路和铁路隧道管理中评估隧道技术状态的重要依据。该手册对运营隧道的检测周期、检测方法、隧道病害等级划分以及病害等级评定依据作了细致的规定。美国开发的一种非接触式的空气耦合天线的雷达探测系统,可用于隧道结构体系深部病害信息探测,为运营隧道衬砌检测速度的提高提供了基本的条件。德国公路署发布的《无损伤检测隧道内壳的规范》,给出了检测隧道内壳的合适测量方法,即如何对隧道进行测量、描述和评价结果等,然而,此规范只对评判检测结果的方法进行了说明,并未给出如何通过检测结果,对隧道的安全性进行定量的评判。在安全评价方面,国外的运营隧道健康安全评价起源很早,综合评价的方法先进。欧美等国有施工与运营各个阶段完善的数据,有了数据库,可以准确地运用数值或图形将计算出来事故危险性进行清晰的表达。与此同时,在评估中也提出了最优化的风险预防方案。

早在20世纪50—60年代,国外就开展了对边坡监测技术的研究。1956年,苏联学者叶米里扬诺娃发表了《滑坡观测技术指南》一书,总结了滑坡中重要的观测法—位移观测法的原理、方法和应用。K. W. John(1977)对与岩质边坡设计有关的监测进行了讨论。G. Muller（1977）、D. Kirschke（1977）、Cox（1983）、Kovari（1983）、Pilot（1984）、U. Glause（1993）、N. Shimizu（1994）、Sakurai（1994）等对如何对边坡进行稳定性监测的方法进行了探讨。哥伦比亚水电局（B. C. Hydro）（1983）研制了用于对大坝和滑坡进行监测的自动数据采集系统。日本人土谷尚等（1987）研制了滑坡自动化监测系统。

近年来，欧美等国家相继开展了基础设施长期性能监测研究。美国启动了系列的"长期桥梁性能研究计划"（Long Term Bridge Program，LTBP）来研究桥梁性能随时间的变化。2005年美国国会批准《安全、责任、高效交通运输资产法案》，在该法案的资助下，2008年美国联邦高速公路管理局（FHWA）的基础设施研究与发展署发起了长期桥梁性能研究计划，LTBP计划耗费20年或者更长的时间，开展桥梁长期性能的研究工作。该研究计划的主要研究内容是：通过针对不同地域的各种结构性能进行长期检测、监测和评估，提高对桥梁性能的全面认知、研究桥梁性能劣化机理、促进桥梁劣化和预测模型的发展，保障基础设施的运营安全，提升基础设施全寿命期性能和资产价值。同时，日本考虑本国在经济高速增长期（1956—1973年）建成的基础设施陆续步入老龄化，为了保障基础设施的安全运营和提高基础设施养护管理的质量和效益，日本相关部门开展了《基础设施长寿命计划》研究。

2. 国内发展状况

我国的桥梁健康监测起步较晚但发展速度较快，徐浦大桥是中国大陆第一个安装长期结构健康监测系统的桥梁，江阴长江大桥由英国Strainstall公司为该桥设计并安装了一个长期健康监测系统，随后南京长江三桥、深圳湾大桥、苏通大桥、东海大桥均建立了健康监测系统。这些针对大跨径桥梁的健康监测系统具有如下特点：①监测内容全面，监测传感测点少则50、多则300个以上，其费用约占桥梁总造价的0.5%～2%；②监测系统设计理念越来越侧重为桥梁养护管理提供技术支撑，成桥后监测系统与施工控制的监测系统相结合，监测数据前伸到施工阶段；③对设计假定和设计荷载进行验证，为完善设计规范提供依据；④监测系统后期维护经费充足，能够很好地正常运营。为确保大型桥梁建造与运营全过程的安全性，大桥健康监测系统得到了广泛的研究与应用，目前大桥在监测技术、评估技术方面已形成基本统一的模式，2014年住房城乡建设部发布《建筑与桥梁结构监测技术规范》（GB 50982—2014），2016年交通运输部发布《公路桥梁结构安全监测系统技术规程》，标志着桥梁监测系统设计技术从总体上趋于成熟和规范。

但是受经费和人员限制，量大面广的常规中、小跨径的桥梁大多没有安

全监测及预警系统。直到近几年才出现针对常规跨径桥梁结构的监测系统研究。2014年交通运输部公路科学研究院基于常规桥梁病害和事故的调查分析，分桥型建立了常规桥梁健康监测系统。2015年苏交科集团在役长大桥梁安全与健康国家重点实验室针对常规桥梁结构监测面临重大需求，开展了常规桥梁轻型健康监测系统的探索与实践研究。研究指出：与特大跨径桥梁的健康监测系统相比，常规桥梁监测具有单桥系统规模小、基础条件差、变形量测值小、后期维护分散且难度大等特点。轻型健康监测系统功能应以安全预警为主，设计应重点考虑突发性损伤、异常事件的监测与评估，适当兼顾对隐蔽部位、累积性损伤的监测，基本不考虑对桥梁设计的验证。监测指标包括：①环境激励（温度、车辆荷载）；②结构响应（梁体偏位、位移、应变、索力、开裂、变形）。软件应提供适用于常规桥梁安全监测系统特点的预警方法。介绍了梁体偏位、开裂报警、结构变形、结构应变等监测技术和设备。提出今后应重点对嵌入式系统的深入开发、工业化与成本控制、报警与评估、协同监测等方面开展相关研究开发工作。

  我国目前针对运营隧道结构监测的研究主要包括如下几个方面。2004年铁道部发布《铁路隧道衬砌质量无损检验规程》，说明了铁路隧道衬砌质量无损检验的技术要求，同时，介绍了检测衬砌混凝土强度、厚度及背后回填状况的方法。此规程也为公路隧道的衬砌质量检验提供了借鉴。2015年交通运输部发布《公路隧道养护技术规范》，将隧道检查工作分为了四类，明确了如何对运营期的公路隧道进行检查和调查，各种隧道病害，从而全面了解隧道结构的性能状况。近年来，国内的一些学者和科研单位开始研究隧道健康监测技术。西南交通大学张国强等结合垫邻高速公路铜锣山隧道的实际特点，在具有代表性的断面上安设了监控传感器，开发出了一套完整的基于传输的隧道结构安全状况实时监测系统，结合监测的前期数据，采用有限元法对二次衬砌的受力进行模拟，提出了基于时间序列特征分析的隧道结构安全状况评价标准，该系统起到了对隧道结构安全状况进行动态监测的作用，增强了决策者的洞察能力和判断速率。长安大学谢永利教授总结提出一套隧道结构安全检测与监测技术理论体系，并在大酉山黄土隧道进行了示范工程应用研究。该系统旨在对隧道结构进行实时监测、科学评估，为科学管养提供技术支持。总体来说，隧道安全监测技术相对滞后于桥梁安全监测技术的发展，在监测传感设备、评估理论方法方面尚存在不足之处。

  边坡监测技术方面，周溢德针对朔黄铁路山区沿线山体的特点研制边坡监测预警系统，数据采集通过 GSM 网络技术和无线传感器网络技术实现；姜朋明、梅岭等所开发的基于 GNSS 技术的远程边坡实时监测信息采集系统，

河北省高速公路建设低碳发展报告（2024 年）

通过将 GPS 设备布置在待测边坡，获取监测数据以对边坡地质灾害进行预测预警，二者的优点在于采用了经济耐久的无线传输设备，数据传输可靠，便于管理人员针对边坡当前状况作出快速决策，但是对于如何利用边坡监测信息开展适宜的安全评价方法未进一步研究。邬凯、盛谦等利用 GPRS 技术、C++编程和数据库开发平台建立了用于边坡灾害检测的远程监测系统，该系统优点除了能够实时采集和传输边坡位移信息，还考虑了引入边坡预测模型对监测数据进行分析评价，但未对边坡稳定性的预警预报判据进行多方面多角度（如潜在滑块体积和工程重要性等）的考虑。现有的监控系统中针对公路边坡特点而开发的并不多，已有的边坡监控系统中对于安全评价方法未进行深入研究，通过选择一种现有的、合适的监测技术，结合科学的安全评价方法和适宜的预警判据，开发一套边坡监控系统是一个值得探索的科学研究方向。

目前，我国在基础设施集群监测与评估方面的研究才刚刚起步。2016年，由石家庄铁道大学杜彦良院士主持的中国工程院重点咨询项目"交通基础设施重大结构安全保障战略研究"，重点针对铁路、公路基础设施重大结构的安全保障需求，开展了"国家交通基础设施重大结构长寿命安全保障战略"研究，项目调研了交通基础设施重大结构安全保障的发展现状，提出了交通基础设施的发展战略和方向。近几年中交公路规划设计院、苏交科集团等分别开展了桥隧集群、城市桥梁群的安全监测工程实践探索，2016 年 5 月，大连理工大学联合南通智性科技有限公司针对香溪长江公路大桥工程沿线 5.4km 覆盖的 5 座桥梁、1 座隧道、6 个边坡及 1 个重要路段道路等重点基础设施进行了运营期集群监测，设计和实施香溪长江公路大桥工程沿线重点基础设施集群全寿命监测与管养系统，以期保障香溪长江公路大桥工程沿线基础设施集群的运营安全和路网的畅通，并为公路基础设施集群的养护决策提供技术支持，这是国内对公路基础设施集群全寿命监测首次进行了探索。

综上所述，国内外基础设施安全监测技术领域的发展趋势主要为：在结构类型方面，由特殊结构监测向常规结构物监测方向发展；在监测规模上，由单体监测向集群监测方向发展；在监测阶段方面，由运营期监测向全寿命周期监测方向发展；在监测设备上，由低精度有线传输向高精度无线传感方向发展；在评估理论方法上，由被动监测预警向主动监测预警方向发展，由单体结构安全评估向网级安全评估方向发展；在系统集成方面，由单体结构软硬件集成向集群结构软硬件集成方向发展。

4.2 解决方案、技术及设备

公路基础设施集群智能监测与预警技术旨在针对公路长大桥梁、特长隧道运营期安全风险高、管理养护难度大等问题，以长大桥隧基础设施集群为研究对象，全寿命性能监测与安全管理提升为目标，开展基础设施集群网络传感监测技术研究，建立基础设施集群综合感知体系。研究集群安全评估与预警技术，解决如何从部分单体进行集群评估的技术难题。研发基础设施集群安全评估与预警技术，搭建可囊括道路、桥梁、隧道等基础设施的智能监测与预警系统，形成一整套完整的解决方案，实现高速公路基础设施群安全状态的智能感知、分析及预警功能，取得创新性成果如下：

① 在标准化层面上，基础设施群监测系统采用统一标准进行设计、施工和运维，避免了单体结构单独建设导致难以集中统筹管理和有效扩展的问题。

② 在硬件层面上，通过在基础设施群的关键部位布设智能传感硬件，将实时采集的表征结构安全状态的关键指标信息汇总于集群综合运行监测系统平台，实现重点桥梁、特长隧道等基础设施群全寿命周期运行状态的远程综合感知；共用监控中心硬件设备，降低建设成本。

③ 在软件层面上，搭建标准统一、稳定开放的集群监测系统，实现了基于 BIM+GIS 的基础设施群的集中展示和新增监测项目的便捷添加。

④ 在数据层面上，接入施工期数据，具有完整的全寿命监测数据；与机电大数据平台共享计重、环境气象等多源数据，建立全寿命多维的基础设施群安全监测数据库，为海量监测数据分析挖掘支撑管养决策提供基础。

⑤ 在智能层面上，实现重载车辆的主动安全预警，将分级预警结果和应急预案同步推送至养护管理人员，确保预警事件从发生到处理的快速、高效。

针对沿线地质环境复杂，边坡、桥梁、高路基众多，监测养护困难的问题，重点开展卫星遥感技术在高速公路全路域（边坡、路基、桥梁）变形监测方面的应用研究，挖掘卫星遥感技术在高速公路边坡、路基、桥梁变形监测、预警和评估等方面的技术方法和应用潜力，开展联合像素干涉合成孔径雷达（JSInSAR）技术变形监测、误差建模、性能评估模型等关键技术研究，为高速公路边坡、路基、桥梁变形监测、日常养护和安全使用提供新技术手段，解决大范围、自动化、高精度、全天候、全天时变形监测的问题。取得创新性成果如下：

① 开展卫星遥感技术在高速公路全路域（边坡、路基、桥梁）变形监测、

误差建模等方面研究，建立卫星遥感技术在高速公路边坡、路基、桥梁变形监测、预警和评估技术方法。

② 建立适用于时序 JSInSAR 技术的高速公路全路域变形性能评估模型，包括去相关协方差模型、大气相位屏模型和非相关噪声模型等，提高形变监测点密度，实现形变面积精准计算。

4.3 应用案例：延庆至崇礼高速公路河北段综合运行智能监测与预警系统项目（ZH4）

延崇高速公路设施集群监测是按照交通运输部智慧公路试点建设中基础设施数字化方面要求，选取重点桥梁、隧道为对象，部署智能感知设备，构建基础设施群多种类智能监测传感网，开发基础设施群智能监测与预警系统，实现基础设施群安全与健康状态的智能感知、分析及预警功能，为高速管理者科学管养决策提供实时、准确的监测和评估预警数据，为高速公路后续服役期基础设施安全提供有力保障。

针对延崇高速公路（河北段）主线特殊结构桥梁、特长隧道运营安全健康监测的需求，我公司组建专业化的基础设施健康监测团队，历时 5 个月，于 2021 年 9 月完成综合运行智能监测与预警系统建设任务，10 月正式投入使用，通过在 6 座重点桥梁、3 座隧道等基础设施群的关键部位布设智能传感硬件，将实时采集的表征结构安全状态的关键指标信息汇总于集群监测系统，实现重点桥梁、特长隧道等基础设施集群全寿命周期运行状态的远程综合感知，综合分析车辆荷载、风荷载、结构索力、结构变形等监测数据，将实时监测数据与安全预警阈值进行快速计算分析，将超过预警阈值的预警事件及应急处置预案通过手机 App 同步推送至路网监测平台和养护管理人员，确保预警事件从发生到处理的快速、高效。在冬奥期间基础设施总体处于健康状态，无安全预警情况，圆满完成了冬奥会期间的交通安全保障工作。

此外，监测系统按日、月定期自动生成基础设施群运行状态评估报告，实现对基础设施健康状态多角度、多层次、全方位的分析与评估，提出巡检决策建议，同时利用系统积累的海量监测数据，可建立基础设施退化预测模型，为基础设施预防性养护提供技术支撑，降低基础设施全寿命周期养护成本、延长服役寿命。

Ⅱ 低碳管理篇

(1) 现场监测实施照片(图 4-1～图 4-6)

图 4-1　ZH4 标监测实施团队在五环桥调试监测设备

图 4-2　ZH4 标监测实施团队向延崇高速筹建处汇报监测建设成果

图 4-3　太子城五环桥钢箱内加速度传感器安装照片

图 4-4　动态称重系统设备安装照片

 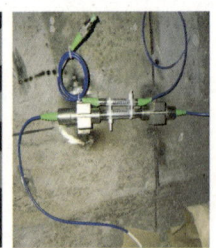 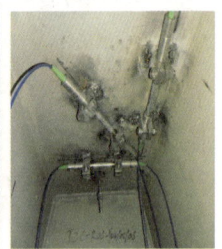

图 4-5　炮梁特大桥加速度传感器安装照片

Ⅱ 低碳管理篇

图4-6 监测采集站设备集成照片

（2）监测软件平台（图4-7~图4-17）

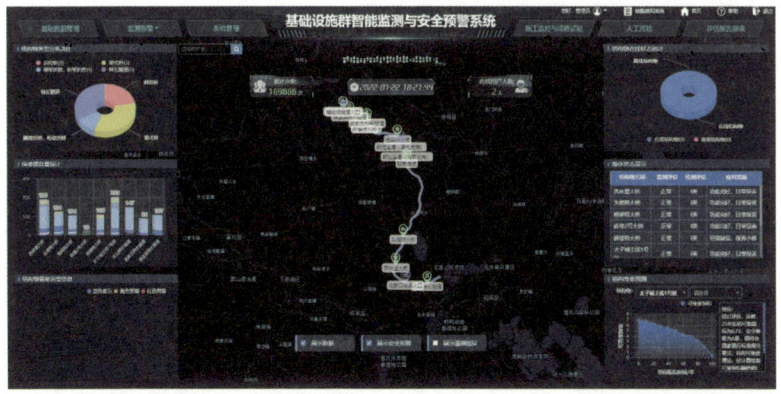

图4-7 基于GIS的基础设施群智能监测与安全预警系统平台首页

图 4-8　奥运五环桥单体结构智能监测首页（一）

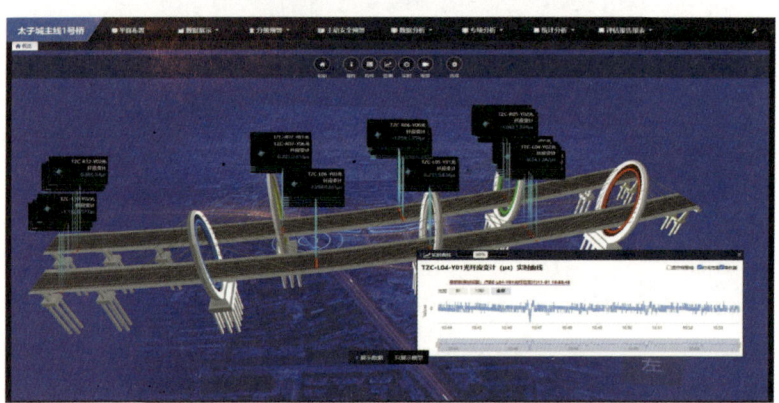

图 4-9　奥运五环桥单体结构智能监测首页（二）

图 4-10　基于遥感 Insar 的桥梁结构位移监测

Ⅱ 低碳管理篇

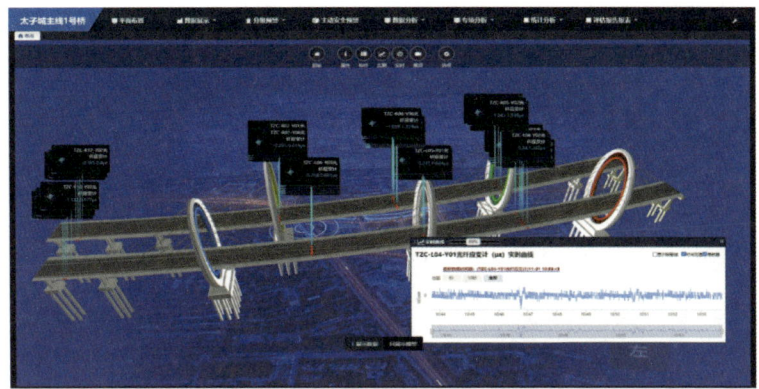

图 4-11 基于 BIM 的奥运五环桥单体结构智能监测数据展示

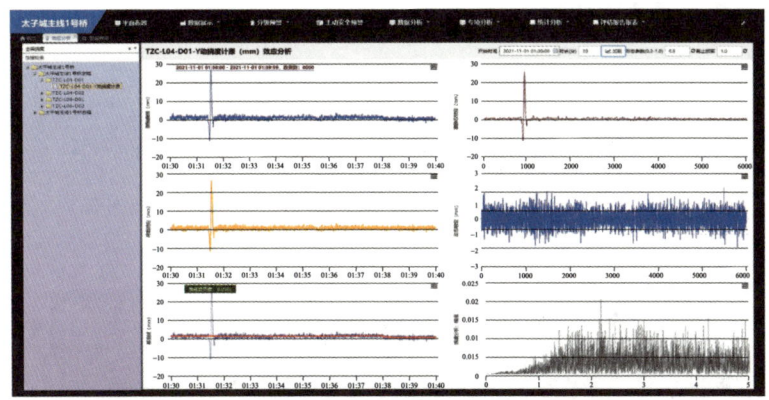

图 4-12 奥运五环桥单体结构监测数据分析

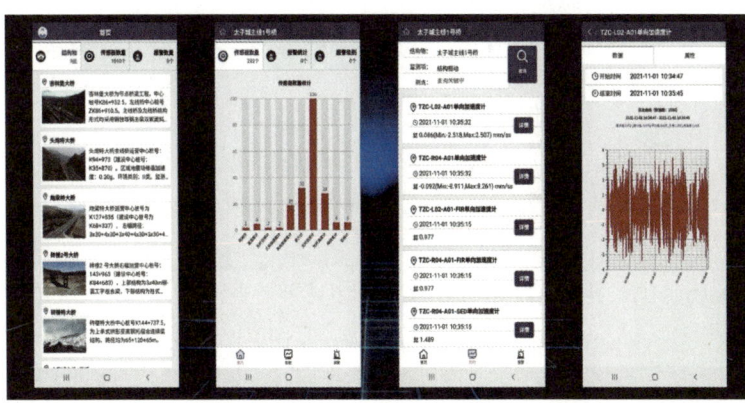

图 4-13 App 终端实现监测预警情况的及时查询处置

河北省高速公路建设低碳发展报告（2024 年）

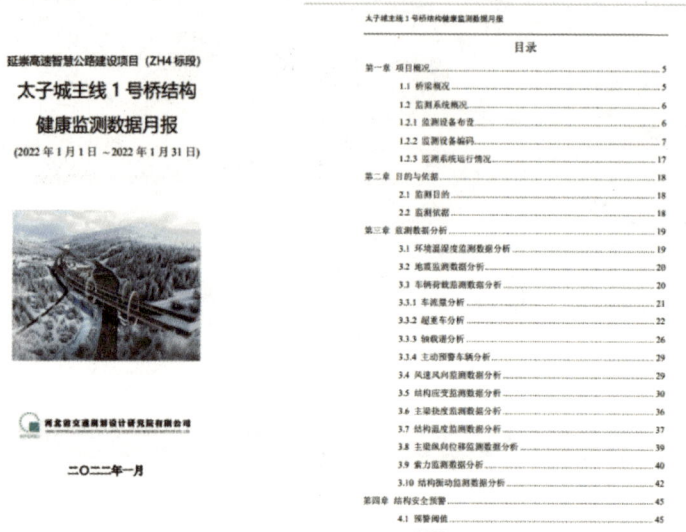

图 4-14　自动生成的奥运五环桥单体结构监测数据分析报告

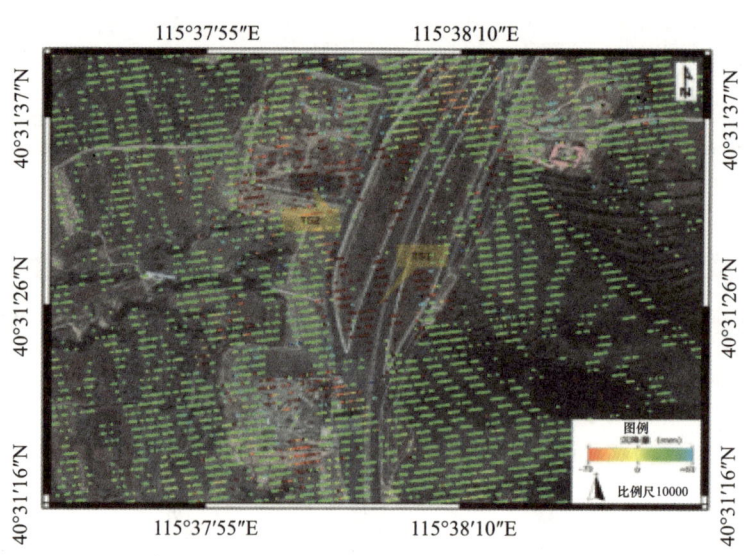

图 4-15　K26 监测区域形变速率图（单位：mm/year）

Ⅱ 低碳管理篇

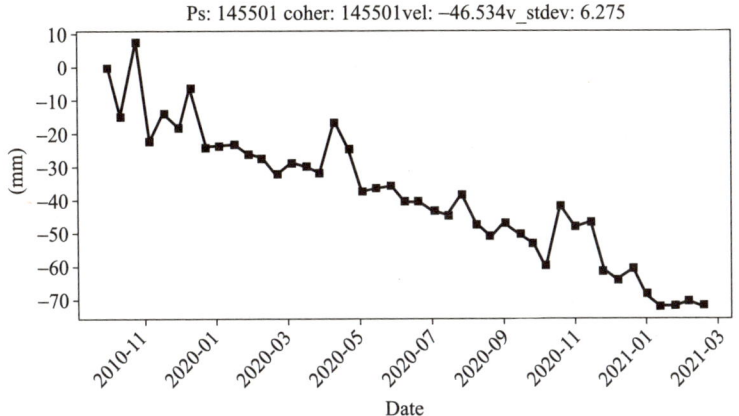

图 4-16　互通式立交区域沉降时序散点图（点号：TS1）

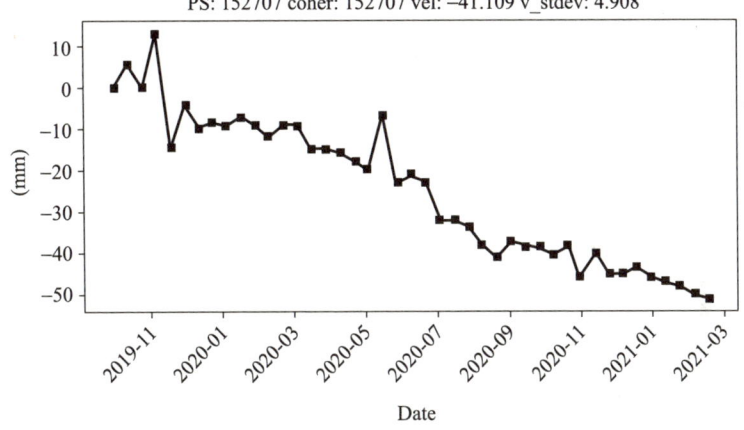

图 4-17　互通式立交区域沉降时序散点图（点号：TS2）

在重点钢桥、特长隧道开展基础设施智能监测与预警系统建设，建立基础设施集群安全评估与主动预警方法，对于解决山区高速长大桥隧集群化监测、分析及安全预警的问题，为同类型山区高速长大桥隧安全监测提供了技术支撑、解决方法，具有广阔的推广应用前景。

在延崇高速全路域（边坡、路基、桥梁）开展了变形监测应用，建立了卫星遥感技术在高速公路边坡、路基、桥梁变形监测、预警和评估技术方法，解决了大范围、自动化、高精度、全天候、全天时变形监测的问题，为同类型山区高速全路域安全监测提供了技术支撑、解决方法，具有广阔的推广应用前景。

077

4.4 未来展望

尽管已经取得了一些进展,但未来仍有多个领域值得深入探索与拓展:

(1)将基于机器视觉的车辆类型识别技术与汽车动态称重系统相结合,利用卷积神经网络,形成一个完整的新型智能化桥梁车辆荷载交通监控系统,同时结合当地交通实际情况,构筑一套"人—车—桥"全域数据感知的智能桥网系统,实现重点基础设施基于多源数据的实时数字孪生模型,为基础设施安全保障和养护决策提供支撑。

(2)针对高速公路路域内外灾害风险识别难度大、早期预警不及时等问题,研讨基于遥感 InSAR 卫星全时空数据的高速公路基础设施、路域环境(包括河流水文)灾害演化趋势分析识别算法与软件平台,通过形变监测数据分析与推演,高效锁定灾害隐患,扫除灾害监测盲区,实现高速公路基础设施灾害"普查"。

(3)进一步探索开发基于大数据挖掘和共享机制的交通基础设施集群动态安全性监测与预警技术,形成结构安全评价与智能联动处置体系,提高灾害事件应急处置效率。

Ⅲ 低碳技术与装备篇

5
低碳长寿命沥青路面技术

5.1 高掺量胶粉改性沥青永久路面成套技术

我国高速公路总里程已突破 1.836×10^5 km，规模位居世界第一，但交通基础设施的耐久性与可靠性仍有较大提升空间。2018 年，党中央、国务院决定高质量、高标准建设雄安新区，交通运输部批准雄安新区开展交通强国建设试点，结合国家"双碳"目标和绿色交通建设，开展雄安新区永久路面工程技术研究与示范应用，意义重大。我国高速公路沥青路面设计使用年限为 15 年，永久路面的设计使用年限超过 40 年，永久路面已成为国内外路面技术发展重要趋势，欧美国家的永久路面主要以全厚式沥青路面为代表。在国内，山东、河北、广东等省份都铺筑了不同里程的试验段；郑健龙院士提出了设计基准期自上至下分层递增的耐久性沥青路面结构体系；交通运输部公路科学研究院建设了路面加速加载环道，已完成 6000 万次加载；2019 年香山科学会议专题讨论了中国长寿命路面关键科学和技术问题，提出立足半刚性基层沥青路面工程实践，探索和发展具有我国特色的长寿命路面技术。

高掺量胶粉改性沥青永久路面成套技术主要围绕六个关键问题：①在沥青材料方面，需要开发高性能、绿色化、低成本的改性沥青，传统胶粉改性沥青的胶粉掺量一般为 20% 左右，现有设备无法实现高掺量高性能胶粉沥青生产。②现有马歇尔混合料设计方法不适用于高掺量胶粉沥青，需要研发基于性能需求的沥青混合料设计方法。③缺少发挥高掺量胶粉沥青路用性能特点的半刚性基层路面结构和全厚式路面结构方案。④现有高速公路表面层抗滑性能衰减较快，耐久性差；同时传统桥面铺装技术具有层间剪切强度不足等短板，需要开发耐久型抗滑表层和耐久性铺装关键材料和技术。⑤在施工技术方面，现有施工工艺变异性大，需要解决智能化施工工艺和装备问题，提升路面可靠度水平。⑥在永久路面使用寿命评价方面，目前还缺少公认可靠的耐久性测试验证和结构寿命预估评价方法。

高掺量胶粉改性沥青永久路面技术通过理论研究、力学分析、材料研制、设备开发和工程验证等多种手段，对高掺量胶粉沥青改性理论及核心技术、沥青路面材料设计及典型结构方案、施工工艺与装备及可靠度、路面耐久性测试验证与寿命评价技术等开展系统研究，以期形成高掺量胶粉沥青永久路面成套技术成果，为雄安新区高速公路建设和交通强国试点任务提供技术支撑，促进交通行业的科技进步。

5.1.1 总体解决思路

结合国内外永久路面关键技术发展趋势，高掺量胶粉改性沥青永久路面技术以材料革新带动路面结构寿命提升为着力点，依托雄安新区高速公路建设项目，从高掺量胶粉改性沥青材料技术体系、混合料设计及路面结构、施工技术及装备、结构寿命评价方法等方面开展研究，具体解决思路如下：

（1）针对现有胶粉沥青改性技术和设备无法支撑高掺量胶粉沥青的生产，开展高掺量胶粉沥青改性理论与核心技术及装备研究。①针对高掺量胶粉改性沥青制备关键技术问题，研究高效微波解交联技术，实现胶粉深度脱硫再生及高掺量胶粉改性沥青制备，分析胶粉改性沥青胶体结构，研究胶粉改性沥青抗裂性能机理及耐老化机制。②全面评价微波脱硫胶粉沥青流变性能，研究基于多重加载速率 LAS 试验和应变加载 TS 试验疲劳寿命测评方法，实现对高掺量胶粉改性沥青疲劳寿命的准确测试。在调研国内外现行技术标准及试验研究基础上，提出高掺量胶粉沥青材料技术指标体系和评价标准。③研究确定高掺量胶粉沥青的生产配方及生产工艺，制备 30%～50% 掺量的胶粉改性沥青。依据微波场理论和轮胎胶粉活化工艺要求，研发工业级废旧轮胎胶粉微波活化装置；实现高掺量胶粉改性沥青的生产质量稳定和材料性能可控可调。

（2）针对永久路面沥青面层材料与结构设计需求，研发高掺量胶粉沥青混合料组装设计方法及典型结构、耐久性抗滑表层与桥面铺装技术。①以粗集料骨架和由细集料、矿粉及胶结料组成的胶砂为功能单元，创新性地提出了以胶砂填充率为核心参数的组装式胶粉改性沥青混合料设计方法,建立沥青胶砂与沥青混合料之间的路用性能关系,提升混合料性能设计的适用性。②基于国内外永久路面设计施工经验,创新性地提出永久路面关键设计参数,提出雄安新区高速公路永久路面半刚性基层和全厚式路面结构方案。③针对传统桥面铺装技术短板,从增强混凝土桥面沥青铺装与水泥混凝土铺装之间的粘结出发,研发双组分层间增强材料与多介质桥面铺装联结层技术,提升桥面铺装耐久性。

(3)针对路面施工变异性大与质量不稳定问题,开展永久路面智能化施工技术及可靠度评价方法研究。①通过分析路面施工质量检测数据,统计材料参数、结构参数和施工工艺参数等变异水平和分布模型,提出永久路面结构施工变异性控制要求。②开发基于介电常数的探地雷达测试压实度技术和沥青铺装智能测厚技术,实现对沥青摊铺厚度的毫米级高精度、实时连续监测。研发双组分多介质复合桥面防水联结层工艺及其专用同步均匀洒布施工装备。③根据工程实测数据的有界性和实际交通水平,研究基于截断分布的蒙特卡洛多指标可靠度评估方法,分析交通参数及施工变异性对路面结构可靠度的影响规律,评价和验证永久路面结构的可靠性。

(4)为充分评价验证永久路面结构寿命,开展全域一体化路面加速加载试验系统研究,开发全域一体化加速加载设备,模拟高低温、紫外老化、降雨等环境条件,并通过优化驱动和制动系统,降低加载试验成本。高掺量胶粉改性沥青永久路面研究总体技术路线如图5-1所示。

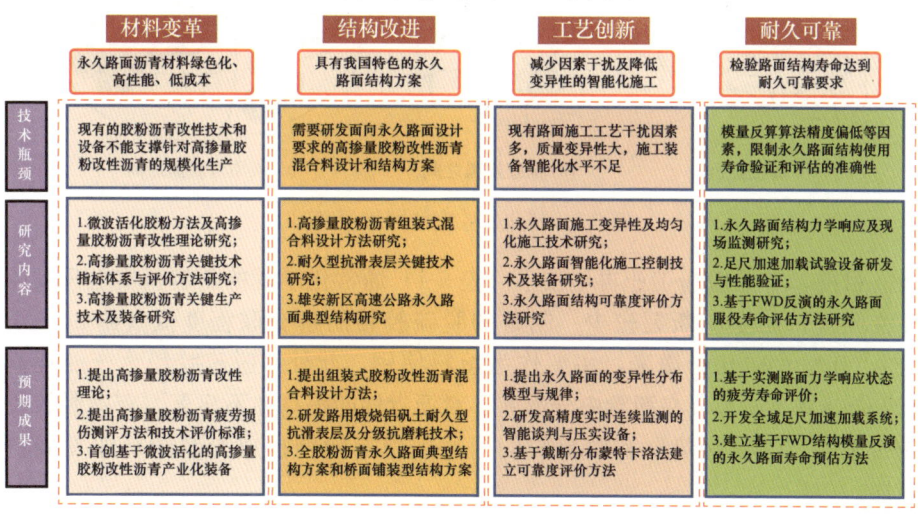

图 5-1　高掺量胶粉改性沥青永久路面项目技术路线

5.1.2 技术成果

1. 发明了高掺量胶粉沥青改性理论与核心技术及装备

我国重载道路主要应用热塑性弹性体 SBS 改性沥青技术，其不能完全满足行业所期望的路面结构和材料的耐久性需求。同时我国已成为全球第一的橡胶制造和消费大国，废旧橡胶的再利用不仅能增加沥青路面耐久性，也能减轻生态环境压力。高掺量胶粉改性沥青永久路面项目提出了基于微波加热解交联的胶粉深度脱硫方法和高掺量胶粉沥青改性理论，开发了深度脱硫胶粉制备 30%～50%胶粉改性沥青的关键技术（ZL 201510179870.4），首次建立了适用于高掺量胶粉改性沥青的疲劳寿命预估方法，在针入度评价体系基础上，提出了永久路面 30%～50%胶粉改性沥青技术指标体系及评价标准，首创了基于微波活化的高掺量胶粉改性沥青产业化装备，解决了胶粉难以深度降解、掺量低（20%左右）和储存质量稳定性差等技术难题。

（1）提出胶粉微波活化技术及高掺量胶粉沥青改性理论

轮胎橡胶在硫化和补强等加工过程中，形成了橡胶-橡胶、橡胶-填料、填料-填料等多重复杂交联网络（图 5-2）。这些复杂网络赋予了橡胶优异性能，但同时也导致废旧橡胶难以再生利用。

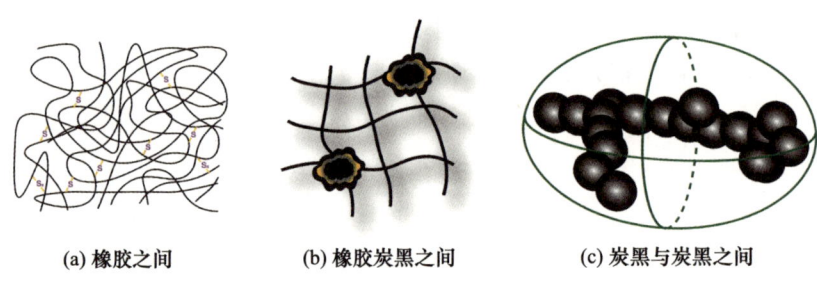

(a) 橡胶之间　　(b) 橡胶炭黑之间　　(c) 炭黑与炭黑之间

图 5-2　硫化橡胶交联网络示意图

目前，各项胶粉工业再生技术（表 5-1）通常化学键的断裂基本上只发生于交联键，而主链断裂较少。制备的脱硫胶粉的解交联程度低（约 20%溶胶），其尺寸在几十微米，主要作为填料使用。此外，脱硫胶粉生产能耗高（约 800kW·h/t）、在沥青中分散差、对沥青性能提高并不显著，有害脱硫助剂带来的"二次污染"和脱硫胶的门尼反弹等问题也成为制约行业发展的掣肘。

表 5-1　废橡胶再生技术特点

再生方法	动态脱硫罐	螺杆挤出	螺旋再生	微波加热
再生温度/℃	200～250	220～330	250～300	<300
溶胶含量/%	20～40	20～60	20～40	>50
优点	成本低 再生胶均匀	安全 污染有序排放	安全 传热提高	成本及能耗低 安全无污染
缺点	废水、废气无序排放 不安全，需精炼 再生胶加工难度大	需精炼，耗能高 对机械要求高 成本高	控温不准，需精炼 再生不均匀 再利用添加量低	—

针对国内外传统胶粉脱硫再生方法的缺陷，创建了基于微波加热解交联的高掺量胶粉沥青改性理论。基于橡胶链易发生热化学反应断键的特点，发明了轮胎橡胶微波热剪切的深度脱硫方法。探索发现，挤出温度为 300℃ 时，溶胶含量超过 60%。当挤出温度为 220～280℃ 时，溶胶部分的分子量和分子量分布变化不大；而当挤出温度为 300℃ 时，分子量显著下降，数均分子量由约 1.3×10^4 g/mol 降低到约 4×10^3 g/mol。该再生方法实现了网络深度可控断裂（图 5-3）以及橡胶交联网与炭黑的剥离，最终得到深度脱硫橡胶和纳米级炭黑等产物（图 5-4），完成了高溶胶含量的胶粉类沥青转化。

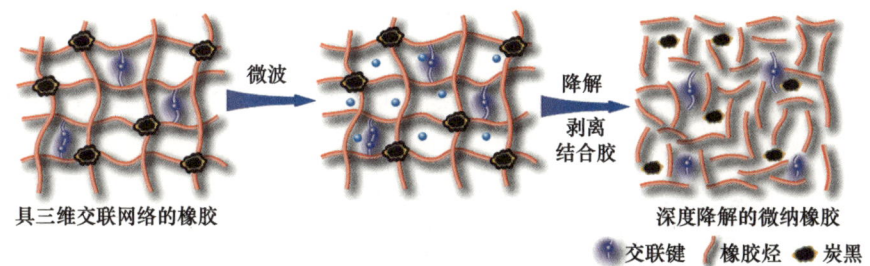

图 5-3　胶粉的微波脱硫解交联示意图

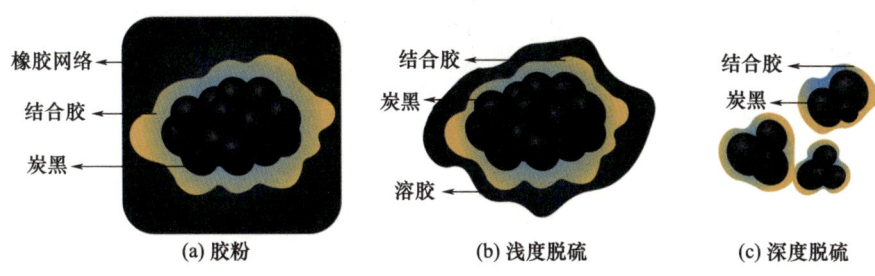

图 5-4　微波脱硫再生及炭黑分离

通过分析降解产物中溶胶、凝胶和气相组成，推测出了橡胶的高效解交联机理。该方法经工业化放大，环保易控制，耗能为 400kW·h/t，为传统技术能耗的 1/2。制备的解交联产物中橡胶网络完全解离，降解橡胶的平均分子量低，与沥青分子易实现互溶。通过元素价态、官能团、微观形貌等多尺度研究，发现解交联橡胶中极性较小的液体橡胶溶于沥青饱和分和芳香分，极性较大的炭黑与沥青质发生共价键、氢键等作用。因此，深度脱硫橡胶组分溶于沥青胶体（图 5-5），赋予沥青良好的低温抗裂等性能。

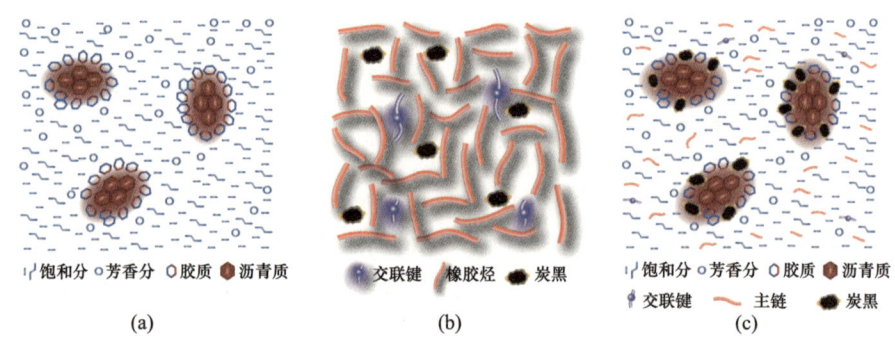

图 5-5　解交联橡胶混合后的高掺量沥青胶体结构模型

最终发现，深度脱硫解交联橡胶在沥青中可实现纳米级分散，大大改善了胶粉沥青掺量低、性能不高和质量不稳定等问题（图 5-6）。不同胶粉改性沥青中的胶粉具有多尺度演化效应，微波活化脱硫胶粉及炭黑具有微纳级颗粒尺寸，是实现微观尺度高效稳定分散的重要原因。

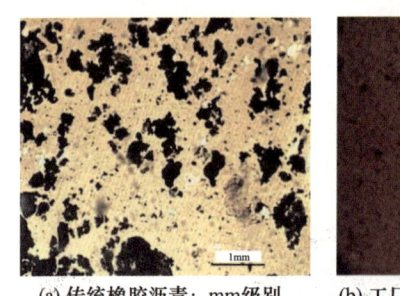  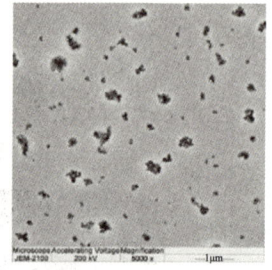

(a) 传统橡胶沥青：mm 级别　　(b) 工厂化橡胶沥青：μm 级别　　(c) 浅裂胶粉性沥青：nm 级别

图 5-6　不同胶粉改性沥青的多尺度演化与分散情况对比

对比得出，胶粉改性沥青耐老化程度优于基质沥青和 SBS 改性沥青[图 5-7（a）、图 5-7（b）]。老化实验后高掺量橡胶沥青的羰基指数和亚砜基指数比基质沥青、SBS 改性沥青低，表明其具有突出的耐老化性能。实验得出了胶粉沥青抗老化机制，沥青材料表面的炭黑可阻挡紫外线照射，有效防止紫外老化；其次，解交联橡胶中的 S 交联键再交联形成网络，减少了水分和氧的侵入；最后，橡胶内的防老剂裂解后进入沥青中，带来耐老化性能的提升［图 5-7（c）］。

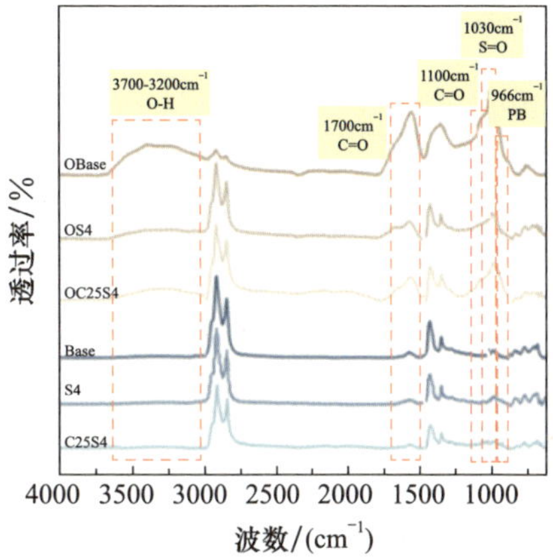

(a) 不同沥青的FTIR图谱

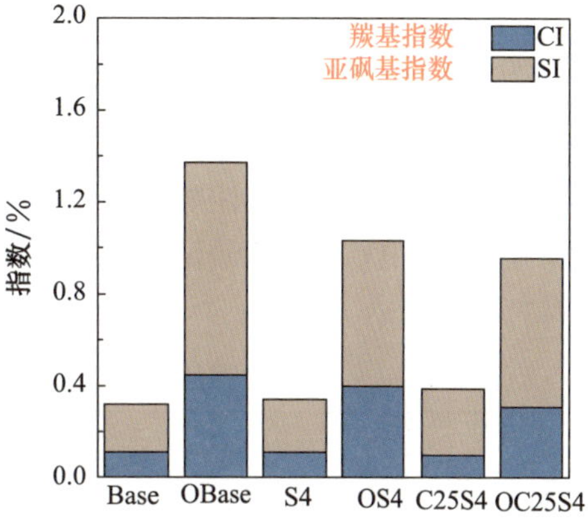

(b) 不同沥青老化后的羰基指数和亚砜基指数

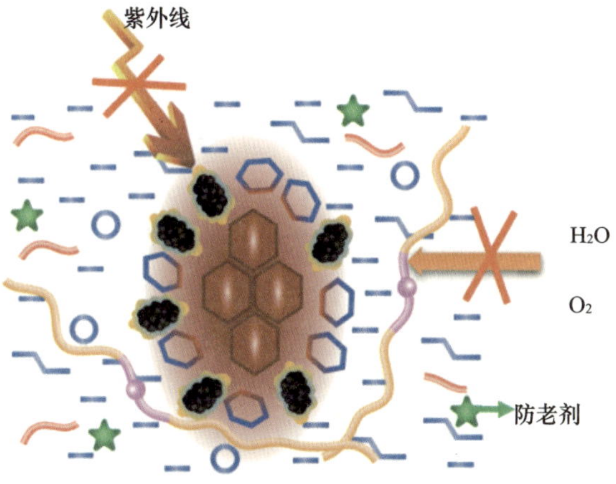

(c) 高掺量胶粉沥青耐老化机制

图 5-7　沥青耐老化程度示意图

动态黏弹性质表明，随着胶粉掺量的增大，胶粉沥青的玻璃化转变温度大幅降低（表 5-2），改变了沥青低温易脆问题，提高路面抗裂性能，延长了路面寿命，同时大幅改善了高掺量胶粉改性沥青的加工流动性，施工时性能良好。

表 5-2 胶粉改性沥青的玻璃化转变温度

沥青类型	玻璃化转变温度/℃
基质沥青	−9.7
20%胶粉沥青	−17.8
30%胶粉沥青	−22.1
40%胶粉沥青	−31.3
50%胶粉沥青	−42.5

胶粉改性沥青韧性性能随掺量升高而增强,40%掺量的胶粉改性沥青的冲击韧性(JJG 145—2007)是基质沥青的 15 倍及 SBS 改性沥青 7 倍以上(表 5-3)。

表 5-3 高掺量胶粉改性沥青冲击载荷下的超韧性能

温度/℃	基质沥青	6%SBS改性沥青	冲击韧性/(J/m²) 橡胶沥青掺量				
			15%	25%	30%	35%	40%
−10	399	772	1014	1683	3538	3877	6002
5	707	1488	2307	7777	—	—	—
20	945	—	—	—	—	—	—

(2) 建立高掺量胶粉沥青关键技术指标体系及疲劳寿命表征评价方法

高掺量胶粉改性沥青中胶粉掺量在 30%～50%,而目前现有国内外改性沥青技术标准主要针对 SBS 改性沥青和普通胶粉改性沥青(掺量 20%左右),同时主要采用针入度体系评价标准,对沥青材料在重复加载作用下的疲劳损坏和疲劳寿命评价表征较少。美国 ASSHTO TP101 规范中疲劳加载试验对高掺量胶粉沥青疲劳寿命预测公式(5-1)会发生很大偏离(图 5-8)。在针入度评价体系基础上,采用流变学指标与重复加载评价沥青黏弹性和抗疲劳性能,引入 5℃测力延度中最大力和黏弹比、重复加载不可恢复柔量 Jnr3.2 等研究提出了高掺量胶粉改性沥青技术评价标准,首次建立了准确度高的适用于基质沥青、普通橡胶沥青和高掺量胶粉改性沥青的疲劳寿命预估方法。

$$N_f = A(\gamma_{max})^{-B} \tag{5-1}$$

式中 $A = \dfrac{f(D_f)^k}{k(\pi C_1 C_2)^a}$

f = loading frequency (10Hz)

$$k = 1 + (1 - C_2)\alpha$$
$$B = 2\alpha$$

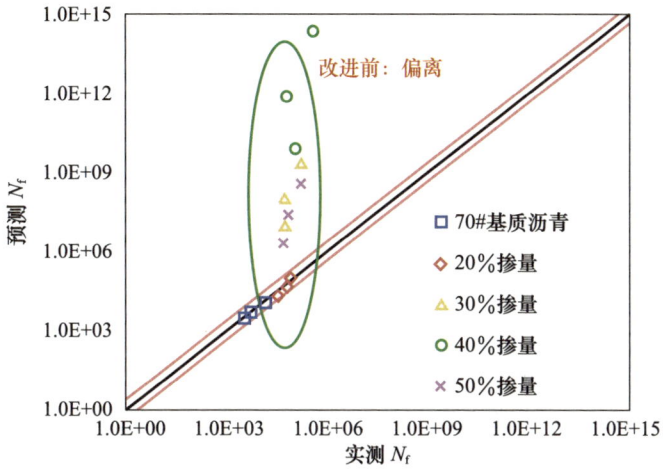

图 5-8　ASSHTO TP101 中疲劳寿命预测公式预测结果与实测结果对比

基于疲劳寿命预估方法，探索出了适用于高掺量胶粉改性沥青统一的沥青疲劳失效准则，将疲劳寿命与虚应变能释放率建立了幂函数的关系方程公式（5-2）。

$$G^R = \frac{\overline{W_r^R}}{N_f} = \frac{A/N_f}{N_f} = \frac{A}{(N_f)^2} \tag{5-2}$$

在 LAS 试验中对虚应变能曲线进行数值积分，直至达到虚应变存储能峰值点（拐点），在 TS 试验中对虚应变能曲线进行数值积分，直至达到 $C \times N$ 峰值点（拐点），利用虚应变能释放率模型预测普通橡胶沥青的寿命。根据统一的沥青疲劳失效准则，得出了疲劳寿命预测模型和公式（5-3），将三个加载速率的 LAS 试验和单个应变水平的 TS 试验应力应变参数融入到模型公式中，能够对基质沥青、普通橡胶沥青和高掺量胶粉改性沥青实现精准的疲劳寿命预测[公式（5-3）、图 5-9]。

$$N_f = \left[\frac{k}{\alpha} (\gamma^p)^{2+2\alpha \left(\frac{C_2}{p} \right)} \right]^{\frac{1}{b - \frac{C_2}{p} + 1}} \tag{5-3}$$

式中　$p = 1 - \alpha C_2 + \alpha$

$$k = \frac{1}{2} C_1 (|G^*|_0)^2 \cdot q (-C_2/p) \cdot \frac{1}{\left(\frac{C_2}{p} \right) + 1}$$

$$q = \frac{f \cdot 2^\alpha}{p (C_1 C_2)^\alpha (|G^*|_0)^{2\alpha}}$$

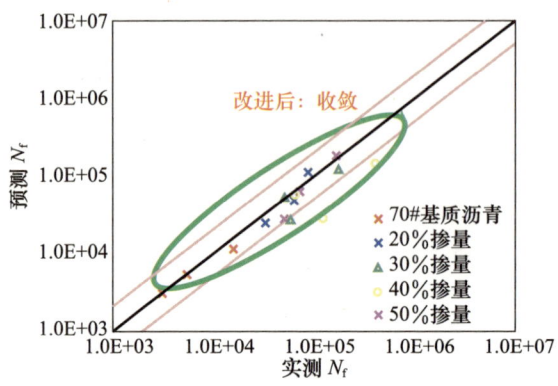

图 5-9 新建疲劳寿命预测公式预测结果与实测结果对比

进一步研究了高掺量胶粉改性沥青疲劳破坏过程，揭示了高掺量胶粉改性沥青疲劳损伤演化机理。本研究采用经典线弹性断裂力学理论对不同疲劳阶段进行划分为：疲劳裂纹萌生和疲劳裂纹扩展两个阶段［图 5-10（a）、图 5-10（b）］。上述结果表明，高掺量胶粉改性沥青的疲劳裂纹萌生、扩展寿命均高于普通橡胶沥青和基质沥青［图 5-10（c）、图 5-10（d）］。

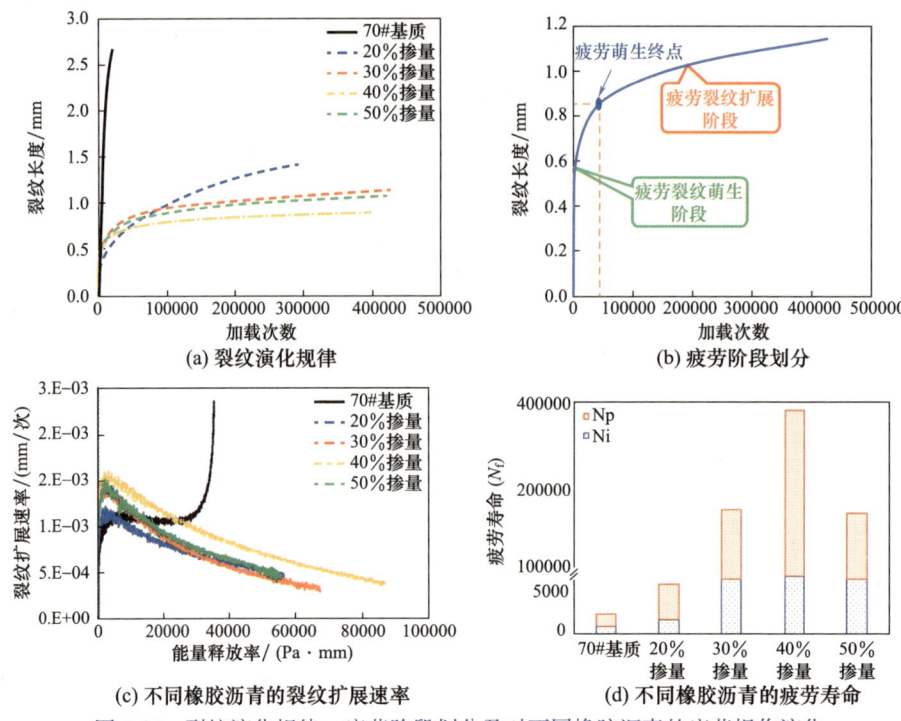

图 5-10 裂纹演化规律、疲劳阶段划分及对不同橡胶沥青的疲劳损伤演化

Ⅲ 低碳技术与装备篇

结合高掺量胶粉改性沥青混合料的相关技术要求，基于上述疲劳性能预测模型对三种高掺量胶粉改性沥青在4%和6%两个应变水平下的疲劳寿命进行计算，提出了面向永久路面的沥青疲劳性能技术标准。同时，在常规性能指标评价体系基础上，采用5℃测力延度试验中最大峰值力、黏弹比两个指标来共同控制沥青低温性能，提出了5℃测力延度最大力技术要求；根据MSCR试验，提出了高掺量胶粉改性沥青PG高低温性能等级及3.2kPa下不可恢复柔量Jnr3.2的技术要求（图5-11）。综合分析针入度分级与流变学分级技术指标，建立了30%、40%、50%高掺量胶粉改性沥青关键技术指标体系与技术评价标准（表5-4）。

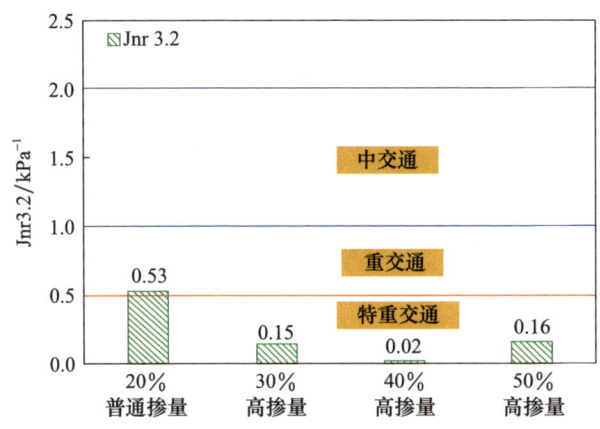

图 5-11　高掺量胶粉沥青的不可恢复柔量技术要求

表 5-4　高掺量胶粉沥青关键技术指标体系及评价标准

检验项目	技术要求			试验方法
	30%掺量	40%掺量	50%掺量	
180℃运动黏度/Pa·s	1.5～3.5	1.5～3.5	1.5～3.5	T 0625
针入度（25℃ 100g 5s）/（0.1mm）	50～70	40～60	40～60	T 0604
延度（5cm/min，5℃）/cm	≥15	≥12	≥12	T 0605
软化点（环球法）/℃	≥70	≥70	≥65	T 0606
离析，软化点差/℃	≤5	≤5	≤5	T 0661
25℃弹性恢复率/%	≥85	≥85	≥85	T 0662
闪点/℃	≥230	≥230	≥230	T 0611

续表

检验项目		技术要求			试验方法
		30%掺量	40%掺量	50%掺量	
TOFT后残留物	质量损失/%	≤1	≤1	≤1	T 0609
	25℃针入度比/%	≥65	≥65	≥60	
	延度（5℃）/cm	≥8	≥6	≥6	
5℃测力延度最大力/N		≥80	≥70	≥50	AASHTO T300
黏弹比		≤0.1	≤0.1	≤0.05	
黏聚力（60℃）/（J/mm²）		≥1.5	≥1.5	≥1.0	—
PG等级		88～28	88～28	82～28	AASHTO
Jnr3.2/kPa⁻¹		≤0.15	≤0.02	≤0.16	AASHTO MP19-10
$LAS_{Nf,4\%}$/万次		≥130	≥180	≥120	
$LAS_{Nf,6\%}$/万次		≥7	≥9	≥5	

(3) 高掺量胶粉改性沥青关键生产技术及生产装备

针对目前在实际工程中，高掺量胶粉改性沥青的稳定性（储存、均质、质量）不能保证，胶粉脱硫效果可控性较差等技术难题，研制了30%、40%、50%高掺量胶粉改性沥青配方及制备关键技术（表5-5），通过物理共混和化学组合的形式，在机械外力的作用下，实现了高掺量胶粉改性沥青强力均化与路用性能精准调控技术。制备的高掺量胶粉改性沥青满足"黏、弹、塑"不同指标定制化需求。

表5-5 30%、40%、50%高掺量胶粉改性沥青配方

材料	沥青/%	胶粉/%	降粘剂/‰	软化油/%	SBS/%	补强剂/%	交联剂/%
30%掺量	70	30	1.25	0.25	0～1	5	0.25
40%掺量	60	40	3.125	0.5	0～1	8	0.25
50%掺量	50	50	4.0125	0.8	0～1	8	0.25

成功研制了胶粉脱硫活化装置（图5-12）（ZL 202121444793.8；ZL 202121446519.4；ZL 201110313731.8；ZL 202110500655.5；ZL 202111453427.3；ZL 202110968314.0）与改性沥青连续式智能生产装备（图5-13），确定了活化胶粉橡胶改性沥青生产工艺流程（图5-14）（ZL 201820065852.2；ZL 201820163401.2；ZL 201820163797.0；ZL 201820163781.X；ZL 201820065936.6；ZL 201820065938.5；ZL 202121446535.3；ZL 201820163783.9；ZL 201920607432.7；ZL 201920632512.8），实现了胶粉掺量由传统的20%提高至30%～50%、工厂化单条生产线产能达

Ⅲ 低碳技术与装备篇

50t/h。胶粉活化率50%以上、精准控温（ZL 201820065934.7）。生产能力提升30%，生产能耗降低30%。

(a) 新型胶粉挤出活化设备

(b) 首套工业级胶粉微波可控活化装置

图 5-12　胶粉脱硫活化装置

图 5-13　移动连续式高掺量胶粉改性沥青生产装备

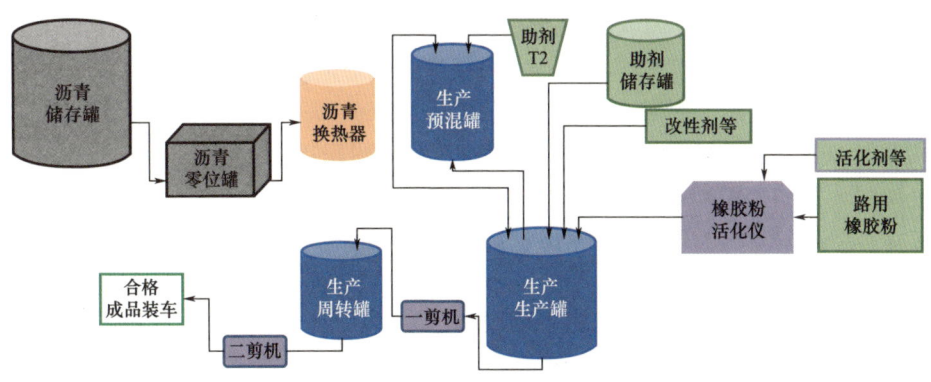

图 5-14　活化胶粉橡胶改性沥青生产工艺流程图

091

实现了胶粉深度降解再生及高掺量胶粉沥青大规模稳定化生产（ZL 201410003536.9）。提出了活化胶粉的技术要求（表5-6，表5-7），其中，活化胶粉的门尼粘度小于50，溶解度高达50%。对大规模生产应用时的高掺量胶粉改性沥青进行出厂检验和定期抽检，其性能完全满足高掺量胶粉改性沥青评价体系的技术要求，并在京德、荣乌高速进行了规模化应用，使用效果良好。

表5-6 活化胶粉的物理性能指标技术要求

性能	相对密度	含水率/%	铁含量/%	门尼黏度
指标要求	1.10～1.20	<1.0%	<0.03	<50
试验方法	JT/T 797			

表5-7 活化胶粉的化学性能指标技术要求

性能	丙酮抽出物/%	炭黑含量/%	橡胶烃含量/%	溶解度/%
指标要求	≤30	≥28	≥48	35～50
试验方法	GB/T 3516	GB/T 14837.1	GB/T 14837.1	JT/T 797

2. 创新了基于性能需求的组装式胶粉改性沥青混合料设计方法

高掺量胶粉改性沥青的技术指标表明其具有更加明显的黏弹性特征，表现为黏度更大、弹性恢复能力更强，导致其混合料的压实较常规胶粉沥青混合料更加困难；另一方面，胶粉颗粒自身的"溶胀"特性对其混合料矿料级配提出了更高的要求。现行指导性文件中基于工程经验提出的胶粉沥青混合料级配范围较大，对高掺量胶粉沥青混合料性能设计的指导性不强。组装式胶粉沥青混合料设计方法的核心是以粗集料形成的骨架及以细集料、矿粉与胶结料组成的胶砂为功能单元，粗集料骨架主要控制混合料抗车辙和抗变形能力，并为高掺量胶粉沥青胶砂提供足够的填充间隙；胶砂主要控制混合料的抗低温和抗疲劳性能，填充于粗集料骨架间隙，保证混合料的密实性；功能单元组装设计时，以胶砂填充率为主要设计参数，通过控制填充率形成体积稳定且满足不同层位路用及力学性能需求的沥青混合料（ZL 201910666910.6），同时改善了高掺量胶粉改性沥青混合料的压实特性。具体设计流程如图5-15所示。

（1）粗集料骨架设计

以ARHM13设计为例，粗集料骨架设计室内试验结果表明：在4.75～9.5mm集料中添加9.5～13.2mm较粗集料可有效提高混合料的贯入阻力；当9.5～13.2mm与4.75～9.5mm两者比例在7:3～4:6范围内，贯入强度基本相同；当9.5～13.2mm与4.75～9.5mm两者比例在7:3～4:6时，粗集料骨架间隙率最为紧密，说明该掺配比例范围内，骨架更易稳定，易于混合料压实

(图 5-16)；不同方法得到的粗集料骨架间隙率大小略有差异，但均在 40% 左右（图 5-17）。

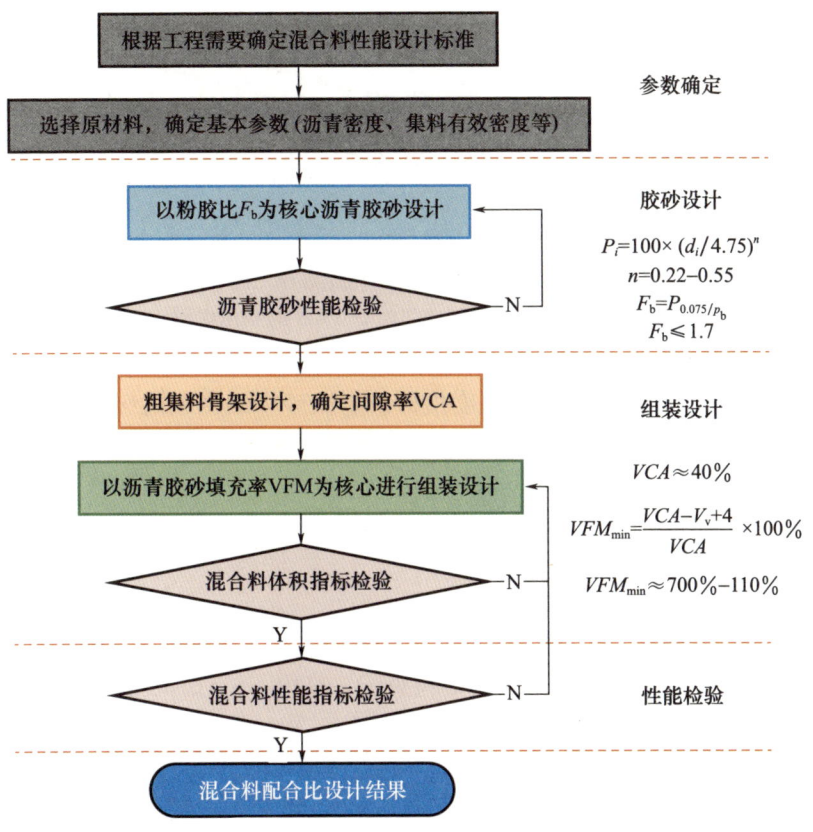

图 5-15　组装设计流程图

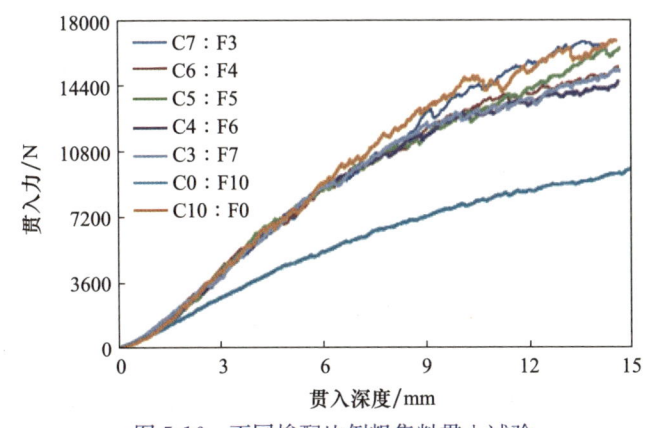

图 5-16　不同掺配比例粗集料贯入试验

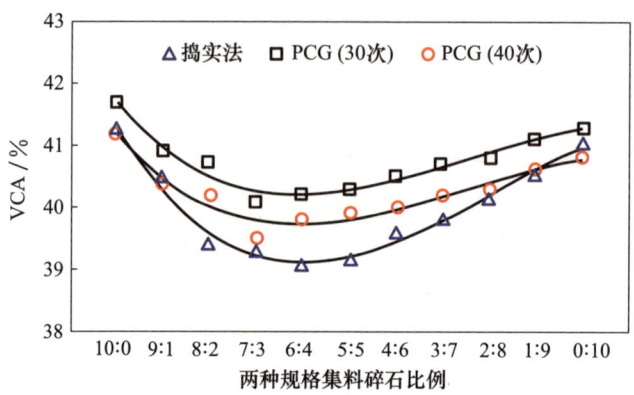

图 5-17 粗集料骨架间隙率 VCA 的变化规律

(2) 沥青胶砂组成设计

通过锥入试验得到的抗剪强度指标确定胶砂中细集料的级配。细集料级配按照公式（5-4）确定。

$$p = 100 \left(\frac{d}{D}\right)^n \tag{5-4}$$

式中　p——d 尺寸筛孔的通过率；

D——细集料的最大粒径；

n——影响筛孔通过率的指数，此处分别取 $n=0.45$、$n=0.55$ 及 $n=0.35$，确定了三种细集料级配，其中，$n=0.45$ 时认为胶砂可达到最大密实度（图 5-18）。

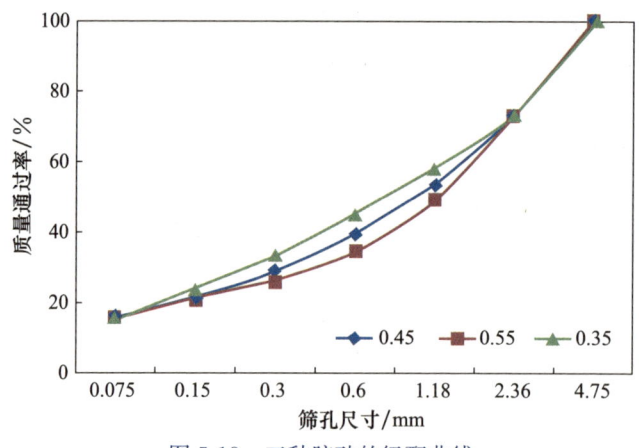

图 5-18 三种胶砂的级配曲线

试验时，对比了 SBS 改性沥青和 30% 掺量胶粉改性沥青，每种沥青分别采用 1.0、1.2 和 1.4 三个粉胶比，试验温度为 60℃ 和 70℃，锥入度试验结果与抗剪强度计算结果见表 5-8。从结果可见：对于 SBS 改性沥青胶砂，细集料级配对胶砂抗剪强度的影响远小于粉胶比的影响；对于 30% 掺量胶粉改性沥青胶砂，细集料采用最大密度线级配时，胶砂的抗剪强度均明显高于其他两种级配；在高温度条件下，最大密度线级配沥青胶砂具有较高的抗剪性能。综上，胶砂矿料级配宜按最大密度线确定，即通过率曲线公式中 n 值宜取 0.45。对于胶砂中的沥青用量，采用粉胶比来确定，根据已有结论结合试验研究，确定胶粉改性沥青胶砂的粉胶比应不大于 1.8，最大粉胶比限定了最小胶粉改性沥青用量。

表 5-8 不同矿料级配胶砂的锥入及抗剪强度结果

沥青种类	试验温度/℃	粉胶比	锥入度/0.1mm			抗剪强度/kPa		
			$n=0.45$	$n=0.55$	$n=0.35$	$n=0.45$	$n=0.55$	$n=0.35$
SBS	60	1.0	52.9	39.5	37.9	51.8	92.9	100.7
		1.2	32.6	31.6	30.4	136.1	145.3	156.5
		1.4	27.0	26.3	23.9	199.1	209.9	254.2
	70	1.0	75.0	87.7	81.8	25.7	18.8	21.6
		1.2	45.8	45.9	44.2	69.1	68.6	74.0
		1.4	27.5	35.3	35.1	191.9	116.1	117.4
30%RA	60	1.0	27.0	36.5	34.8	199.1	108.8	119.4
		1.2	23.5	26.5	25.3	263.0	205.9	225.9
		1.4	13.6	20.0	19.1	787.6	361.5	398.5
	70	1.0	24.4	45.2	45.4	243.9	70.8	70.2
		1.2	24.4	36.5	30.1	242.9	108.8	160.1
		1.4	19.2	27.1	23.9	394.3	196.9	253.2

(3) 胶砂填充率与混合料体积指标及性能指标之间的关系

以 ARHM13 为例，采用 30% 掺量胶粉改性沥青，胶砂粉胶比取 1.4，填充率分别为 85%、95%、100% 及 110% 时，混合料的体积指标及路用性能指标与填充率之间的关系分别如图 5-19 和图 5-20 所示。

以上结果表明：胶砂填充率的大小与混合料的体积指标呈线性相关，胶砂填充率是组装设计的关键参数；填充率与混合料体积指标及性能指标之间具有良好的相关性，证明基于粗集料骨架和沥青胶砂的混合料组装设计是可行的，通过控制填充率即可实现对混合料性能的调整。ARHM13 混合料胶砂填充率 VFM 与混合料性能指标之间的关系式如下：

VFM 与动稳定度 DS：$DS=-179.2 \times VFM + 35375 \quad R^2=0.933$

VFM 与破坏应变 ε：$\varepsilon = 40.67 \times VFM - 445 \quad R^2=0.884$

VFM 与疲劳寿命 F：$F = 11155 e^{0.033 VFM} \quad R^2=0.955$

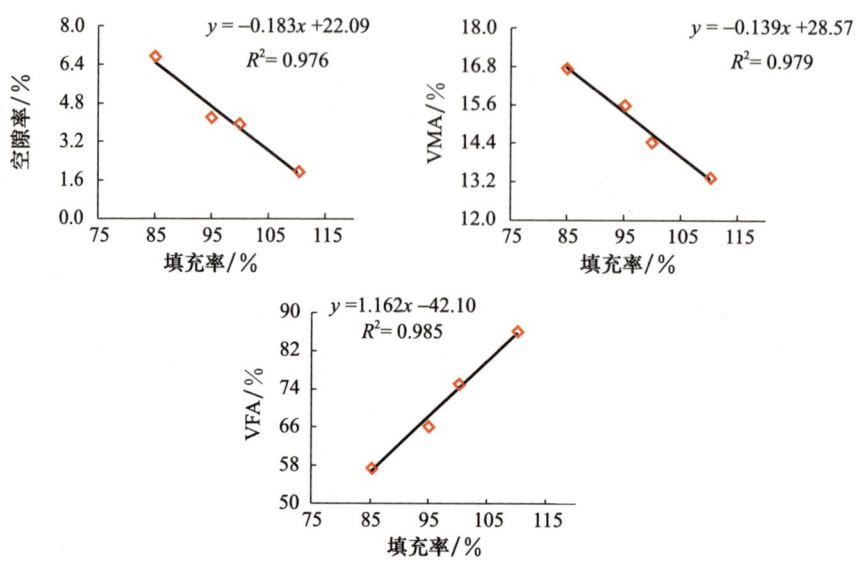

图 5-19　ARHM13 胶砂填充率与混合料体积指标关系

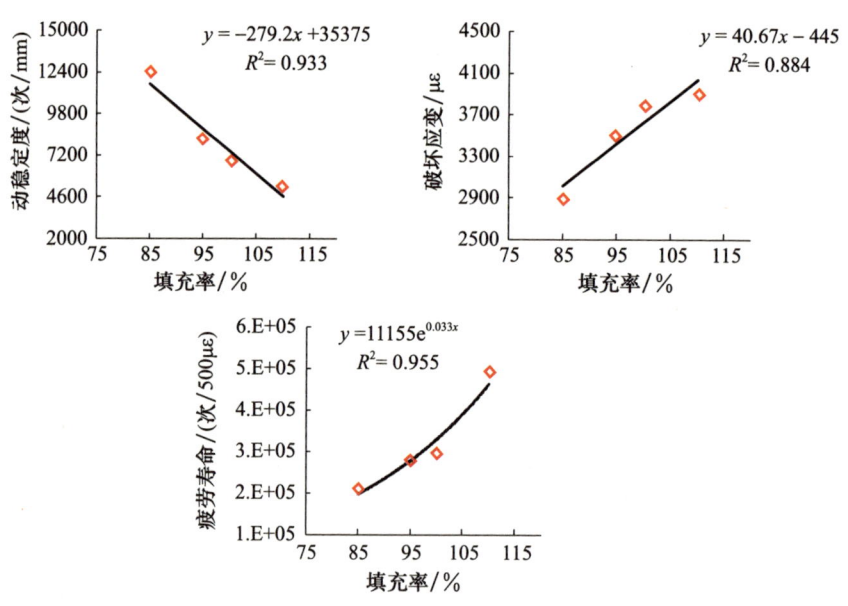

图 5-20　ARHM13 胶砂填充率与混合料路用性指标关系

（4）胶粉改性沥青混合料关键设计指标

试验结果表明，在 70%～110% 的填充范围内，随胶砂填充率增加混合料高温稳定性下降，低温抗裂性增长，动态模量下降，抗疲劳性能增长。混合料设计空隙率为 2%~6%范围内，胶砂填充率控制在 95%~105%范围内混合料的各项性能比较均衡。

基于混合料性能评价，结合组装设计参数，同时考虑实际施工中的和易性和经济性，对不同层位胶粉改性沥青混合料组成设计中的关键控制指标建议见表 5-9。

表 5-9 各组 ARHM 控制指标

类别	设计空隙率/%	胶砂粉胶比	胶砂填充率/%	关键筛孔 4.75mm 通过率/%
ARHM13	4	≤1.5	95~100	≤30
ARHM20	4	≤1.6	95~100	≤30
ARHM25	4	≤1.7	100~105	≤30

（5）基于组装设计的胶粉改性沥青混合料性能评价

基于组装设计方法设计不同层位胶粉改性沥青混合料，按照规范方法进行混合料性能评价并与常用沥青混合料进行对比，如图 5-21 所示，结果表明：

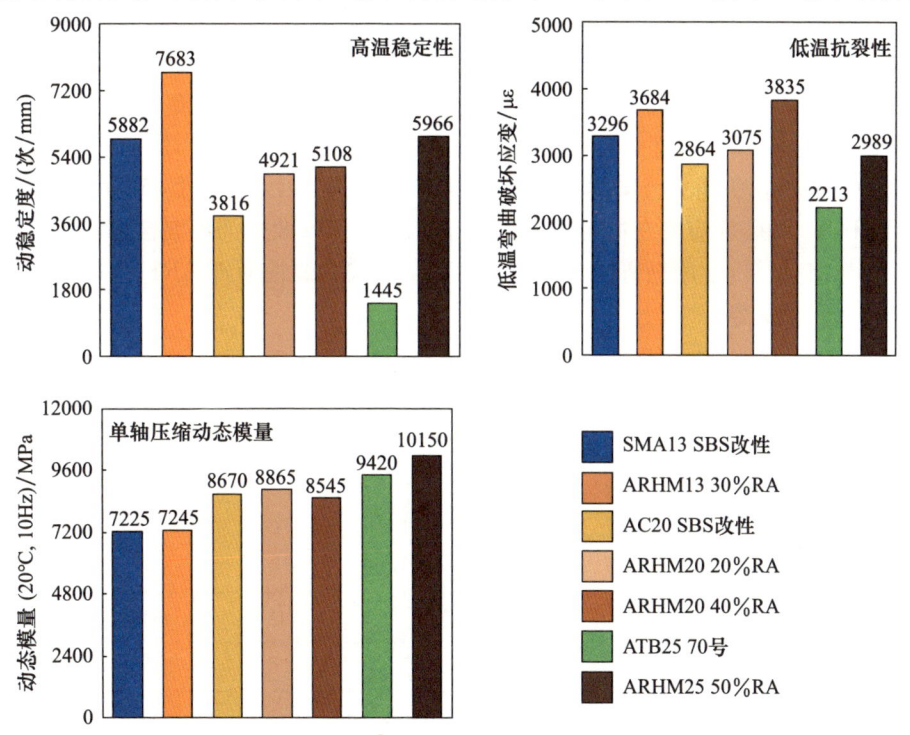

图 5-21 ARHM 与常用沥青混合料性能对比

高温稳定性方面：不同层位用胶粉改性沥青混合料的动稳定度较常用SBS改性沥青混合料及70号沥青混合料均有明显提升，这与混合料的级配骨架构成及胶粉改性沥青自身的黏弹特性有关。

低温抗裂性方面：得益于高掺量胶粉改性沥青优良的黏弹性及低温变形能力，表面层ARHM13混合料低温弯曲破坏应变较SMA13提高12%，中面层ARHM混合料的低温弯曲破坏应变较SBS改性沥青AC20混合料提高约35%，下面层ARHM较70号沥青混合料低温破坏应变亦有约35%的提升。

动态模量指标方面：理论上分析，胶粉掺量的增加将导致混合料的动态模量下降，但由于采用组装式混合料设计，粗集料骨架稳定性及强度提高，因此，不同层位胶粉改性沥青混合料的单轴压缩动态模量与相应层位常用沥青混合料的动态模量基本持平。

疲劳性能方面：对相同公称粒径混合料而言，随着胶粉掺量的增加，混合料的疲劳性能进一步提升。以40%胶粉掺量ARHM-20为例，400$\mu\varepsilon$、500$\mu\varepsilon$、600$\mu\varepsilon$微应变条件下，其疲劳破坏次数分别是30%胶粉掺量ARHM20的2.37倍、4.30倍、6.34倍，而累计耗散能分别是30%胶粉掺量ARHM20的2.06倍、3.70倍、4.68倍，说明胶粉掺量的增加可以提高混合料的抗疲劳性能。

对比分析5℃与15℃条件下的不同混合料100万次疲劳寿命对应的破坏应变（表5-10），可知，在不同温度条件下，表面层用30%胶粉掺量ARHM13破坏应变均大于SMA沥青混合料；同时，中面层用40%胶粉掺量ARHM20的破坏应变在低温条件下也显著优于SBS改性沥青混合料。总体而言，与相应层位常用沥青混合料相比，高掺量胶粉改性沥青ARHM的疲劳性能具有明显优势。

表5-10 不同混合料不同温度条件下破坏应变

混合料类型	5℃	15℃
20%RA-ARHM13	350.0	—
30%RA-ARHM13	400.6	473.0
40%RA-ARHM20	377.5	377.5
50%RA-ARHM25	343.8	434.5
SBS-SMA13	378.1	395.1
SBS-AC20	301.8	432.6

3. 提出高掺量胶粉改性沥青永久路面典型结构方案

(1) 高性能路基关键设计参数研究

路基的性能及耐久性对于永久路面的建设至关重要。在对我国公路路基典型病害分析的基础上，吸纳总结公路路基领域的科研成果，结合雄安新区高速公路永久路面建设要求，提出了高性能路基应具备高稳定性、高强度、小工后沉降和高耐久性的总体设计要求。

采用有限元数值模拟以及工程验证方法，表 5-11 列出了雄安新区高速公路高性能路基顶面静态回弹模量控制标准，对应的弯沉代表值控制标准见表 5-12。基于国内外静态回弹模量和室内 CBR 的关系以及雄安新区典型路床填料的静态回弹模量和室内 CBR 的关系，表 5-13 列出了雄安新区路基填料 CBR 控制标准。

表 5-11 平衡湿度状态下路基顶面静态回弹模量

路基形式	填方路基	低填浅挖路基
回弹模量/MPa，不小于	90	70

表 5-12 路基顶面弯沉代表值

路基形式	填方路基	低填浅挖路基
弯沉代表值/0.01，不大于	100	130

表 5-13 重交通荷载等级路基填料最小承载比要求

路基部位	路面顶面以下深度/m	最小承载比 CBR/%	压实度/%
路床	0~0.8	20	97
上路堤	0.8~1.5	5	95
下路堤	1.5 以下	3	93

结合雄安新区高速公路路基特点，总结得出了雄安新区高速公路高性能路基路面结构层铺筑时的沉降控制标准，即连续两个月的沉降速率应不大于每月 3mm，任意两点的差异沉降率应不大于 0.35%，以及运营期的工后沉降控制标准，见表 5-14。

表 5-14 高性能路基工后沉降容许值   单位：mm

公路等级	路基类型			
	一般土质路基	软土路基		
		桥台与路堤相邻处	涵洞、箱涵处	一般路段
高速公路	100	50	50	100

（2）提出雄安新区高速公路永久路面典型结构方案

基于高掺量胶粉沥青混合料的良好路用性能特征，高掺量胶粉改性沥青永久路面项目提出了全胶粉沥青混合料面层的半刚性基层永久路面结构方案。如图5-22所示，上面层采用30％掺量胶粉沥青，实现抗车辙、抗开裂和抗滑性能；中面层采用40％掺量胶粉沥青，增强高模量特性和抗车辙性能；下面层采用50％掺量胶粉沥青，提升抗反射裂缝能力。同时提出了低标号沥青和高掺量胶粉沥青混凝土组合的全厚式永久路面结构和永久性桥面铺装结构。以及适用于永久路面的高性能路基技术要求。

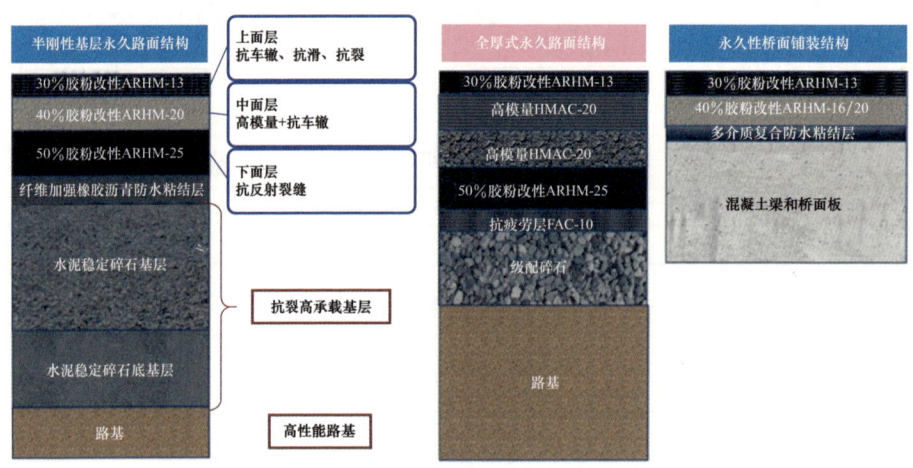

图5-22 高掺量胶粉沥青永久路面典型结构方案

以荣乌高速新线为例分析，荣乌高速新线建成后将取代目前保津高速的东西方向货运通道功能，以目前保津高速货车交通量为基础，计算荣乌新线设计使用年限内的交通量具有重要的参考价值。根据计算结果，结合雄安新区永久路面建设要求，分别计算设计年限15年、30年及50年的交通量，见表5-15，其中设计年限15年时交通量年平均增长率取4％，设计年限30年及50年时交通量年平均增长率分别取2.5％及2％。根据交通量计算结果，荣乌新线的交通荷载属于极重等级。

表5-15 荣乌新线累计当量轴次计算结果（$\times 10^6$）

使用层位	沥青混合料层	无机结合料层	路基顶面
设计年限15年	64.96	2867.28	111.54
设计年限30年	142.42	6286.66	244.56
设计年限50年	274.37	12111.37	471.14

Ⅲ 低碳技术与装备篇

根据交通量计算,京德、荣乌高速的疲劳寿命见表 5-16。

表 5-16　40 年设计轴载累计作用次数(考虑满载)

项目		京德高速	荣乌高速
初始年交通量/(辆/日)		1435	5398
交通增长率/%		6.63	4.31
设计使用年限内设计车道上的当量设计轴载累计作用次数	沥青层	5.56×10^7	1.18×10^8
	无机结合料层	3.86×10^9	8.18×10^9
	路基	8.75×10^7	1.85×10^8
设计年限车道累计大车和货车		3.42×10^7	7.25×10^7

按我国现有规范要求,对于柔性沥青路面,15 年内永久路面的永久变形量≤10mm;对于半刚性沥青路面,15 年内永久路面的永久变形量≤15mm。同时考虑到北方地区应用的需求,提出永久路面的低温开裂指数应≤1 条/100m。沥青层底拉应变指标定为 $100\mu\varepsilon$。路基顶面竖向压应变控制值定为 $100\mu\varepsilon$。采用横向力系数和构造深度综合评判其抗滑性能,且横向力系数≥60,构造深度≥0.85mm。采用的结构层参数见表 5-17。

表 5-17　结构层计算所用模量参数

编号	材料名称	模量/MPa	泊松比
1	橡胶改性沥青 ARHM-13	9750	0.25
2	橡胶改性沥青混凝土 ARHM-20	13500	0.25
3	橡胶改性沥青混凝土 ARHM-25	9000	0.25
4	橡胶改性沥青稳定碎石 ATB-25	9000	0.25
5	高模量沥青混凝土 HMAC-20	15000	0.25
6	改性沥青抗疲劳层 FAC-10	8500	0.25
7	水泥稳定碎石基层	23000	0.25
8	水泥稳定碎石底基层	17000	0.25
9	高抗剪强度级配碎石	600	0.25

高速公路永久路面的结构验算方法主要包括国内设计规范计算方法、美国永久路面设计 PerRoad 方法、美国德州路面设计 FPS 方法等。其中,①国内设计规范计算方法:根据《公路沥青路面设计规范》(JTG D50—2017)的相关规定,对路面结构的沥青混合料层疲劳开裂、无机结合料稳定层疲劳开裂、沥青混合料层永久变形、路基顶面竖向压应变、弯沉等 5 个关键设计指标进行计算;②美国永久路面设计 PerRoad 方法:PerRoad 使用力学-经验

（M-E）设计理念。该程序将分层弹性分析与统计分析程序（Monte Carlo模型）结合在一起，以估算路面中的应力和应变。版本4.4提供了作为路面响应百分数和具有传递函数的常规设计计算结果；③美国德州路面设计FPS方法：柔性路面系统（FPS）是一个基于机械经验（M-E）的设计软件，通常被得克萨斯州交通部（TxDOT）用于路面结构（厚度）设计、结构加铺层设计、应力应变响应分析和路面寿命预测（车辙和开裂）。

（3）半刚性路面结构类型选择及结构组合分析

① 结合不同结构层位及参数影响的分析结果，并结合工程实际情况，针对京德高速公路推荐结构见表5-18。

表5-18 京德高速公路推荐结构

4cm 橡胶改性沥青 ARHM-13
8cm 橡胶改性沥青 ARHM-20
12cm 橡胶改性沥青 ARHM-25
18cm 水泥稳定碎石基层
18cm 水泥稳定碎石基层
18cm 水泥稳定碎石底基层
路面结构总厚度78cm

基于国内设计规范方法计算京德结构满足设计年限内的路用性能要求，结果见表5-19。

表5-19 国内设计规范方法计算京德高速公路结构的结果

验算内容	计算值	容许值
15年沥青层永久变形量/mm	4.19	15
40年沥青层永久变形量/mm	5.18	—
底基层疲劳开裂累计当量轴次	1.185×10^{10}	3.86×10^{9}
底基层层底拉应力/MPa	0.099	—
低温开裂指数	0.5	1
路表验收完沉值/0.01mm	7	—
沥青层层底拉应变	42.5	100

基于美国FPS21路面计算软件的结构计算结果，结构满足40年使用寿命；基于美国PerRoad路面计算软件的结构计算结果，该结构方案不会失效。

② 结合不同结构层位及参数影响的分析结果，并结合工程实际情况，针对荣乌高速公路推荐结构见表5-20。

表 5-20　荣乌高速公路推荐结构

4cm 橡胶改性沥青 ARHM-13
8cm 橡胶改性沥青 ARHM-20
12cm 橡胶改性沥青 ARHM-25
20cm 水泥稳定碎石基层
20cm 水泥稳定碎石基层
20cm 水泥稳定碎石底基层
路面结构总厚度 84cm

基于国内设计规范方法计算荣乌高速公路结构满足设计年限内的路用性能要求，结果见表 5-21。

表 5-21　国内设计规范方法计算荣乌高速公路结构的结果

验算内容	计算值	容许值
15 年沥青层永久变形量/mm	6.72	15
40 年沥青层永久变形量/mm	16.07	—
上基层疲劳开裂累计当量轴次	1.494×10^{11}	—
上基层层底拉应力/MPa	0.011	—
下基层疲劳开裂累计当量轴次	4.002×10^{10}	—
下基层层底拉应力/MPa	0.037	—
底基层疲劳开裂累计当量轴次	1.519×10^{10}	8.18×10^{9}
底基层层底拉应力/MPa	0.084	—
低温开裂指数	0.5	1
路表验收完沉值/0.01mm	6.6	—
沥青层层底拉应变	38.6	100

基于美国 FPS21 路面计算体系的结构计算结果，结构满足 40 年使用寿命；基于美国 PerRoad 路面计算体系的结构计算结果，该交通量下，该结构方案不会失效。

（4）全厚式结构类型选择及结构组合分析

根据对柔性路面结构分析，并考虑结合京德、荣乌新线交通量情况，推荐两条高速公路全厚式路面试验段结构方案和方案分析见表 5-22。

表 5-22　京德、荣乌高速公路柔性路面推荐结构

京德推荐结构（4+8+10+12+4）	荣乌推荐结构（4+10+10+12+4）
4cm 橡胶改性沥青混凝土 ARHM-13 8cm 橡胶改性沥青混凝土 ARHM-20 10cm 橡胶改性沥青混凝土 ARHM-25 12cm 橡胶改性沥青混凝土 ARHM-25 4cm 改性沥青混凝土抗疲劳层 FAC-10 20cm 高抗剪强度级配碎石基层	4cm 橡胶改性沥青混凝土 ARHM-13 10cm 橡胶改性沥青混凝土 ARHM-20 10cm 橡胶改性沥青混凝土 ARHM-25 12cm 橡胶改性沥青混凝土 ARHM-25 4cm 改性沥青混凝土抗疲劳层 FAC-10 22cm 高抗剪强度级配碎石基层
路面结构总厚度：58cm	路面结构总厚度：62cm

注：改性沥青混凝土抗疲劳层 FAC-10 采用富油的 AC-10 级配，沥青用量适当增大。

京德高速全厚式路面推荐结构验算见表 5-23。

表 5-23　京德高速全厚式路面推荐结构验算

验算内容	京德推荐结构 （路床模量 142MPa）	京德推荐结构 （路床模量 185MPa）	京德高速 对比值
15 年沥青层永久变形量/mm	8.15	8.15	10
沥青混合料层疲劳开裂寿命/轴次	0.796×10^8	0.963×10^8	0.556×10^8
沥青混合料层层底拉应变/$\mu\varepsilon$	27.5	26.5	100
路基顶面竖向压应变/$\mu\varepsilon$	72	65	100

通过表 5-23，得出：

① 沥青层底疲劳开裂寿命满足京德高速 40 年累计轴载作用次数。

② 永久变形量小于 10mm，满足 15 年永久变形量要求。

荣乌高速全厚式路面推荐结构验算见表 5-24。

表 5-24　荣乌高速全厚式路面推荐结构验算

验算内容	荣乌推荐结构 （路床模量 142MPa）	荣乌推荐结构 （路床模量 185MPa）	京德高速 对比值
15 年沥青层永久变形量/mm	8.82	8.82	10
沥青混合料层疲劳开裂寿命/轴次	1.33×10^8	1.58×10^8	1.18×10^8
沥青混合料层层底拉应变/$\mu\varepsilon$	23.9	22.9	100
路基顶面竖向压应变/$\mu\varepsilon$	61	55	100

通过分析表 5-24，得出：

① 沥青层底疲劳开裂寿命满足荣乌高速 40 年累计轴载作用次数；

② 永久变形量小于 10mm，满足 15 年永久变形量要求。

4. 研发了永久路面施工技术及智能装备和可靠度评价方法

（1）提出永久路面变异性规律及均匀化控制工艺

① 提出基层结构、材料和施工参数的变异性分布模型

已有研究多为一般沥青路面材料、结构和施工工艺参数的变异性水平和分

布规律分析，缺乏对永久路面基层材料、结构和施工工艺参数等因素变异性水平和分布规律的系统分析和评价。依托高掺量胶粉改性沥青永久路面项目，系统建立了沥青路面基层、底基层厚度的区间正态分布模型；基层水泥剂量、压实度与动态模量、弯拉强度的变异性分布规律及显著预估模型；基层材料及施工参数的变异性水平和分布规律见表 5-25，路面结构参数的变异性水平和分布规律见表 5-26（图 5-23）。

表 5-25　基层材料及施工参数的变异性水平和分布规律

参数	均值	变异系数/%	变异范围/%	分布
上基层水泥剂量	5.2/%	4.8	[4.6, 5.7]	正态
下基层水泥剂量	4.58/%	5.83	[3.9, 5.1]	正态
底基层水泥剂量	4.3/%	5.54	[5, 3.8]	正态
上基层含水率	4.9/%	4.4	[4.41, 5.54]	正态
下基层含水率	5.1/%	4.08	[4.43, 5.53]	对数正态
底基层含水率	5.1/%	4.14	[4.43, 5.63]	正态
上基层压实度	98.9/%	0.79	[97.1, 100]	对数正态
下基层压实度	98.3/%	0.68	[96.7, 99.8]	对数正态
底基层压实度	97.8/%	0.72	[96.5, 99.7]	对数正态

表 5-26　路面结构参数的变异性水平和分布规律

参数	均值	变异系数/%	变异范围/%	分布
上基层厚度	4/mm	4	[3.6, 4.3]	正态
上基层模量	11500/MPa	15	[9000, 14000]	对数正态
下基层厚度	8/mm	3	[7.8, 8.4]	正态
下基层模量	11500/MPa	15	[9000, 14000]	对数正态
底基层厚度	12/mm	3	[11.6, 12.4]	正态
底基层模量	8500/MPa	15	[7000, 10000]	对数正态

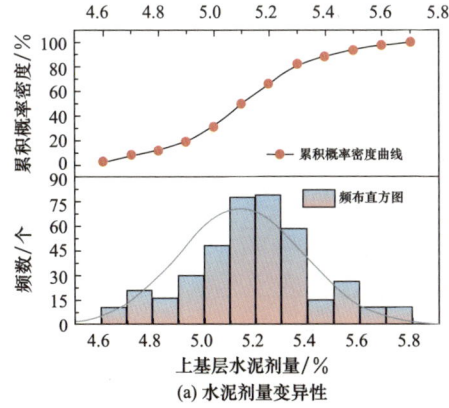

(a) 水泥剂量变异性

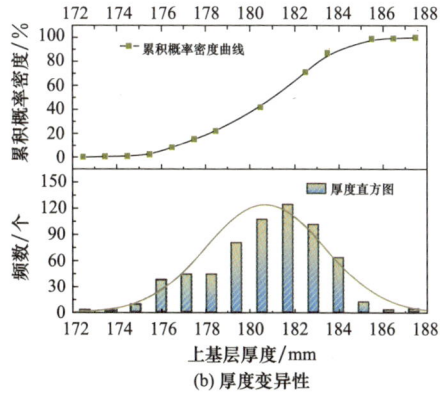

(b) 厚度变异性

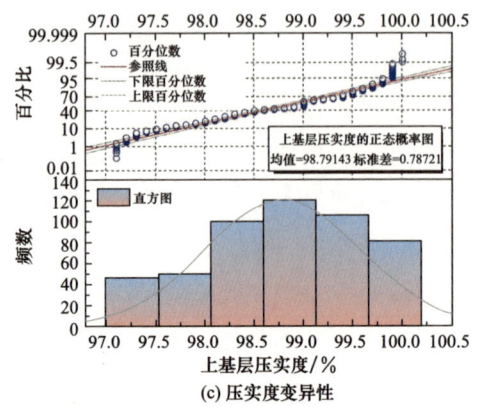

图 5-23 基层材料及施工参数的变异性

结合 7d 无侧限抗压强度，得出了以水泥剂量和压实度为导向的路面基层弯拉强度和动模量变异性的控制方法。采用响应面法建立了基层水泥剂量、压实度对动态模量、弯拉强度相关系数 98% 以上的高精度预估模型。

② 提出面层结构、材料和施工参数的变异性分布模型

建立了永久路面结构高掺量橡胶沥青上、中和下面层厚度、沥青饱和度 VFA、压实度的区间正态分布模型和动态模量主曲线预估参数，分析了高掺量橡胶沥青混合料动态模量的变异性及影响因素。面层材料及施工变异性水平分布规律见表 5-27，路面结构参数的变异性水平分布规律见表 5-28。

表 5-27 面层材料和施工的变异性水平和分布规律

参数	均值/%	变异系数/%	变异范围/%	分布
上面层油石比	5.26	2.8	[4.93, 5.49]	正态
中面层油石比	4.9	5.7	[4.52, 5.29]	正态
下面层油石比	5.54	0.5	[4.5, 4.58]	正态
上面层压实度	99.1	0.568	[97.9, 99.9]	对数正态
中面层压实度	98.2	0.539	[97.2, 99.4]	对数正态
下面层压实度	99	0.54	[97.4, 99.0]	正态
沥青饱和度	72.7	3	[68.6, 76.8]	正态

表 5-28 路面结构参数的变异性水平和分布规律

参数	均值	变异系数/%	变异范围/%	分布
上面层厚度	4/mm	4	[3.6, 4.3]	正态
上面层模量	9750/MPa	10	[8000, 12000]	对数正态
中面层厚度	8/mm	3	[7.8, 8.4]	正态
中面层模量	13500/MPa	10	[9000, 14500]	对数正态

续表

参数	均值	变异系数/%	变异范围/%	分布
下面层厚度	12/mm	3	[11.6, 12.4]	正态
下面层模量	9000/MPa	10	[7000, 13500]	对数正态

车辆荷载下沥青混合料的变形情况主要与沥青混合料的粘弹性和可恢复性能紧密相关,可用动态模量表征。系统建立了30%、40%和50%三种胶粉掺量沥青混合料动态模量sigmoidal主曲线预估参数,量化了不同温度和频率等参数对高掺量橡胶沥青混合料动态模量的影响,sigmoidal主曲线模型如下式:

$$\lg|E^*|=\delta+\frac{Max-\delta}{1+e^{\beta+\gamma(\lg t-\frac{\Delta Ea}{19.14714})(\frac{1}{T}-\frac{1}{T_r})}} \tag{5-5}$$

式中:$|E^*|$——动态模量,ksi;

T——荷载作用时间;

δ——动态模量极小值的对数;

Max——动态模量极大值的对数;

β,γ——西格摩德(Sigmoidal)模型形状参数。

30%、40%和50%三种胶粉掺量沥青混合料动态模量主曲线参数见表5-29,三种胶粉掺量沥青混合料动态模量主曲线如图5-24所示。说明:试验荷载高频区,动态模量随沥青混合料最大公称粒径的增大而增大,在试验荷载低频区逐渐趋于一致。随着温度升高,橡胶沥青混合料动态模量减小,低温下的动态模量显著高于高温下的动态模量,说明高掺量橡胶沥青混合料具有较好的低温性能(图5-25)。

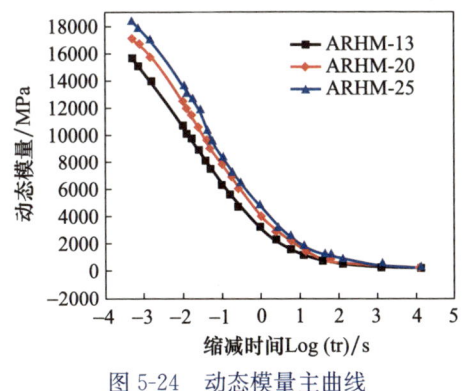

图5-24 动态模量主曲线

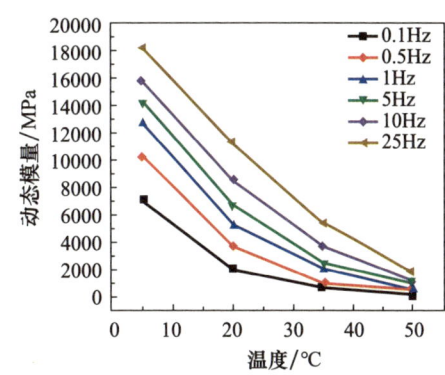

图5-25 温度和频率对动态模量的影响

表 5-29 动态模量主曲线参数汇总

混合料类型	δ	β	γ	ΔE_a	S_e/S_y	R^2
ARHM-13	4.075	−0.802	−0.653	186534	0.004	0.999
ARHM-20	4.114	−0.802	−0.667	184067	0.003	0.999
ARHM-25	4.385	−0.754	−0.663	191552	0.007	0.999

③ 提出永久路面均匀化施工控制指标与工艺

基于基层变异性研究结果，提出基层均匀性施工工艺，相同强度标准条件下，采用振动拌合，振动频率控制在35Hz以上时，可降低水泥剂量10%左右，并可以明显减少干缩应变，降低平均干缩系数，提升水泥稳定碎石的抗裂性。

基于面层变异性研究结果，提出面层均匀性施工工艺：在生产混合料之前应对搅拌设备的冷料供给系统进行标定，确定质量计表显值与供料量的一致性。大量生产后，再定期标定搅拌设备的称量系统。

提出路面结构基层、面层层间增强技术与方案：

图 5-26 与图 5-27 分别为不同温度条件下各材料组合的剪切、拉拔测试结果，结果表明：在低温和常温条件下，$0.6kg/m^2$ PC-2 和 $1.8kg/m^2$ 纤维加强型橡胶改性沥青的层间洒布量组合具有最佳的抗剪和抗拉效果。而在高温条件下，$0.6kg/m^2$ PC-2 和 $0.9kg/m^2$ 纤维加强型橡胶改性沥青的层间洒布量组合具有最佳的抗剪和抗拉效果。

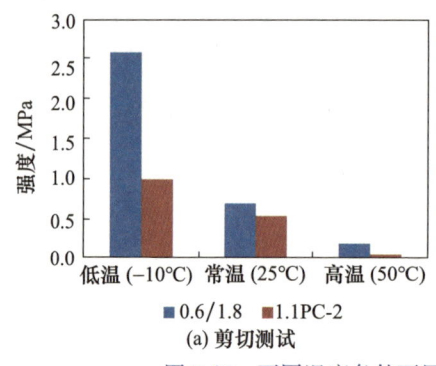
(a) 剪切测试

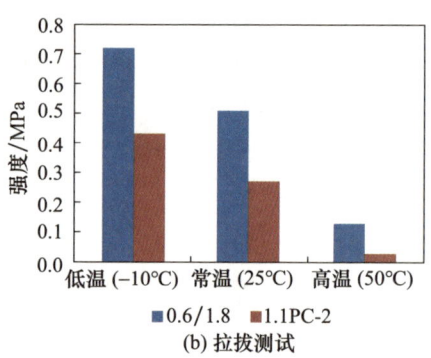
(b) 拉拔测试

图 5-26 不同温度条件下层间材料的剪切、拉拔测试结果

(2) 研发了智能化施工控制技术及装备

① 研发无人化沥青路面智能施工机群协作系统

运用施工环境组合定位补偿矫正技术，基于 ARIMA 模型滤波的信息降噪算法以及遗传-牛顿算法的对准改进方法，提高卫星导航系统信息的信噪比与姿态解算实时性，具有解算速度快、精度较高、实用性好的优点，对于高速、高动态下组合导航系统的动态启动、故障重启等具有重要的工程意义。

Ⅲ 低碳技术与装备篇

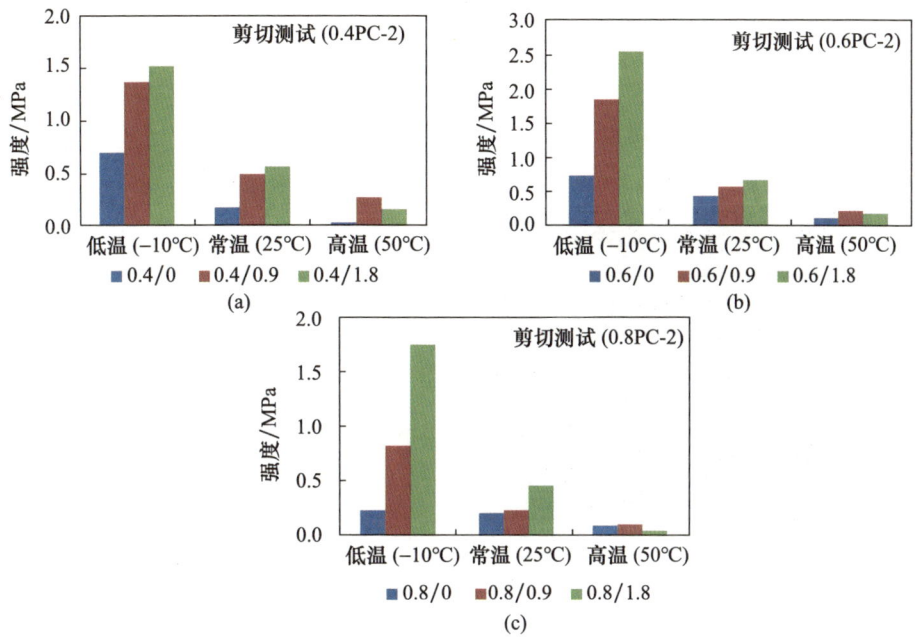

图 5-27　不同温度条件下 PC-2 各组合的剪切强度

  提出了摊铺机的路径规划和路径引导跟踪控制技术，集群路径规划算法可以根据工艺参数、车辆配置以及施工区域计算出所有合理的行驶路径。通过遍历算法，检测每个路径点的压实遍数，直到当前一段区域所有点均达到规定的压实遍数，压路机便会自动推进到下一个施工区域，从而保证了施工区域的压实效率。

  创新了压路机智能驾驶电比例液压控制技术，通过对自动/辅助智能驾驶设备进行电比例自适应算法优化，采用非线性电比例行走控制程序设计模块，通过电控机箱实现对电比例驱动泵的精确控制，实现"软起步、软停车"，提高施工质量。

  提出了防打滑侧移姿态保持驱动控制技术，采用陀螺仪姿态检测装置和基于强制分流技术的防打滑液压驱动系统，将三轴角速度转化为道路设备运动姿态角，确定所期望的定位信息。由于受到各种外界因素的影响，定位信息存在不可避免的随机漂移误差，将得到的道路施工机械运动规划数据，通过扩展卡尔曼滤波理论进行最优估计数据处理，将误差对路径规划的影响降到最小。

  在上述技术加持下，沥青路面智能施工机群协作系统施工效率提升 30%，并在国内首次大规模成功应用。

② 首创了沥青路面雷达无损测厚技术及智能摊铺装备

使用无人机红外摄像构建施工区域温度场，如图 5-28 所示，建立温度场压实模型，在合理温度区间内的实际压实时间和有效压实时间的关系构成评价压实质量的一个新的维度。

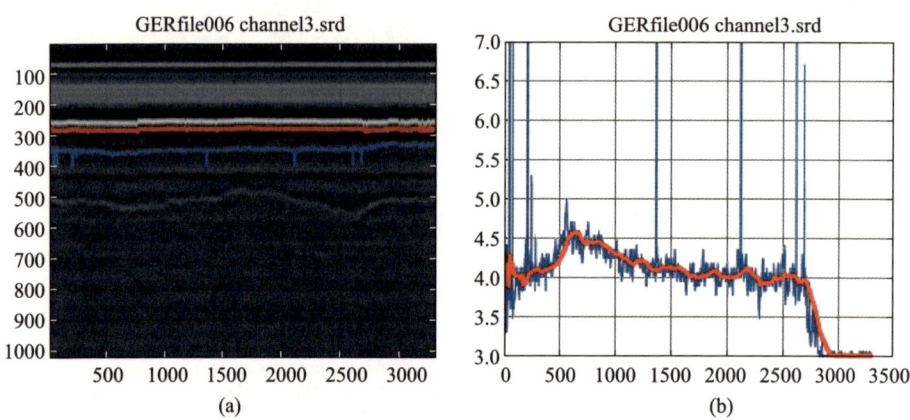

图 5-28 无人机温度场采集

首创了基于探地雷达无损检测方法的沥青铺装测厚技术及装置，实现了沥青层摊铺厚度毫米级高精度、实时智能连续监测。

③ 研发了沥青路面智能压实关键控制技术及装备

水稳智能施工系统包括三部分：智能压实终端、压路机控制单元、服务器/平板。通过整合压实度传感器的力学指标和车辆集群之间的碾压遍数，将施工区域进行网格化划分，并开发了智能化压实系统（图 5-29）。

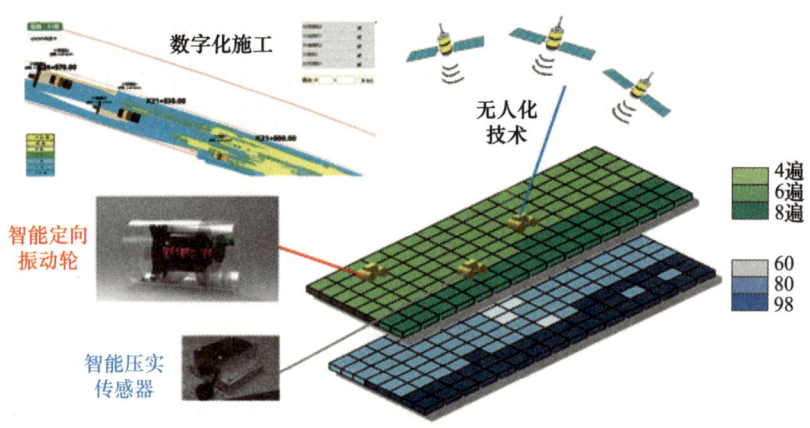

图 5-29 压实终端施工引导

利用探地雷达在不同材料、不同密度下测试的介电常数变化，通过对硬件扫描频率优化，软件除水算法优化、振动特性补偿算法优化，实现了沥青材料与雷达介电常数的强相关。基于介电常数的探地雷达技术，建立压实度指标评价模型，运用压实度指标评价模型，实时动态监测压实度，准确率超过95%（图5-30）。

图 5-30　密实度检测雷达作业示意图与算法

检测成型路面纵向压实度，检测位置分别选择距离左侧路缘石0.3m，4m，8m，11.5m，结果见表5-30、表5-31。

表 5-30　纵向理论压实度检测结果

碾压工艺	不同位置理论压实度均值/%			
	0.3m	4m	8m	11.5m
无人化碾压技术	95.76	96.25	96.94	96.46
传统碾压技术	94.89	96.10	96.21	95.91

表 5-31　纵向理论压实度检测变异系数

碾压工艺	不同位置理论压实度均值/%			
	0.3m	4m	8m	11.5m
无人化碾压技术	0.80	0.67	0.49	0.54
传统碾压技术	1.29	0.81	0.88	0.87

检测成品路面横向压实度，结果见表5-32、表5-33。

表 5-32　横向理论压实度检测结果

碾压工艺	横断面压实度均值/%			
	1	2	3	4
无人化碾压技术	96.50	96.64	96.58	96.73
传统碾压技术	96.95	96.96	96.97	96.10

表 5-33　横向理论压实度检测变异系数

碾压工艺	横断面压实度均值/%			
	1	2	3	4
无人化碾压技术	0.77	0.79	0.94	0.79
传统碾压技术	1.34	1.20	0.88	1.10

通过以上研究可知，两种碾压工艺的压实度趋势相近；无人化施工碾压技术从第二次碾压开始，较传统碾压工艺压实度相对稳定，碾压相对均匀；在同等压实度的情况下，无人化施工技术所投入的压路机更少。无人化施工技术的压实度均匀性、稳定性更好，离散性更小。

④ 首创了多介质复合桥面防水联结层专用喷洒装备（图 5-31～图 5-33）

首创了多介质复合桥面防水联结层专用洒布车，主要有汽车底盘、罐体、料仓、液压系统、动力系统、电气系统及洒布系统。洒布系统主要包括双组分物料洒布装置、橡胶沥青洒布装置、纤维撒布装置及碎石撒布装置。

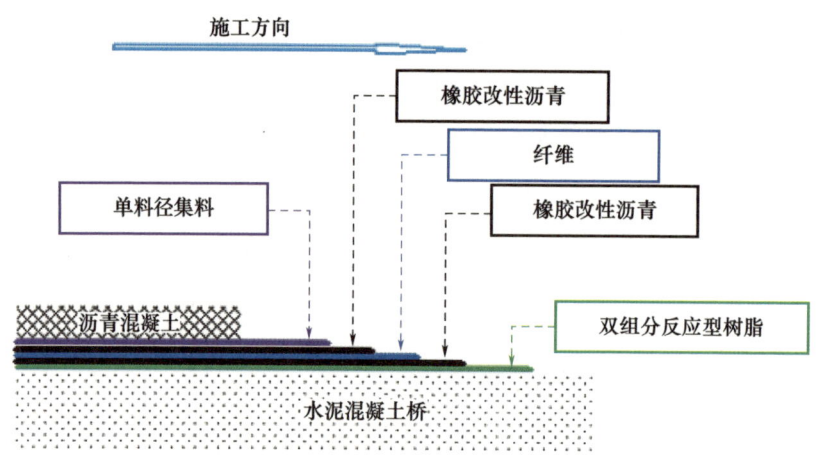

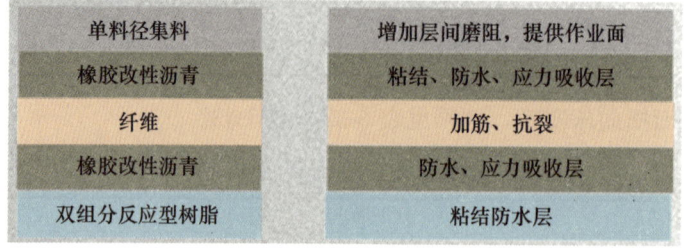

图 5-31　多介质复合桥面防水联结层技术

Ⅲ 低碳技术与装备篇

在双组分材料洒布中,发明了撞击流技术,撞击流是两股或两股以上液体在开放的环境中撞击的过程。基于开放式撞击流原理,研发的车载双组分物料喷射系统可以实现双组分材料的均匀雾化和喷涂,有效控制固化速率和固化均匀度。

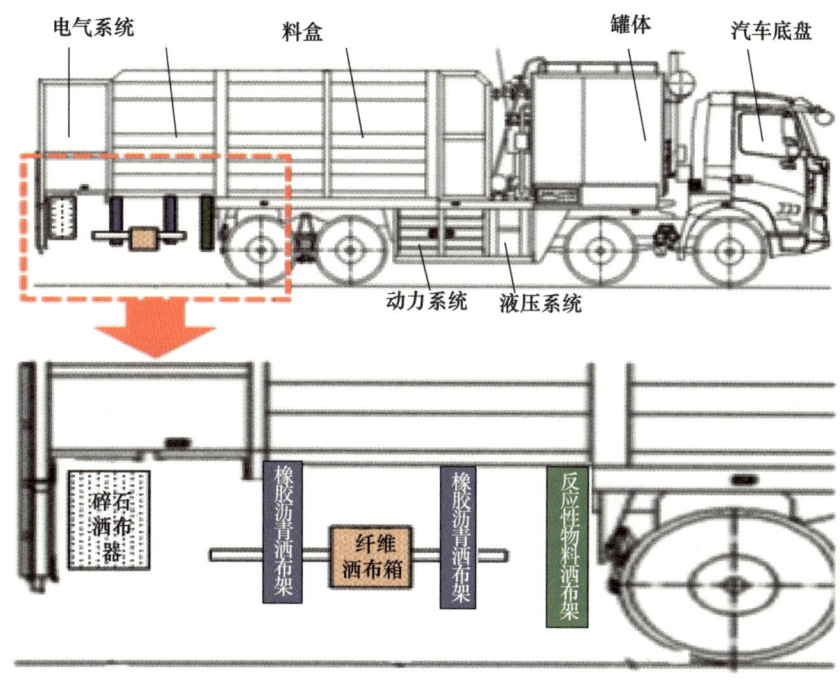

图 5-32 多介质复合桥面防水联结层专用洒布车结构示意图

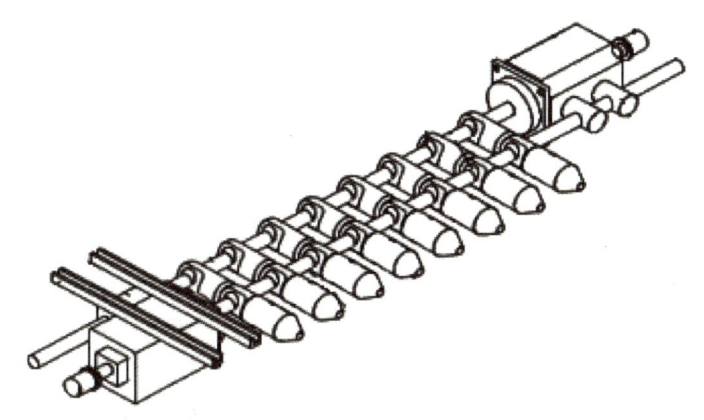

图 5-33 车载双组分物料喷射系统结构示意图

113

（3）建立永久路面结构多指标可靠度评价方法

① 建立永久路面结构多指标可靠度评价方法

现行规范下永久路面结构可靠度的分析方法和软件鲜有报道，已有路面结构可靠度分析方法和模型精度不高。如图 5-34 和图 5-35 所示，随机变量 ix 服从均值 $\mu=40$、标准差 $\sigma=10$ 的区间正态分布，区间上限 $a=25$、下限 $b=55$，相比正态分布条件下随机数的概率密度分布可知，截断区间外产生随机数的概率为 0，且在产生随机数的指定区间累积概率密度为 1，通过截尾分布原理截断左侧或双侧可以避免输入负值和无穷大等异常变量的干扰，准确揭示工程结构参数真实分布。如图 5-34 所示，基于概率等效原则和蒙特卡洛方法发明了永久路面结构多指标可靠度评价方法，开发了永久路面结构可靠度计算程序，工程可靠度计算精度提高 5%~10%。

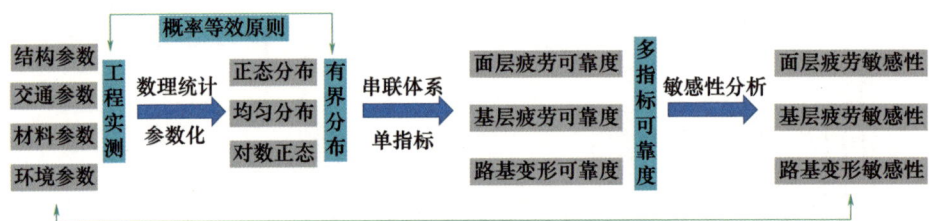

图 5-34　永久路面多指标可靠度评价方法

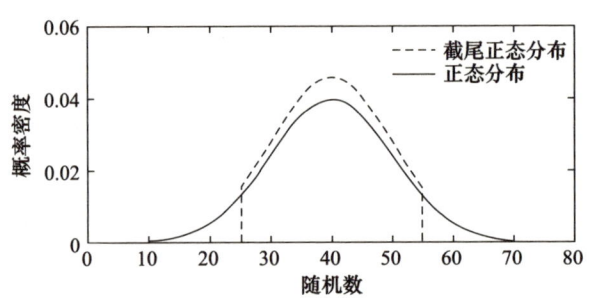

图 5-35　截断正态和正态的概率密度

② 评价了京德高速和荣乌高速永久路面的结构可靠度

立足工程实测数据的"有界"性，选取《公路沥青路面设计规范》（JTG D50—2017）中沥青混合料层疲劳、无机结合料稳定层疲劳和路基顶面压应变共 3 个指标分别与交通轴载构建极限状态功能函数。使用自主开发的永久路面可靠度分析软件评估了京德高速的可靠性，如图 5-36 和图 5-37 所示。

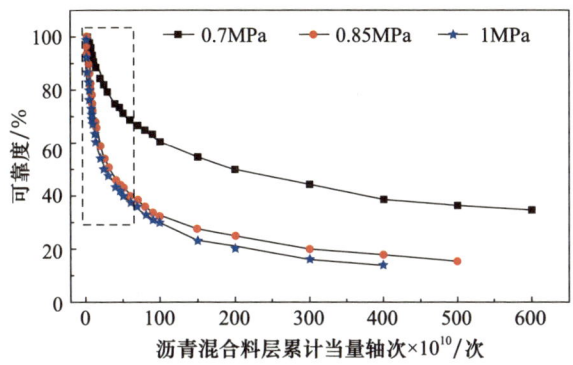

图 5-36　永久路面面层结构可靠度

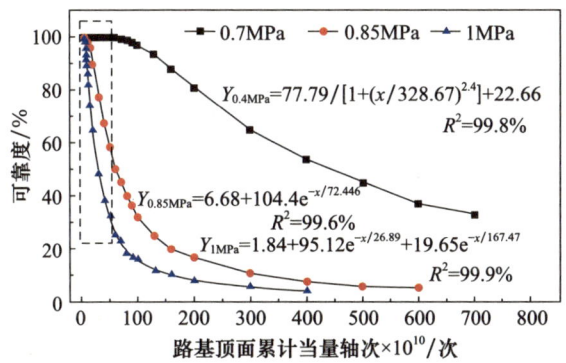

图 5-37　永久路面路基结构可靠度

由表 5-34 可知，均匀化施工后永久路面结构的可靠度为 96%～98%，满足高速公路可靠度目标，同比国内以往施工变异性水平，均匀化施工可将可靠度提高 8% 左右。

表 5-34　不同交通量累计当量轴次变异系数下基层结构的可靠度

变异系数	0.05	0.1	0.15	0.2	0.25	0.3
基层可靠度	98.0%	97.7%	97.2%	96.8%	95.9%	95.6%

③ 提出了基于可靠度目标的结构设计参数变异性控制要求

提出了 95% 可靠度目标的结构设计参数变异性控制要求，对路面结构参数变异性水平开展了施工控制研究。基于敏感性分析首次提出了永久路面结构厚度、模量设计与施工相匹配的变异性控制策略，见表 5-35。

表 5-35 永久路面结构关键设计参数范围

项目	变异系数，小于	参数设计要求
上面层模量	15%	⩽7500MPa
上面层厚度	10%	⩽4cm
中面层模量	15%	⩽8100MPa
中面层厚度	10%	⩽8cm
下面层模量	15%	⩽6000MPa
下面层厚度	10%	⩽12cm
上基层模量	15%	⩽18000MPa
底基层模量	15%	⩽11000MPa
底基层厚度	10%	⩽18cm
路床模量	25%	⩽160MPa

5. 全域足尺加速加载试验设备开发与性能验证

为充分评价验证永久路面结构寿命，更好地完成永久路面的材料和结构测试，高掺量胶粉改性沥青永久路面项目自主研制了全域一体化路面足尺直线加速加载试验系统（图 5-38）。试验系统包括加速加载试验系统、环境模拟系统、自动控制系统、行走系统、车载发电机供电系统五大模块，可模拟高低温、紫外老化、降雨等环境条件，加载结果表明：沥青层底最大水平横向压应变为 $34\mu\varepsilon$，最大水平纵向拉应变为 $28\mu\varepsilon$。最终提出路面使用寿命预估方法，验证得出：京德、荣乌高速公路的使用寿命能够达到永久路面的设计年限要求，不会出现疲劳破坏。

图 5-38 全域一体化路面足尺直线加速加载试验装备

（1）路面足尺直线加速加载设备研发

针对加速加载设备的具体工况要求，引入液压传动技术，设计了加载环链的液压驱动系统和液压制动系统，如图5-39所示，一方面降低设备运行能耗，另一方面使设备可以有效模拟车辆制动状态，丰富加速加载试验的仿真条件。环链是连接六个加载单元的中间体。环链由链板及链板拉杆及支撑轮等组成，与加载单元一起构成一个环形链，利用支撑轮使整个环链在框架总成中的环形轨道上循环运动。环链支撑轮是支撑整个环链在轨道上运转的支撑体。环链支撑轮由72组轮组成，每组轮由内外两个支撑轮组成，内支撑轮在环形轨道的内环上滚动，外支撑轮在环形轨道的外环上运转，保证环链的运转平稳，同时负责传递加载单元施加给框架上的载荷。

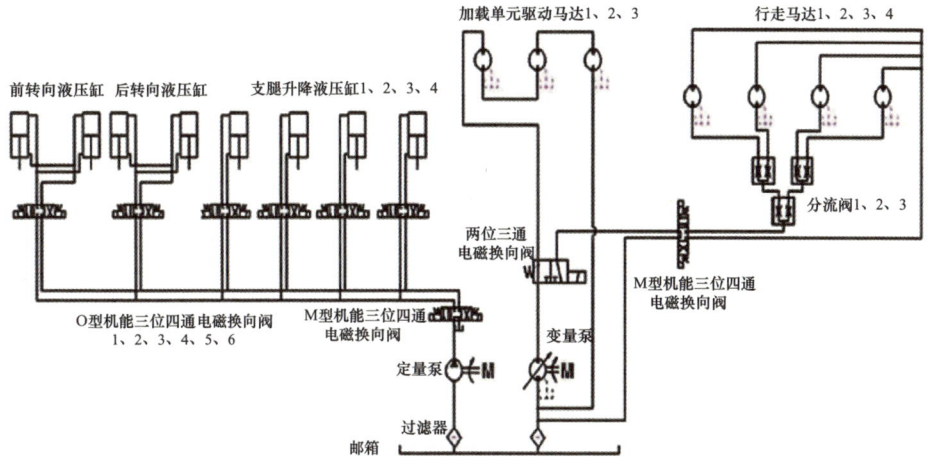

图5-39　加载环链液压驱动系统示意图

为增加混合全液压制动系统的响应速度，采用皮囊式蓄能器，通过齿轮泵给蓄能器充液，待制动时蓄能器可立即释放压力，满足快速制动需求。制动系统采用双回路液压制动阀，主动轮、从动轮制动系统拥有各自独立的蓄能器和制动油路，互不影响。两套制动阀采用梭阀连接，梭阀具有压力选择的功能，将高压油通向主动轮、从动轮制动油缸，实施制动。加载环链采用主动-从动间隔布置的形式，主动轮制动器为湿式多盘制动器，从动轮制动器为鼓式制动器。

从图5-40中可以看出，在3次制动过程中，主动轮、从动轮制动压力响应迅速，从动轮响应时间明显缩短，有效地改善了制动压力的不同步性，充分验证了该方案的可行性。将制动压力曲线局部放大得到的制动压力响应曲线，如图5-41所示。从图中可以更清楚地看到，从动轮制动压力很快地排除油缸的空行程之后进入压力建立阶段，主动轮、从动轮几乎同时到达最高制动压力。

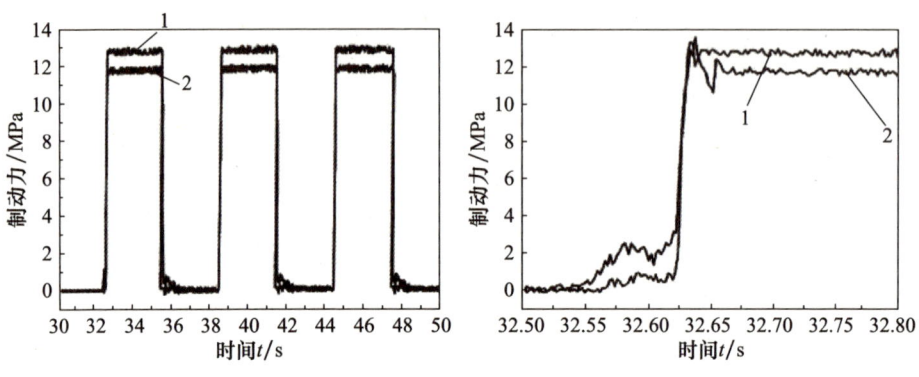

图 5-40 改进实验制动压力曲线　　图 5-41 制动压力响应曲线局部放大

（2）路面足尺直线加速加载设备测试验证

在京德高速选取了试验段落，开展了现场加速加载测试，加速加载设备的有效加载长度为6m，采用标准轴载100kN加载。现场测试传感器布设位置编号对照如图5-42所示。

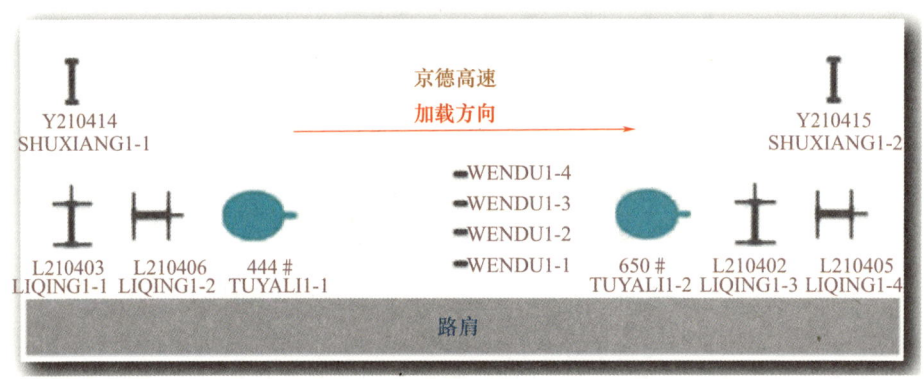

图 5-42　传感器布设位置及编号对照图

以京德高速现场加载的某天为例，分别对1min内和12h内采集的传感器数据分析如下：

① 加载1min内，路面结构水平横向、纵向及竖向均呈现两次周期性变化，这与设备周期性的强化落地冲击相对应。从数值分析来看，落地冲击处的基层已出现承压状态，这说明持续的冲击作用对路面结构的应变水平及方向均有较大影响。

② 在 12h 静载-动载交替作用周期内，初始静载阶段，路面结构不同方向应变均无明显变化；当设备开始加载时，各方向应变迅速增大，且随着加载次数的增加出现累积效应；当加载结束时，路面结构进入松弛状态，各方向应变迅速降低，在松弛 4h 后仍维持一定的数值水平；当下午重新开始加载时，各方向应变仍然迅速增大。

③ 在 12h 静载-动载交替作用周期内，经过中午路面松弛及高温累积作用后，下午反馈的数值大小要明显小于上午加载的水平，这说明胶粉沥青混合料的确有优异的弹性恢复和自愈能力，且高温稳定性要好于预期。

④ 目前沥青层底最大水平横向压应变为 $34\mu\varepsilon$，最大水平纵向拉应变为 $28\mu\varepsilon$，小于路面结构设计理论计算值，证明路面结构目前处于稳定状态，实际服役性能符合永久路面的设计要求。

5.1.3 实施效果与应用情况

1. 实施效果

通过理论研究、力学分析、材料研制、室内试验、现场测试、设备开发和工程验证等手段形成了高掺量胶粉改性沥青永久路面成套技术成果，并以京德、荣乌高速公路为依托工程进行了全面规模化应用。应用的成果包括：高掺量胶粉沥青材料的研发，混合料设计及路面结构的改进，施工技术、装备及可靠度的提升，耐久性技术验证。同时，项目成果在京港澳高速、邢临高速、曲港高速、保沧高速等其他工程上进行了实施应用，应用效果显著。

（1）研制了 30%、40%、50% 高掺量胶粉沥青配方及制备关键技术，通过物理共混和化学组合的形式，在机械外力的作用下，实现了高掺量胶粉沥青强力均化与路用性能精准调控。制备的高掺量胶粉改性沥青满足"黏、弹、塑"不同指标定制化需求。胶粉掺量由传统的 20% 提高至 30%～50%、胶粉沥青生产线单条产能达 50t/h，生产能力提升 30%，生产能耗降低 30%，实现了胶粉深度降解再生及高掺量胶粉沥青大规模稳定化生产，并在京德、荣乌高速进行了规模化应用，使用效果良好（图 5-43）。同时，25% 掺量以上的胶粉沥青在京港澳高速京石段、保沧高速、邢临高速、曲港高速等其他工程上进行了应用，应用效果显著，其中京港澳高速京石段目前已通车 10 年之久，目前使用情况良好。关于高掺量胶粉沥青的脱硫再生理论、胶体结构模型、抗老化机制研究的理论成果发表在 Construction and Building Materials 等顶级期刊杂志，被多次引用，国内外专家学者均给予了高度评价。

图 5-43　胶粉微波活化及高掺量胶粉沥青规模化生产

（2）应用沥青路面无人化智能机械集群技术及协作系统，实现了沥青路面无人化摊铺机群和压路机群的施工协同作业，以及施工过程数据的实时采集、传输和处理，对混合料生产、运输、摊铺、碾压全过程智能管控，施工质量实时监测、评估及可视化（图 5-44）。同时降低了人工成本，施工效率提升约 25％，充分保障了施工质量，工程品质得到了显著提升。应用基于雷达无损检测方法的沥青铺装测厚技术及装置，实现了沥青层摊铺厚度毫米级高精度、实时智能连续监测。应用基于介电常数的探地雷达技术，建立了压实度指标评价模型，实现了实时动态监测压实度，准确率超 95％。

图 5-44　无人化智能机械集群及智能摊铺施工

（3）应用基于性能需求的组装式胶粉改性沥青混合料设计方法，满足不同层位功能需求的沥青混合料组装设计，且功能组装设计的高掺量胶粉沥青混合料表现出了优异的性能。应用基于差异磨光原理的耐久型抗滑表层关键技术，开展了适用于永久路面的高抗滑表层应用示范，经计算表面层使用 15 年以后摆值仍保持在 40 以上，实现了路面抗滑性能耐久。应用耐久性桥面多介质防水联结层方案，复合试件疲劳寿命相比传统材料提升 76％～237％，基于疲劳寿命预测模型演算其疲劳寿命可达到 40～50 年要求。应用施工全程均匀化控制技术及层间增强技术，实现了路面均匀化施工。应用自主开发的全域一体化路面足尺直线加速加载试验系统，实现了运行功耗相对降低约 50％，可模拟多种环境条件，运行成本降低 4/5。同时基于对公路院足尺环道 6000

万次加载数据进行了分析研究,提出了基于实际路面结构响应的沥青路面服役寿命评估方法,可大幅提高模量反演精度和寿命评估可靠性。

2. 应用情况

技术成果已在京德高速、荣乌高速、京港澳高速、邢临高速等多十多条典型高速公路建设工程中得到规模化成功应用,总里程超过 2000km。其中,京港澳高速(京石段)改扩建工程通车已达十年,路况一直保持优良。京德、荣乌高速等使用高掺量胶粉改性沥青 2.1×10^5 t,产生直接经济效益 38.49 亿元,预期节约养护维修资金 22.6 亿元,节省石油沥青 8.4×10^4 t、节约碳排放 1.188×10^5 t,盈收碳交易金额 1039.5 万元,显著提高了路面的耐久性,降低了大修和表层养护的次数,减少了干扰交通的时间;减少了因材料和能源重复消耗造成的环境污染和温室气体排放,全寿命周期成本显著降低。依托永久路面项目获发明专利 45 项、实用新型专利 39 项,制定国家标准 2 部、行业标准 5 部、地方标准 8 部、团体标准 5 部、出版专著 4 部,发表论文 71 篇,其中 SCI/EI 收录 41 篇。2020—2022 年,高掺量胶粉改性沥青永久路面成套技术在雄安新区京德高速、荣乌高速公路进行了成功示范应用,形成可复制、可推广的"雄安方案与雄安标准",为推动我国永久路面体系建设提供了有力的创新理论、关键技术与实践支撑。高掺量胶粉改性沥青永久路面成套技术的应用将显著提升路面使用寿命,减少路面维修频率以及频繁养护维修带来的拥堵和事故发生率,废旧橡胶的再利用也具有保护环境、低碳环保的效果,为废旧橡胶的绿色、高效资源化再利用提供新的思路,助力交通强国建设及双碳战略实施。高掺量胶粉改性沥青永久路面研究成果的综合效益明显,推广应用前景广阔。

5.1.4 其他新型沥青材料

1. 低黏型橡胶 SBS 复合改性沥青

基于胶粉分子化处理技术,自主研发亚均质材料体系下的一种低黏型橡胶 SBS 复合改性沥青。

(1) 材料特点

低黏型橡胶 SBS 复合改性沥青(图 5-45)由基质沥青与预处理胶粉掺加一定比例的功能型助剂,采用专用设备拌合、发育、剪切而制成,可直接对标 SBS 改性沥青,其具有施工便捷、级配适用范围广、性价

图 5-45 低黏型橡胶 SBS 复合改性沥青样品

比高等特点优势。

根据《公路工程沥青及沥青混合料试验规程》(JTG E20—2011) 测定低黏型橡胶 SBS 复合改性沥青技术指标满足 SBS 改性沥青指标，具体指标见表 5-36。

表 5-36　低黏型橡胶 SBS 复合改性沥青技术指标

	试验项目	单位	技术指标
沥青技术指标	135℃黏度	Pa·s	1.0～4.0
	针入度（25℃，100g, 5s）	0.1mm	40～60
	延度（5cm/min, 5℃）	cm	≥20
	软化点	℃	≥65
	离析，软化点差	℃	≤2.5
混合料技术指标（AC-13）	动稳定度（60℃）	次/mm	≥3400
	低温弯曲（−10℃）	με	≥2800
	残留稳定度	%	≥90
	冻融劈裂强度比	%	≥85

（2）技术优势

① 施工便捷，较常规橡胶改性沥青黏度低，降低施工难度（与 SBS 改性沥青相同施工条件）；

② 级配适用范围广（可适用于密级配）；

③ 性价比高（性能优于 SBS 改性沥青，价格低于 SBS 改性沥青）。

（3）应用情况

满足常规 SBS 改性沥青适用的任何项目，也可应用于平均气温较低的地区。在安徽济广高速（图 5-46）、山西天黎高速（图 5-47）、山西朔神高速的养护罩面工程项目累计应用 60km 以上。

图 5-46　安徽济广高速

图 5-47　山西天黎高速

2. 超薄罩面温拌橡胶沥青

超薄罩面温拌橡胶沥青（图 5-48）是一种性能补偿型温拌改性橡胶沥青，采用 EW 型温拌剂组合 XF 性能补偿剂制作而成，对黏度、压实特性、沥青技术指标具有优化作用。

图 5-48 温拌橡胶改性沥青

（1）材料特点

通过对现有温拌剂产品开展化学组分分析与有效组分筛选，设计不同温拌技术方案，开展与高掺量橡胶改性沥青及其混合料的适用性评价，最终合成了适用于高掺量橡胶改性沥青的定制化新型复合温拌产品，适用于养护工程橡胶改性沥青超薄磨耗层。该技术方案对原样沥青技术指标损害程度最低，可保证 72h 存储稳定性，同时对混合料高温性能和水稳定性有进一步提升。与市场主流温拌剂相比，应用成本有明显降低。经实体工程验证及评价，有效降低超薄罩面压实难度，并减少沥青烟排放，有效改善施工环境，减少对周围群众生活的影响。

根据《公路工程沥青及沥青混合料试验规程》（JTG E20—2011）测定温拌橡胶沥青技术指标见表 5-37。

表 5-37 温拌橡胶沥青技术指标

	试验项目	单位	技术指标
沥青技术指标	180℃黏度	Pa·s	1.0~2.0
	针入度（25℃，100g，5s）	0.1mm	50~70
	延度（5cm/min，5℃）	cm	≥15
	软化点	℃	≥70
	弹性恢复	%	≥85

续表

试验项目		单位	技术指标
混合料技术指标	动稳定度（60℃）	次/mm	≥8000
	低温弯曲（−10℃）	με	≥2800
	汉堡车辙深度	mm	≤5
	冻融劈裂强度比	%	≥90

（2）技术优势

① 新型温拌改性橡胶沥青混合料施工温度较之前降低20℃，可降低沥青拌合站的能耗。

② 无须对沥青拌合楼进行改造，且混合料更易于压实，降低橡胶改性沥青混合料施工难度，生产、摊铺及碾压过程宽容度更高。

③ 经实体工程测算，与市场主流温拌剂相比，应用成本有明显降低。

④ 新型温拌技术的开发有助于拓展橡胶改性沥青在超薄磨耗层中的应用，适用于养护工程。

（3）应用情况统计

2022年9月，温拌橡胶改性沥青用于海天线（G338）提质改造工程2.5cm超薄罩面层（图5-49）。施工过程中，实测橡胶改性沥青180℃黏度为1.7Pa·s，较常规橡胶改性沥青降低0.5～1.0Pa·s，出料温度降低10～15℃，拌合、运输及摊铺和碾压过程未出现任何异常。

图5-49 温拌橡胶沥青超薄罩面应用于海天线（G338）改造工程

橡胶改性沥青混凝土超薄罩面完工后，采用手工铺砂法进行了构造深度测试，采用摩擦系数仪进行抗滑性能试验测试，并进行了路面渗水检测。

现场测试的摆值普遍高于55，构造深度均高于0.80mm，且基本不渗水，整体路面性能检测结果表现较优，达到预期。

3. 功能定制型高掺量橡胶改性沥青

功能定制型高掺量橡胶改性沥青是一种基于新型胶粉预处理技术，以功能化需求为导向，采用生胶粉、预处理胶粉及其他助剂进行复合改性的功能定制型高掺量橡胶改性沥青（图5-50）。

图5-50 功能定制型高掺量橡胶改性沥青混合料

（1）材料特点

预处理胶粉、废旧轮胎胶粉、基质沥青和其他添加剂按一定比例（其中废旧轮胎胶粉与预处理胶粉添加量占总质量比例超过25%）高温高速剪切得到的符合技术要求的胶结料。

根据《公路工程沥青及沥青混合料试验规程》（JTG E20—2011）测定功能高掺量橡胶改性沥青技术指标见表5-38。

表5-38 高掺量橡胶改性沥青技术指标

	试验项目	单位	高掺量橡胶改性沥青
沥青技术指标	180℃黏度	Pa·s	1.5～3.5
	针入度（25℃，100g，5s）	0.1mm	40～60
	延度（5cm/min，5℃）	cm	≥15
	软化点	℃	≥75
	离析，软化点差	℃	≤3
混合料技术指标	动稳定度（60℃）	次/mm	≥3000
	低温弯曲（−10℃）	με	≥2800
	残留稳定度	%	≥90
	冻融劈裂强度比	%	≥85

（2）技术优势

① 突破常规胶粉掺量限制，提高胶粉掺量；

② 简化生产工艺及生产设备，降低生产能耗；

③ 性能优异，热储存稳定性好，在高温抗车辙，低温抗裂及抗疲劳性能等方面优于SBS改性沥青混合料；

④ 具有经济效益，延长路面使用寿命，降本增效。

（3）应用情况统计

技术成熟稳定，有利于广泛推广应用。已成功应用于河南上罗高速等项目累计200km以上。其中山西呼北高速朔神段定制使用低温型高掺量橡胶改性沥青，要求低温5℃延度大于20cm，其他指标满足基础指标要求（图5-51）；河南上罗高速定制使用高温型高掺量橡胶改性沥青，要求软化点大于75℃其他指标满足基础指标要求（图5-52）。

图5-51 山西呼北高速朔神段功能定制型高掺量橡胶改性沥青

图5-52 河南上罗高速应用功能定制型高掺量橡胶改性沥青

Ⅲ 低碳技术与装备篇

4. 不粘轮乳化沥青

(1) 创新性举措

通过材料创新,提高乳化沥青蒸发残留物软化点或改变分子表面状态,达到乳化沥青破乳后不与施工运输车辆轮胎粘连的效果,同时提高沥青面层的层间粘结强度,从而保护粘层的完整性,提升路面层间粘结效果。

(2) 突破性成果

① 层间抗剪强度较常用乳化沥青提高 15%～40%,粘结强度提高 1 倍以上。

② 储存时间长,破乳速度快(<30min),成膜效果好,不粘附施工车辆轮胎。

③ 自主开发的不粘轮乳化沥青材料较市场现有材料应用成本降低 50% 以上,大幅降低不粘轮乳化沥青技术的应用成本。

(3) 可复制可推广经验做法

不粘轮乳化沥青适用于高速公路、干线公路、城市道路粘层以及桥面的防水粘结层等,目前已经在石家庄胜利大街改造项目、津石高速、荣乌高速新线等项目中进行了试验路铺设与规模化工程应用。

5.2　低碳长寿命沥青路面技术

通过材料与结构一体化系列研究解决了现有沥青路面的能耗高、寿命短、循环利用效果差等问题。基于低碳固废材料,采用长寿命路面结构-材料一体化设计方法,提出了层位功能要求和设计标准,确定了胶粉改性沥青应用层位,并研发了钢渣集料磨耗层材料和低碳胶凝材料基层,实现了固废材料高值化应用,建立了沥青路面服役性能监测和评估系统,形成了具有国际先进水平的低碳长寿命沥青路面设计体系。

5.2.1　技术背景

河北省高速公路里程位居全国前列,沥青路面因耐久性不足产生大量建养任务,而建养过程中材料的消耗造成了资源浪费和碳排放量日益增长,逐渐成为限制经济发展的主要矛盾。随着"碳达峰、碳中和"目标的实施,作为"京津冀"协同发展的桥头堡,河北省高速公路对提升固废在沥青路面的利用率、建设低碳长寿命沥青路面的需求日益迫切,这也是构建河北省"安全、便捷、高效、绿色、经济"现代交通运输体系的根本保障。

"双碳"目标背景下绿色低碳公路建设仍存在资源循环利用水平低的问

题。据统计，近年来我国公路建设每年消耗砂石骨料超 1×10^{10} t，水泥石灰等胶凝材料消耗超 1×10^9 t。从碳排放角度分析，材料生产和运输阶段碳排放量约占到公路生命周期碳排放量的 90%。同时，沥青路面耐久性不足是其长期运营面临的核心问题，恶劣的环境和复杂的车辆荷载导致沥青路面病害频发，服役寿命短，养护维修费用高，严重影响经济和社会发展。

2023 年，河北省人民政府发布《美丽河北建设行动方案（2023—2027年）》实施"无废城市"建设行动。行动以固体废物减量化、资源化、无害化为主线，全域推进"无废城市"建设，加快构建废弃物循环利用体系，推进大宗工业固体废物综合利用，提升资源高效高值化利用水平。

目前固废利用技术种类较多，交通运输领域所利用大宗固废类型主要包括煤矸石、粉煤灰、钢渣、废石膏、赤泥、建筑废渣、金属尾矿渣等，但实际工程中能够高效资源化利用的固废种类少、利用方式单一、循环利用附加值低，在固废处置过程中存在严重的资源浪费问题。比如利用钢渣制备沥青混凝土不仅可以提升沥青混合料性能，还可以减少对天然集料的开采，降低碳排放。但我国将钢渣废料应用于沥青路面施工尚处于起步阶段，钢渣利用率不足 20%，在原材料配合比设计、施工过程控制、施工效果检验等方面仍存在许多技术难题尚未解决。

同时，较大掺量的固废材料对沥青路面的耐久性有较大影响。大宗固废要实现在道路、铁路工程中大规模有效应用，需开展大量有效试验研究和长期应用监测，并综合考虑路基、路面使用状况。当前研究较多停留在固废材料在沥青混合料中的适用性方面，缺乏针对不同种类、品质的固废材料应用形式的研究，缺少固废材料及含固废混合料质量控制指标和掺固废路面综合评价方法，没有形成含固废的路面结构设计理论。

综上所述，以低碳固废材料为基础，建设具有国际先进水平的低碳长寿命沥青路面设计体系，实现将高效能的结构组合与低能耗的固废材料相结合，形成一整套适用度高、服役性强的低碳长寿命沥青路面结构-材料一体化设计理论方法是十分有必要的，也注定其巨大的市场需求前景。

5.2.2 需解决的关键问题

围绕河北地区低碳长寿命路面结构-材料一体化设计，解决以下关键科学问题和关键技术问题。

关键科学问题：

（1）材料-功能-结构协同的长寿命路面设计方法；

（2）低碳固废材料在道路工程中的高值化利用方法。

关键技术问题：
(1) 基于功能需求的沥青路面层位设计指标构建技术；
(2) 钢渣材料综合评估及高值化无害化技术；
(3) 胶粉改性沥青的层位精准适配与功能性设计技术；
(4) 基于多源数据监测和服役状态评估的路面管理技术。

5.2.3 技术体系内容及创新

1. 技术体系内容

技术体系如图 5-53 所示。

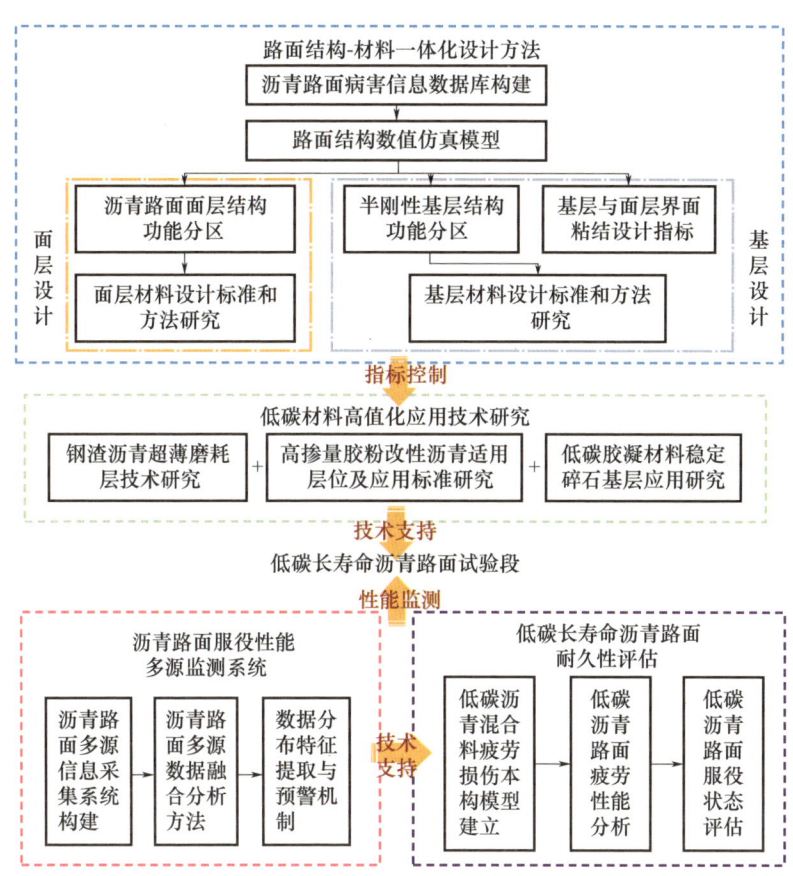

图 5-53 技术体系构成

1) 技术体系内容一：路面面层结构-材料一体化设计方法
(1) 沥青路面病害信息数据库构建

根据气候分区、交通量等级以及路面结构类型，选择反映河北省不同地区和路况下的沥青路面作为典型路面，统计典型路段各种病害的类型、分布情况、严重程度等信息，结合环境和荷载情况对病害信息进行分析，探究了不同层位病害的产生机理。将路段信息、气候分区、交通量等级、各种病害的类型、分布和严重程度等信息整合，建立了典型路段沥青路面病害信息数据库，并建立数据库管理和更新机制，确保数据库时效性和完整性。

（2）沥青路面面层结构功能分区

利用路面数值仿真模型和监测数据分析路面结构的动力响应规律，获取了面层内部应力应变分布。根据面层结构内部应力应变分布按照深度对面层结构进行聚类分区。对不同分区的多向复杂应力应变进行解耦，分析不同层位分区的主应力，确定沥青路面面层结构的功能分区。

（3）面层材料设计标准和方法

根据层位功能分区，选取与其功能相关的设计参数，通过试验分析各参数随沥青含量的变化规律及其敏感性，结合功能分区主要的功能对设计参数进行筛选，确定随沥青含量、沥青性质和级配变化规律明显、敏感性好、物理意义明确的参数作为不同功能分区的设计指标，分析设计参数与设计指标的相关性及其变化规律，并确定相应层位沥青混合料按功能设计标准，形成面层材料设计方法。

2）技术体系内容二：路面基层结构-材料一体化设计方法

（1）半刚性基层结构功能分区

基于典型沥青路面病害数据库和数值仿真模型分析了半刚性基层材料在动力荷载下的应力应变分布。探讨了半刚性基层结构的破坏机制，提出了半刚性基层结构力学失效准则。根据基层应力应变分布按照深度对半刚性基层结构进行聚类分区，确定了半刚性基层不同层位的主应力和功能分区。

（2）基层与面层界面粘结设计指标

首先分析了基层与面层的界面粘结强度对沥青路面结构应力应变场的影响。然后分析了不同界面接触条件对路面结构的整体能量演化机制和变形协调的影响。最后结合半刚性基层破坏机制，提出了基层与面层界面粘结设计指标。

（3）基层材料设计标准和方法

根据基层层位功能分区，选取了与其功能相关的设计参数，通过试验分析了各参数随胶凝材料含量和级配的变化规律及其敏感性，结合功能分区主要的功能对设计参数进行了筛选，确定了随胶凝材料含量和级配设计变化规律明显、敏感性好、物理意义明确的参数作为不同功能分区的设计指标，分析了设计参数与设计指标的相关性及其变化规律，并确定了相应层位胶凝稳定类材料按功能设计标准，形成了基层材料设计方法。

3）技术体系内容三：低碳材料高值化应用技术

（1）钢渣沥青超薄磨耗层技术

分析了钢渣集料物化性质、钢渣与集料的界面粘结效果和机理，通过室内试验研究了不同掺量钢渣沥青混合料的配合比设计、水稳定性能、高低温性能等路用性能，提出了用于沥青路面表层磨耗层的钢渣沥青混凝土的配合比设计方法和制备工艺。探究了热拌钢渣沥青混凝土的有效运距、拌合工艺参数、最佳碾压温度及碾压工艺，确定了钢渣超薄磨耗层的成套工艺。

（2）高掺量胶粉改性沥青适用层位及应用标准

分析了胶粉掺量的变化对沥青混合料路用性能的影响及变化规律，结合数理统计方法确定了不同胶粉掺量沥青混合料的性能代表值区间。结合结构-材料一体化设计理论，确定了不同掺量胶粉改性沥青在低碳长寿命路面的适用层位及应用标准。

（3）低碳胶凝材料稳定碎石基层应用

结合宏观和微观试验分析了不同活性固废材料和激发剂的作用机理。研发了复合激发剂，确定了低碳胶凝材料的配比。根据最紧密堆积理论确定了胶凝材料稳定碎石级配设计方法。采用数理统计方法，确定了不同胶凝材料稳定碎石的强度代表值。根据基层结构一体化设计方法确定了不同层位的胶凝材料类型和用量，并提出了相应的应用标准。

4）技术体系内容四：沥青路面服役性能多源监测系统

（1）沥青路面多源信息采集系统构建

依托低碳长寿命沥青路面试验段，按照试验路规模和监测需求确定了光纤光栅应力应变传感器、压力传感器、智能集料和温湿度传感器的传感器阵列形式。确定了探地雷达检测频率，通过路内监测和路外检测相结合的方式搭建了路面信息监测设施。

（2）沥青路面多源数据融合分析方法

设计了合适的数据处理算法，将传感器采集到的原始数据转化为对沥青路面结构响应和环境条件的可量化指标。开发了适合多源数据融合的深度学习算法，将来自不同传感器的数据进行融合计算并分析各路面信息内在联系，以获取更全面、准确的路面响应和性能信息。结合路外检测手段对数据质量进行校验，对多源数据进行了权重分析。

（3）数据分布特征提取与预警机制

从融合后的数据中提取关键特征，通过数据挖掘算法，探索这些特征与

路面动力响应之间的关联，并建立了相应的特征分析模型。建立了路面性能异常检测算法和预警模型，通过监测系统实时采集的数据，及时识别潜在问题和异常情况，建立了路面应力应变响应异常预警机制，为路面养护和车辆管理提供依据。

5）技术体系内容五：低碳长寿命沥青路面耐久性评估

（1）低碳沥青混合料疲劳损伤本构模型

考虑低碳材料性能不稳定对混合料性能的影响，引入了材料可靠度和环境损伤作用，修正了沥青混合料本构模型。根据路面监测数据和室内疲劳试验结果，对沥青混合料疲劳损伤本构模型进行了参数优化。

（2）低碳沥青路面疲劳性能分析

结合路面结构层位功能和疲劳损伤本构模型，分析了含低碳材料沥青路面疲劳性能的衰变规律，分析了不同结构层厚度、模量及长期服役的损伤对沥青路面疲劳性能的影响规律，分析了显著影响低碳沥青路面疲劳性能的因素，建立了动力响应下的低碳沥青路面疲劳方程。

（3）低碳沥青路面服役状态评估

利用沥青路面疲劳方程对路面多源传感器监测系统采集的应力应变信息进行分析，建立了动力响应下含低碳材料沥青路面服役状态评估模型。基于服役状态评估模型建立了路面结构剩余寿命预测系统，并建立了相应的养护维修预警决策机制，开发了用户友好的含低碳材料沥青路面评估系统，设计了直观的数据可视化界面和分析工具，通过图表、趋势分析等方式展示路面性能变化趋势，辅助决策和规划，实现科学、全面的服役状态评估。

2. 技术创新点

（1）创新点 1：确定了与结构力学设计指标关联性强并且与材料组成敏感性高的材料性能设计指标，提出了沥青路面结构-材料一体化设计方法。

沥青路面结构设计主要基于力学性能指标进行，而沥青混合料材料设计主要基于体积参数进行，没有体现不同层位的功能需求，影响了沥青路面的使用寿命，因此我国路面结构设计指标与结构功能存在脱节的问题。基于路面病害数据库，明确基于病害产生机理的路面结构层位功能需求，提出路面结构的功能分区，确定了与路面结构力学设计指标关联性强并且与材料组成敏感性高的材料性能设计指标，提出了沥青路面结构-材料一体化设计方法。该技术充分针对沥青混合料设计过程中结构和性能脱节的问题，对提升公路基础设施的长期服役能力及运营安全具有显著优势。

（2）创新点 2：构建了低碳材料用于长寿命沥青路面的设计方法和应用体系。

当前研究大多停留在固废材料应用于沥青混合料的适用性，缺乏针对不

同种类、品质的固废材料应用形式的研究，缺少固废材料及含固废材料混合料的质量控制指标和含固废材料路面的综合评价方法，没有形成含固废材料的路面设计及施工技术。基于结构-材料一体化设计方法，开发了钢渣集料超薄磨耗层，确定了高掺胶粉沥青的适用层位。基于热化学动力学和激发反应动力学理论，研发了低碳胶凝材料水化反应体系，提出了低碳胶凝材料稳定碎石设计方法，形成了低碳材料路用填筑与质量评估成套技术。该技术实现了低碳材料在长寿命路面的应用，对降低沥青路面全寿命周期内的碳排放具有显著优势。

（3）创新点 3：建立了多源数据融合的沥青路面监测系统，实现了路面环境和响应的准确监测。

开展路面结构响应感知与监测研究，能够识别路面的异常状态，对长寿命沥青路面设计理论进行校核。然而目前存在传感器有效数据的甄选提取、海量数据的深度挖掘等难题，应在路面结构服役性能智能监测数据解析、多源信息的关联机制、大数据集成分析等方面运用科学手段实现突破。该技术建立了多种传感器阵列组合的路面信息多源采集系统，开发了多源数据融合处理深度学习算法，并采用特征识别算法提取数据关键特征，实现了路面结构动力响应精准监测和异常信号预警。该技术充分针对路面监测系统存在的监测数据量大和处理过程复杂的问题，对提高路面结构监测精度和数据处理速度具有显著的优势。

（4）创新点 4：建立了考虑实际环境的长寿命沥青路面残余寿命模型，实现了路面使用寿命的精准预估。

目前路面材料疲劳寿命预估主要采用经典的损伤演化方程，没有综合考虑路面面层材料在路面结构所处的环境条件来描述结构疲劳累积破坏的模型。建立了沥青混合料疲劳损伤本构模型，基于材料衰变规律建立了低碳沥青路面疲劳方程，确定了路面的服役状态和剩余寿命，建立低碳沥青路面服役状态可视化评估平台。该技术可以实现路面服役性能评价和残余寿命预估，对指导路面设计方法和实现路面及时维护具有重要的意义。

5.2.4 经济效益和社会效益

1. 经济效益

在沥青路面投入使用后，经初步预测，使用寿命可达 25～30 年。

（1）假设长寿命路面的寿命为 30 年。目前我国沥青混凝土高速公路的设计使用年限为 15 年，然而大多高速公路的实际使用年限远远低于 15 年，有些路面在运营的第 7、8 年便出现了结构性的损坏。按照目前的高速公路使用寿命为10年计算，长寿命沥青路面较传统路面的寿命提高了3倍左右。按照30年的分析期进行分析，在分析期内，按照传统高速公路每千米的造价为4000万元计算，则修筑10km高速公路需4000万元/km×10km=4亿元。按照常规结构沥青层厚度相对比较小，在分析期内罩面寿命近似为5年，每一次结构性大修间隔近似为10年，因此在分析期内共进行3次罩面维修和2次结构性大修。按照传统沥青路面早期病害的维护费用估计第一次罩面维修费用为50万元/（km·次），则第一次罩面维修费用为50万元/（km·次）×10km=500万元。第一次结构性大修费用为800万元/（km·次）进行计算，则第一次结构性大修费用为800万元/（km·年）×10km=8000万元。按一定比例贴现率计算得第二次罩面维修费用为75万元/（km·次），则第二次罩面维修费用为75万元/（km·次）×10km=750万元。第二次结构性大修费用为1200万元/（km·次）进行计算，则第二次结构性大修费用为1200万元/（km·年）×10km=1.2亿元。按此类推，第三次罩面维修费用为100万元/（km·次），则第三次罩面维修费用为100万元/（km·次）×10km=1000万元。第三次结构性大修费用为1500万元/（km·次）进行计算，则第三次结构性大修费用为1500万元/（km·年）×10km=1.5亿元。在分析期内，年养护费用均值为30万元/（km·年），所以在30年分析期内，养护费用共30万元/（km·年）×10km×30年=0.9亿元。由此可见，在30年内，10km传统高速公路的施工及养护费用可达4亿元+500万元+0.8亿元+750万元+1.2亿元+1000万元+1.5亿元+0.9亿元=8.625亿元。按照30年的分析期进行分析，预计长寿命沥青路面每千米的造价为传统路面的1.5倍，即每千米造价为6000万元，则修筑10km高速公路需6000万元/km×10km=6亿元。结构进行了长寿命沥青路面的设计，按照长寿命路面的使用性能预测，除了日常养护外，只要进行定期的罩面维修，无需结构性重建及方案，一般罩面的时期为6年。在30年分析期中，共进行5次罩面维修。按照传统沥青路面早期病害的维护费用估计第一次罩面维修费用为80万元/（km·次），则第一次罩面维修费用为80万元/（km·次）×10km=800万元，按一定比例贴现率计算得第二次罩面维修费用为120万元/（km·次），则第二次罩面维修费用为120万元/（km·次）×10km=1200万元，以此类推，第三次罩面维修费用为150万元/（km·次），则第三次罩面维修费用为150万元/（km·次）×10km=1500万元；第四次罩面维修费用为180万元/（km·次），则第四次罩面维修费用为180万元/（km·次）×10km=1800万元；第五次罩面维修费用为200万元/（km·次），则第五次罩面维修费用为200万元/（km·次）×10km=2000万元。在分析期内，年养护费用均值为10万元/（km·年），所以在30年分析期内，

Ⅲ 低碳技术与装备篇

养护费用共10万元/(km·年)×10km×30年=0.3亿元。因此,长寿命沥青路面全寿命周期内的施工及养护费用为6亿元+800万元+1200万元+1500万元+1800万元+2000万元+0.3亿元=7.03亿元,在分析期内比传统路面预计节省1.595亿元。

(2) 假设长寿命路面的寿命为25年。目前我国沥青混凝土高速公路的设计使用年限为15年,然而大多高速公路的实际使用年限远远低于15年,有些路面在运营的第7、8年便出现了结构性的损坏。按照目前的高速公路使用寿命为10年计算,长寿命沥青路面较传统路面的寿命提高了2.5倍左右。按照25年的分析期进行分析,在分析期内,按照传统高速公路每千米的造价为4000万元计算,则修筑10km高速公路需4000万元/km×10km=4亿元。按照常规结构沥青层厚度相对比较小,在分析期内罩面寿命近似为6年,每一次结构性大修间隔近似为10年,因此在分析期内共进行3次罩面维修和2次结构性大修。按照传统沥青路面早期病害的维护费用估计第一次罩面维修费用为50万元/(km·次),则第一次罩面维修费用为50万元/(km·次)×10km=500万元。第一次结构性大修费用为800万元/(km·次)进行计算,则第一次结构性大修费用为800万元/(km·年)×10km=8000万元。按一定比例贴现率计算得第二次罩面维修费用为75万元/(km·次),则第二次罩面维修费用为75万元/(km·次)×10km=750万元。第二次结构性大修费用为1200万元/(km·次)进行计算,则第二次结构性大修费用为1200万元/(km·年)×10km=1.2亿元。以此类推,第三次罩面维修费用为100万元/(km·次),则第三次罩面维修费用为100万元/(km·次)×10km=1000万元。在分析期内,年养护费用均值为30万元/(km·年),所以在25年分析期内,养护费用共30万元/(km·年)×10km×25年=0.75亿元。由此可见,在25年内,10km传统高速公路的施工及养护费用可达4亿元+500万元+0.8亿元+750万元+1.2亿元+1000万元+0.75亿元=6.975亿元。按照25年的分析期进行分析,预计长寿命沥青路面每千米的造价为传统路面的1.5倍,即每千米造价为6000万元,则修筑10km高速公路需6000万元/km×10km=6亿元。结构进行了长寿命沥青路面的设计,按照长寿命路面的使用性能预测,除了日常养护外,只要进行定期的罩面维修,无需结构性重建即方案,一般罩面的时期为6年。在25年分析期中,共进行4次罩面维修。按照传统沥青路面早期病害的维护费用估计第一次罩面维修费用为80万元/(km·次),则第一次罩面维修费用为80万元/(km·次)×10km=800万元,按一定比例贴现率计算得第二次罩面维修费用为120万元/(km·次),则第二次罩面维修费用为120万元/(km·次)×10km=1200万元，以此类推，第三次罩面维修费用为150万元/（km·次），则第三次罩面维修费用为150万元/（km·次）×10km＝1500万元；第四次罩面维修费用为180万元/（km·次），则第四次罩面维修费用为180万元/（km·次）×10km＝1800万元。在分析期内，年养护费用均值为10万元/（km·年），所以在25年分析期内，养护费用共10万元/（km·年）×10km×25年＝0.25亿元。因此，长寿命沥青路面全寿命周期内的施工及养护费用为6亿元＋800万＋1200万元＋1500万元＋1800万元＋0.25亿元＝6.78亿元，在分析期内比传统路面预计节省0.195亿元。

综上所述，低碳长寿命沥青路面研究成果具有可观的经济效益。并且在路面寿命达到30年后长寿命路面的显著提高，综合考虑，在分析期内比传统路面预计节省0.895亿元（25年和30年均值）。

2. 社会效益

针对现有沥青路面建造耗能大、使用寿命短、循环利用效能低等问题，该低碳长寿命沥青路面技术研究以低碳固废材料为基础进行长寿命路面结构-材料一体化设计，建立河北地区沥青路面服役性能监测系统。提出基于层位功能性要求的长寿命路面材料设计参数，提出不同层位的设计要求，针对不同层位材料需求，确定不同固废资源化技术的应用层位并提出相应的性能指标可有效将高效能的结构组合与低能耗的固废材料相结合。一方面，可以减少对新材料的开采、生产和运输，节约能源资源，降低碳排放，有利于实现碳达峰、碳中和的目标。另一方面，大大延长路面的使用寿命，减少路面维修次数，节约人力物力财力，降低路面维修对环境的污染，对于提高沥青路面耐久性和舒适性、节约资源、保护环境具有重要的意义，符合我国可持续发展的战略，响应双碳号召，具有良好的社会效益。

5.3 沥青路面就地冷再生技术

5.3.1 就地冷再生技术现状及问题

20世纪90年代以来，我国交通基础设施建设不断加快，经过多轮的规划建设，我国公路交通网络基本形成，截至2023年年底，全国公路总里程为$5.441×10^6$km，公路养护里程超$5×10^6$km。我国高速公路以沥青路面为主，在已通车的里程中占比约95%，沥青路面的设计年限一般为15年，路面在使用过程中，由于不断增长的交通荷载和自然环境（如温度、雨雪、紫外线）等苛刻客观条件的作用，沥青路面未达到设计年限便出现了比较严重的车辙、

Ⅲ 低碳技术与装备篇

松散、裂缝、推移等病害，沥青路面相继进入养护维修及改扩建阶段，大量的沥青混合料和铣刨料无法实现原位高值化再生并被废弃，造成极大的环境污染与资源浪费。据相关数据统计，我国每年产生约 2.3×10^8 t 废旧沥青混合料。面对公路资源日益紧张的局势与环境保护的迫切需求，传统的公路建设模式已难以为继，亟需探索一条资源节约型、环境友好型的绿色高效可持续发展路径。在此背景下，交通循环经济的兴起，特别是再生资源的回收利用与路面再生技术的推广，成为了实现"碳达峰"与"碳中和"目标的关键一环，也是公路养护行业转型升级的必然趋势。

当前，路面再生技术主要分为厂拌热再生、就地热再生、厂拌冷再生及就地冷再生四大类。深入分析各类技术的特点对比发现：厂拌再生技术虽在质量控制上表现优异，但运输与能源成本高昂；就地再生技术则凭借其现场处理、高效环保的优势，成为资源节约与可持续发展的优选方案。进一步对比热再生与冷再生技术，热再生虽生产效率高，适用于高等级公路，但其高能耗、低旧料利用率及环境负面影响不容忽视；而冷再生技术，以其高旧料利用率、低能耗、低污染的特点，展现出更为广阔的发展潜力和应用前景。

(1) 就地冷再生技术国外应用现状

沥青路面的再生技术在国外得到了较长时间的发展且技术相对成熟。美国最早从 1915 年开始，经过百余年的发展，沥青路面的再生利用率达 90% 以上。美国于 1983 年首次出版的《沥青路面冷拌再生技术手册》为冷再生工程的具体施工提供了参考依据。1985 年年底，宾夕法尼亚州的交通运输部完成了包括就地冷再生、厂拌冷再生和全深式冷再生在内的共计 90 个冷再生项目，为冷再生技术制定和提供了更加详细的标准规范和参考建议。

加拿大在冷再生技术方面的研究也有着悠久的历史。1983 加拿大首次采用了冷再生技术来进行道路养护。在过去的 20 年里，加拿大使用冷再生技术修复了超过 4000 万平方米的沥青路面。

欧洲国家也对冷再生技术十分重视，经过多年的研究取得了巨大的进步。2006 年，希腊政府因为道路原材料价格的日益昂贵，开始采用冷再生技术修筑路面。并针对再生后的路面平整度、行驶舒适度等指标来综合评价冷再生技术。2009 年，西班牙在其南部实施了 3 项就地冷再生项目以研究不同的机械压实工序对现场冷再生混合料密度的影响，通过取芯与室内成型试件进行了良好的对比，确定了施工现场机械压实工序和压实次数。

(2) 就地冷再生技术国内应用现状

我国的冷再生的研究启动较晚，于 20 世纪 80 年代末开始冷再生相关技术上的研发。当时，江苏和湖南等省份开始在室内进行相关的冷再生实验并铺筑了几条试验路，由于缺乏对水泥对冷再生混合料性能影响的研究和再生设备比较简陋，试验路的再生效果比较一般，并未能取预期成果，仍属于前期的探索阶段。1998年10月邯郸市交通局引进了一台大型冷再生设备，首次利用泡沫沥青冷再生技术对河北省境内的一段路进行了改造。进入21世纪，因为早期建成的高速公路进入大中修期，大量的废弃旧沥青材料无法得到利用，人们重新对冷再生技术重视起来，并且在一些试验路段得到了应用。

2004年沈阳交通厅引进了就地冷再生专用机械，将水泥作为添加剂在室内进行了大量乳化沥青冷再生混合料实验，并通过试验路进行了验证，经过多年的跟踪观测使用效果良好，其中营大路的乳化沥青就地冷再生试验段是当时我国最早也是最大利用该技术的工程。2005年天津市公路管理局也首次在京哈高速公路安排了500m的乳化沥青冷再生试验段，使用效果良好。2007年河北省廊坊市在大香线上进行了2.25km路段的大规模乳化沥青就地冷再生大修工程，并取得了很好的效果。

随着研究的不断深入，冷再生技术的应用范围也逐渐扩大，曾先后在罗宁高速公路、渝涪高速公路、沪宁高速公路、和京沪高速公路等大修工程中采用了乳化沥青冷再生技术将旧沥青材料利用起来并铺筑试验段，工程效果良好，效益显著。在2007年之前，我国将乳化沥青冷再生混合料一般用作高等级公路基层，随着乳化沥青冷再生路面结构设计方案的完善以及乳化沥青冷再生技术的推广，近几年开始逐步应用在高等级公路的中、下面层。从2007年开始，江苏省开始乳化沥青就地冷再生技术的大规模推广，并用于一、二级公路的中下面层，经过多年观测，使用效果良好。这些工程应用为乳化沥青冷再生技术在我国的研究和应用积累了丰富的经验，为进一步扩大冷再生技术的应用面打下了基础。2015年在南京长江三桥北接线高速公路大修工程中，首次实现了乳化沥青就地冷再生技术对高速公路沥青路面的再生利用，根据4年多的性能跟踪观测结果，无明显病害，证明了乳化沥青就地冷再生技术能够应用于高速公路沥青路面面层的养护维修工程中。

对比国内外就地冷再生技术发展现状，国内对就地冷再生的研究及应用仍具有一定差距，且在设计及施工过程中，工作人员未考虑RAP料变异性对再生混合料配合比设计、路用性能，以及早期强度等方面的影响，造成部分就地冷再生混合料路面路用性能差等问题。传统就地冷再生技术对级配破坏较大，未对粗料与沥青胶砂进行精细分离，只通过添加较多新料调整级配以满足相关规范要求，无法充分循环利用铣刨料。因此，亟需对冷再生技术进行深入的研究，提高旧沥青路面的循环利用率，提升就地冷再生路面性能，进一步推广就地冷再生技术在国内的应用。

（3）就地冷再生装备发展现状

就地冷再生设备是冷再生技术实施的关键。目前，生产冷再生设备的公司主要有美国 CMI 公司、意大利 MARINI 公司及德国 WIRTGEN（维特根）公司等，其中德国维特根公司是世界上公路再生设备的专业生产厂家，其具有代表性的冷再生机有 WR200、WR250S、W250i、W210。维特根冷再生设备在世界市场中处于领先地位，在国内处于垄断地位。

国外学者针对冷再生设备研究已具有一定深度，相关技术比较成熟，相较于国外，我国在就地冷再生设备方面的研究比较滞后，国内研制冷再生设备的厂家主要有山东德工、山东公路机械厂、徐州工程机械集团等。国产冷再生机近些年来有了一定发展，如德工研发出了以 DGL400/460、DGL600/DGL600J 全液压式冷再生机和 DGL600N 智能机械式冷再生机为主导的阶梯状产品线。

在就地冷再生设备研发方面，国内外均有一定的技术积累，也存在一些问题：①国内外传统冷再生设备在铣刨过程大量粗集料被破碎，导致旧沥青路面级配破坏较大，无法满足路用要求；②传统就地冷再生设备无法实现旧沥青混合料集料与沥青胶砂的精细化分离，无法 100% 利用旧沥青混合料；③传统就地冷再生设备无法实现旧沥青胶砂的性能复原，只是采用乳化沥青或泡沫沥青进行再生，导致再生混合料性能不足。因此，亟需对沥青路面就地冷再生成套技术与装备进行研究，通过技术、材料以及工艺的创新，使得就地冷再生技术在低能耗、低成本、无污染及高利用率等方面得到长足的进步。

（4）河北就地冷再生应用情况

截至 2023 年年底，河北省高速公路的总里程已经突破 8000km，达到 8421km，形成了以雄安新区为中心的"四纵三横"高速公路骨干路网。省内相当数量的高速公路已服役多年，需进行养护及改扩建。但是在养护及改扩建过程中，政府部门虽然大力推荐就地冷再生技术，然而因为就地冷再生技术不够成熟，众多改扩建养护工程不敢贸然将就地冷再生用于改扩建以及养护工程中。当然，河北省内也进行了部分冷再生工程实践，主要集中在低等级道路。

2009 年，国道 307 廊泊线路口至衡水界段冷再生项目工程对道路实施了大修补强，对原路面材料进行回收再利用，以提高路面性能和延长使用寿命。2015 年，河北省唐山市古冶区迎祥路泡沫沥青就地冷再生项目采用基于同步摊铺的泡沫沥青就地冷再生技术，对旧路面进行就地改造，形成新的泡沫沥青再生层，并加铺新沥青混凝土面层。2023 年，石太高速改扩建项目成功完成了沥青路面原位冷再生试验摊铺，该试验采用冷再生专用机械连续铣刨和破碎包含面层和部分基层在内的旧沥青路面结构层，并添加再生材料、拌合、摊铺、碾压等一系列作业过程，形成了具有一定承载力的结构层。此外，冷再生在一些国道大修工程中应用广泛，如正港线大修工程、国道106、新赵线正港线交叉口九门段大修工程、省道宝平线行唐段中修工程。

（5）存在的问题

综合对比，就地冷再生技术符合公路建设绿色可持续发展的趋势，然而在应用过程中仍存在以下几方面问题：①在实际施工过程中，冷再生结构层碾压成型后必须进行养生，养生完成后方能进行上层结构的施工，如何快速提升乳化沥青冷再生混合料的早期强度，缩短养护周期，这一方面的研究缺乏；②现有就地冷再生沥青技术在强度形成机制方面存在不足，由于混合料配方设计和施工工艺不够合理，导致冷再生沥青混合料只适用于低等级公路下面层或高等级公路基层中，无法在高等级公路的表面层进行利用，且混合料早期强度较低，影响了道路交通的开放时间，增加了施工成本和养护周期；③当前就地冷再生沥青混合料的配比调整、碾压工艺、质量检测等方面均存在一定困难，缺乏有效的施工指导和质量控制手段，进而影响了施工质量与施工效率。

基于此，开展原位冷再生及其应用成套技术研究，建立表面层乳化沥青路面施工技术体系，实现乳化沥青冷再生混合料用于路面上面层在未来交通可持续发展和绿色低碳发展背景下具有重要研究价值。

5.3.2 解决方案

目前就地冷再生技术在国内应用较为成熟，但存在传统就地冷再生技术无法100％回收利用旧沥青路面、无法充分保证路面的使用性能，以及成本较高等问题。此外，国家在《"十三五"公路养护管理发展纲要》、党的十九大报告以及"十四五"规划中明确要求公路建设应绿色低碳，加强节能减排和生态功能恢复，大力推进废旧路面材料等再生利用。由此可见，实现公路路面旧料的循环利用、大比例回收利用是路面养护及改扩建发展的必然趋势。针对省内就地冷再生技术中存在的问题以及国家发展战略要求，从材料与设备等方面切入，一是设备，二是材料，三是施工工艺。

1. 就地冷再生装备的研发

（1）沥青路面铲削回收设备研发

基于沥青路面高频振动铲削基础原理与切削机理，分析振动参数和铲削参数对路面铲削过程的影响，从而设计铲削装置的振动源与刀具，探索不同铲削角度、用量以及振动参数对铲削力与铲削速度的影响规律，在此基础上研制出铲削回收设备样机。

（2）柔性破碎精细分离设备研发

依据一级单辊式柔性分离机制，对旧沥青路面进行第一次破碎，并通过可动的缓冲板可实现柔性分离。基于双辊式二级破碎原理，通过设置弹簧紧张装置，调节破碎辊之间的间隙，使得旧沥青混合料二次柔性破碎，保证粗集料破碎率小于5%，然后通过设置不同振动筛实现沥青胶砂与粗料的精细分离。

（3）基于精细分离的就地冷再生混合料生产设备研发

在传统就地冷再生设备系统基础上，设计基于精细分离的就地冷再生混合料生产装备模块，研制出就地冷再生混合料生产设备。此设备将粗料作为新料完全回收利用，旧沥青胶砂通过再生系统进行性能复原，通过新料调整级配生产出高质量的冷再生沥青混合料。

2. 冷再生混合料开发

结合性能指标，针对传统乳化沥青对再生旧料浸润差、施工易脱膜从而导致冷再生沥青混合料早期强度低、耐久性降低的问题，初选不同类型有机增润剂与早强剂，在不同增润剂与早强剂掺量下，对乳化沥青在不同再生旧料表面的扩散行为进行微观分子动力学模拟，通过乳化沥青与再生旧料之间的动态接触角试验结果进行验证，揭示增润剂与早强剂类型、掺量、旧料岩性对乳化沥青在再生旧料表面扩散行为的影响规律。基于以上研究，开发可显著降低乳化沥青-再生旧料之间表面张力的增润早强剂，从而提高界面浸润性和裹覆性。为提高乳化沥青与再生旧料粘附性，提出采用增润早强剂对传统乳化沥青进行复合改性的方案，采用透射电子显微镜观测乳化沥青-再生旧料界面的粘附状态。

针对冷再生乳化沥青混合料强度形成影响因素多的特点，为适应不同施工场景的需要，确定高旧料掺量的冷再生乳化沥青混合料设计指标，采用序关系法确定适应不同荷载和环境要求的最佳胶石比，通过体积指标检验，实现冷再生乳化沥青混合料的最佳配合比设计。兼顾冷再生乳化沥青混合料施工和易性及路用性能平衡，提出其性能平衡的设计方法及制备工艺，包括拌合功、时长、速率、温度、成型方法以及养生时间等。所开发的冷再生乳化沥青混合料旧料掺配比例不低于80%，动稳定度＞5000次/mm，－10℃弯曲破坏应变＞2800$\mu\varepsilon$，15℃劈裂强度（72h）＞0.7MPa，冻融劈裂残留强度比≥85%，与热拌沥青混合料相比，节能减排提升80%以上。进一步通过室内混合料加速老化试验，模拟路面长期老化过程，验证冷再生混合料性能变化，检验其长期耐久性。

3. 施工关键技术

早强型冷再生乳化沥青混合料对压实时机的要求是一个综合考虑材料特性、环境温度和施工工艺等多因素的复杂过程。通过合理选择压实时机和优化施工工艺，可以确保混合料在最佳状态下进行压实，形成性能优良、耐久性强的路面结构。此外，开放交通时机对于判断行车荷载是否会对铺装层造成结构性破坏起到决定性作用，它也是决定交通干扰程度的主要因素。针对多因素的耦合作用下冷再生乳化沥青混合料对压实成型时机及开放交通时机的敏感性，基于冷再生乳化沥青混合料的强度形成规律，提出其最佳压实成型时机和开放交通时机确定方法，建立其在多因素耦合作用下的量化预测模型，并形成相应的施工指南。

结合就地冷再生乳化沥青混合料的性能特点及河北地区气候环境特点，对其施工工艺进行优化设计，并提出施工质量控制的检测方法。进一步通过铺筑试验段，将早强型冷再生乳化沥青混合料进行原位再生示范应用，以达到指导工程应用的目的，促进新材料的推广应用，并对示范工程进行长期跟踪观测。从施工、养护全过程综合分析冷再生乳化沥青混合料的经济、环境和社会效益及优势。

5.3.3 应用案例

1998 年，邯郸市交通局首次引进大型冷再生设备，利用泡沫沥青冷再生技术对该路段进行了改造。泡沫沥青在产生时，其物理性能会暂时发生变化，粘度显著降低，与细集料结合形成沥青胶浆，且在高速搅拌状态下与冷湿集料具有很好的裹覆性能，从而提高了混合料的强度和黏聚性。该改造项目有效提升了路段的承载能力和使用性能，延长了路面的使用寿命。

2007 年，廊坊市在大规模乳化沥青就地冷再生大修工程中，采用了先进的冷再生设备和技术，对旧路面进行了破碎、拌合、摊铺和碾压等处理。乳化沥青作为再生剂，与旧路面材料充分混合后，形成了新的路面结构层。该工程取得了很好的效果，不仅显著提升了路段的通行能力和使用性能，还大大降低了养护成本和环境污染。

2008 年，在京沪高速公路河北段的改建工程中，创新性地引入了冷再生机进行路基稳定土的就地冷再生作业。相较于传统施工手段，这一技术的应用不仅显著降低了工程造价，展现出极高的经济效益，同时也确保了施工质量，为工程的顺利推进与长期使用奠定了坚实的基础。

2019 年，河北省廊坊金源道成功应用泡沫沥青就地冷再生技术，该改造工程采用泡沫沥青就地冷再生对旧路面沥青层就地再生 12cm 作为下面层，再加铺 5cm 沥青混凝土,同时对检查井及道牙进行改造提升。该技术的应用使成本大幅度下降,且再生后的沥青路面与新铺沥青路面性能基本相当,提高了资源利用效率,具有良好的经济效益和社会效益。

2023 年,石太高速公路改扩建项目铺筑原位冷再生试验段,该试验段首例采用沥青路面原位冷再生技术,摒弃了传统热拌热铺的高能耗模式,转而使用一种更为绿色、环保的施工方案:原位冷再生技术,通过就地处理旧有沥青材料,减少了对新石料和能源的依赖以及废弃材料的浪费,大大降低了施工过程中的碳排放与环境污染。

5.3.4 展望

截至 2023 年年底,我国高速公路总里程达 1.84×10^5 km,其中河北省高速公路总里程达到 8421km。随着时间的增长和公路使用年限的增加,我国早期建成的公路陆续都进入了大修期、中修期,维修养护期、翻修期。由于道路受到不断增长的交通荷载和自然环境的作用,越来越多需要养护的道路正面临着改扩建的问题。

针对国内公路的发展现状,需研发专业设备以实现旧沥青混合料的精细分离,即将材料分解为粗料与沥青胶砂,并对沥青胶砂进行性能复原处理。应开展基于可靠度的冷再生混合料配合比专项研究,以确保所制备的冷再生混合料具备出色的路用性能。通过技术、设备、材料及工艺的全面创新,推动沥青路面再生技术在能耗、成本、环保及资源利用率上实现显著提升。同时,需从材料与装备两大层面入手,对就地冷再生技术进行革新,构建一套全新的、低碳环保的沥青路面循环利用技术体系。

"十四五"规划明确要求突出绿色低碳,促进资源集约节约利用。牢固树立生态优先理念,加强节能减排和生态功能恢复,大力推进废旧路面材料等再生利用,推动旧沥青路面铲削、破碎、回收再生的成套就地冷再生设备与材料的研发,为沥青路面材料的回收利用提供了一种新技术体系,符合国家绿色低碳的要求,具有广泛的发展前景。

精细化就地冷再生生产装备在保证路面性能的同时,100% 回收了旧沥青混合料,最大限度降低了新料的用量,减少开采料场和开挖料场活动所造成的生态破坏,与传统就地冷再生设备相比,精细化就地冷再生生产装备具有施工效率高、绿色无污染、新料用量少、能耗低等优势,具有显著的经济效益。

截至 2023 年年底,河北交投集团管辖运营高速公路总里程为 3837km。集团包含 19 家高速公路企业,运营管理 31 条高速(包括建设中的遵秦高

速），共有 216 个收费站、73 对服务区（包括在建 6 对）、57 个养护工区、71 座隧道、224 个互通圈。就地冷再生设备能够适用于国内绝大多数养护与改扩建工程，施工过程绿色环保、节能减排，在国内外具有广泛应用前景，设备的生产与销售能为集团公司带来显著的收益。省内公路养护规模宏大，精细化就地冷再生材料设计与生产装备研发能够降低原材料及施工成本，绿色环保，低碳高效，在保证路面质量的同时，大幅度降低集团公司的养护成本，提高集团公司的利润率。

随着我国对环保和可持续发展的重视，就地冷再生技术在道路养护和改造中的应用前景广阔，其显著优势在于能够高效利用废旧沥青混合料，并将其在高等级路面结构的表面层应用，实现废旧道路资源高值化再利用，减少环境污染，符合绿色发展的理念。就地冷再生乳化沥青混合料技术不仅能够节省大量的路用材料开采和运输成本，还能减少施工时间和交通干扰，提高道路的使用寿命和性能。在河北省及其他类似地区推广应用该技术，有助于解决当地道路大中修期间面临的资源浪费和环境污染问题，推动交通基础设施的绿色转型升级。

6 工业固废循环利用

我国工业生产过程中产生的固体废弃物数量庞大，种类繁多，包括尾矿、炉渣、煤矸石、粉煤灰、冶炼废渣等。这些废弃物如果处理不当，将对环境造成严重污染。因此，将这些固废转化为可利用的资源，如再生建材或筑路材料，已成为一个重要议题。我国各级政府高度重视工业固废的资源化利用，并出台了一系列政策和标准来规范和促进这一领域的发展。《中华人民共和国固体废物污染环境防治法》的修订和实施，为工业固废的污染防治提供了法律依据。同时，国家还鼓励通过科技创新提升公路交通领域工业固废的利用效率，《绿色交通"十四五"发展规划》中提出的绿色公路建设要求，强调了资源节约和生态保护的重要性。

在技术创新方面，我国已经取得了一系列成果，如利用钢渣、粉煤灰等工业固废作为公路路基材料，以及在沥青混凝土中掺入工业固废等。这些技术的应用不仅提高了固废的利用率，还改善了道路工程的性能。例如通过使用工业固废与水泥协同制备的固化剂，可以有效增强固化土的强度和稳定性。通过使用钢渣、尾矿等固废作为集料，能够有效提高沥青混凝土和水泥稳定碎石的力学强度。宁夏地区通过将工业废料用于公路建设，新建每1km高速公路可以综合利用约 6.2×10^4 t 工业固废，显著减少二氧化碳排放量和建设成本。下面我们将针对河北省公路建设中工业固废循环利用的经验进行进一步分析。

6.1 全固废胶凝材料研发与应用

在当今全球环境问题日益严峻的背景下，全固废胶凝材料作为一种绿色、低碳、环保的新型建筑材料，以钢渣粉、矿渣粉、粉煤灰、脱硫石膏、碱渣等固废为原材料，可以替代 32.5/42.5 级水泥，在公路工程建设中具有广泛的应用潜力。全固废胶凝材料主要以工业固体废弃物为原料，通过特定的工艺制备而成，具有与传统水泥相似的物理力学性能和化学稳定性，同时能够显著降低碳排放，提高资源利用效率。下面将从多个方面详细介绍全国范围内全固废胶凝材料在公路上的应用情况，包括其优势、应用实例、技术进展、政策推动及未来展望等。

6.1.1 全固废胶凝材料的优势

（1）环保优势

全固废胶凝材料的主要原料来源于工业固体废弃物，如高炉矿渣、钢渣、粉煤灰、脱硫石膏等。这些废弃物若得不到有效处理，不仅会占用大量土地资源，还可能对环境造成严重的污染。而将其转化为全固废胶凝材料，则能够实现废物的资源化利用，减少环境污染，符合可持续发展的理念。

（2）经济优势

全固废胶凝材料的生产成本相对较低，原料来源广泛且价格低廉。利用河北产量和存量较大的钢渣、矿渣为主要原材料，生产无水泥熟料的全固废胶凝材料。此外，其生产工艺相对简单，无需复杂的设备和高能耗的熟料烧成过程，从而降低了生产成本。同时，由于全固废胶凝材料能够替代部分或全部传统水泥，大大降低了原材料碳排放，因此在公路建设中可以显著降低材料成本，提高经济效益，助力碳达峰碳中和目标早日实现。

（3）性能优势

全固废胶凝材料在性能上表现出色。它们具有水化热低、微膨胀、抗硫酸盐侵蚀能力强等特性，这些特性使得全固废胶凝材料在公路建设中具有独特的优势。例如，低水化热可以减少大体积混凝土内部的温度应力，降低开裂风险；微膨胀可以补偿混凝土的收缩变形，提高混凝土的密实度和耐久性；抗硫酸盐侵蚀能力强则可以提高混凝土在恶劣环境下的使用寿命。

6.1.2 技术进展与创新

（1）制备技术

全固废胶凝材料的制备技术主要包括原料预处理、粉磨、激发剂选择及掺加、混合搅拌等工艺步骤。近年来，随着科技的进步和工艺的创新，全固废胶凝材料的制备技术不断得到优化和提升。例如，采用高效低能耗的粉磨设备可以显著提高原料的细度和活性；选择合适的激发剂可以进一步激发全固废胶凝材料的潜在性能；优化混合搅拌工艺可以确保全固废胶凝材料的均匀性和稳定性。

Ⅲ 低碳技术与装备篇

（2）性能提升

为了提升全固废胶凝材料的性能，科研人员进行了大量的实验研究和理论分析。通过调整原料配比、改变激发剂种类和掺量、优化制备工艺等手段，不断提高全固废胶凝材料的强度、耐久性、抗渗性、抗裂性等性能。同时，科研人员还开展了全固废胶凝材料在复杂环境条件下的性能研究，如高温、低温、干湿循环、盐渍土等条件下的性能变化规律，为全固废胶凝材料在公路上的广泛应用提供了理论依据和技术支持。

6.1.3 全国范围应用实例

由于工业固废的地域性差异明显，全固废胶凝材料仅在宁夏、甘肃等地区工程应用。以下为宁夏回族自治区、甘肃省、河北省的固废基胶凝材料应用情况。

（1）宁夏公路项目

宁夏交通建设领域在固废基胶凝材料的应用上走在了全国前列。宁夏交通建设股份有限公司联合宁夏公路管理中心和重庆大学共同申报的科研项目《固废基胶凝材料道路化应用性能调控关键技术及工程示范》入选了2022年度全国交通运输行业重点科技项目。该项目在省道201线盐池郝家台至马儿沟段公路项目中成功铺筑了固废基胶凝材料稳定碎石基层试验段，实现了固废基胶凝材料在区内公路工程中的首次应用。其使用的固废基胶凝材料中添加了5%～20%的硅酸盐水泥或激发剂以保证性能，工业固废占比超过80%，因此称为固废基胶凝材料。此外，宁夏还首次应用固废基胶凝材料铺筑了中卫市中宁县胡庄子至营盘滩农村公路的试验段混凝土路面，提高了资源利用效率，助力实现"双碳"目标。

（2）甘肃公路项目

甘肃省在固废基胶凝材料的应用上也取得了显著成效。甘肃省公交建集团依托甘肃省绿色智慧公路交通创新联合体，联合酒钢集团、窑街煤电集团、兰州大学等单位，共同推动工业固废在公路建设中的资源化利用。该集团研发的固废基胶凝材料在G331线丹东至阿勒泰公路大红山至霍勒扎德盖段新建项目上成功铺筑应用，这是目前国内规模最大的固废基胶凝材料公路应用工程。此外，甘肃省还在G312线清水驿至傅家窑公路示范工程中开展了14km钢渣细集料稳定黄土路床的铺筑，总计消纳钢渣超1×10^5t，减少水泥用量2×10^4t，实现了钢渣在道路建设中的大规模应用。

（3）河北公路项目

由河北省交规院研发的全固废胶凝材料，以河北典型固废钢渣、矿渣为主要原材，无水泥熟料和激发剂添加，相较于宁夏和甘肃地区的固废基胶凝材料具有更明显的经济和低碳优势。目前，已在邯港高速的路基处理和小型混凝土预制件上成功应用。

6.1.4 政策推动与支持

（1）国家政策

近年来，国家出台了一系列政策文件来推动全固废胶凝材料的生产与应用。例如，《2030年前碳达峰行动方案》中明确提出要加强新型胶凝材料、低碳混凝土等低碳建材产品的研发应用；《"十四五"工业绿色发展规划》中提出推进全固废免烧胶凝材料、全固废生产绿色混凝土等技术的推广应用；《工业领域碳达峰实施方案》中提出加快全固废胶凝材料、全固废绿色混凝土等技术研发推广等。这些政策的出台为全固废胶凝材料在公路上的广泛应用提供了有力的政策支持和保障。

（2）地方政策

各地政府也积极响应国家政策号召，出台了一系列地方性政策文件来推动全固废胶凝材料的应用。例如，宁夏、甘肃等省份在公路建设中积极推广使用固废基胶凝材料，并出台了相关标准和规范来指导其应用。这些地方性政策文件的出台为全固废胶凝材料在公路上的广泛应用提供了更加具体和可操作性的指导。

6.1.5 未来展望

（1）技术创新与发展

未来，全固废胶凝材料在技术上将继续得到创新和发展。科研人员将不断探索新的制备工艺和激发剂种类，以提高全固废胶凝材料的性能和稳定性。同时，他们还将开展全固废胶凝材料在更多领域的应用研究，如海洋工程、地下工程、矿山充填等，以拓宽其应用范围。

（2）政策支持与市场推广

随着国家对环保和可持续发展的重视以及政策文件的不断出台，全固废胶凝材料的应用将得到更加广泛的支持和推广。政府将出台更多优惠政策来鼓励企业研发和生产全固废胶凝材料，并加强市场推广力度，提高公众对全固废胶凝材料的认知度和接受度。同时，随着市场竞争的加剧和环保意识的提高，越来越多的企业也将开始关注和使用全固废胶凝材料。

（3）经济效益与社会效益

全固废胶凝材料的应用将带来显著的经济效益和社会效益。从经济效益

Ⅲ 低碳技术与装备篇

来看，全固废胶凝材料的生产成本相对较低且性能优异，能够降低公路建设的材料成本和提高经济效益；从社会效益来看，全固废胶凝材料的应用能够减少工业固废的排放和占用土地资源的问题，改善环境质量并促进可持续发展。

综上所述，全固废胶凝材料在公路上的应用具有广阔的前景和重要的意义。未来随着技术的不断进步和政策的持续支持以及市场需求的不断增加，全固废胶凝材料将在公路建设中发挥更加重要的作用并为实现绿色交通和可持续发展做出更大的贡献。但是，全固废胶凝材料需根据当地的工业固废进行定制化设计，尤其是以钢厂为主要固废生产方式，这也导致了需要根据本省特色因地制宜地发展全固废胶凝材料的产业化。

6.2 碱渣固废高值路用技术

6.2.1 碱渣的性质与特征

碱渣，主要来源于氨碱法制碱过程中，是该工艺中不可避免的副产品。碱渣的化学组分主要为 $CaCO_3$、$CaCl_2$、$NaCl$、$Ca(OH)_2$、$CaSO_4$ 等，这些化学成分赋予了碱渣高碱性的特性，pH 值一般为 10～12。这种高碱性为火山灰质材料的水化提供了必要的碱性环境，使得碱渣在胶凝材料制备领域具有巨大的应用潜力。此外，碱渣的粒径较小，粒径≤$25\mu m$ 的颗粒质量分数可达 95% 以上，多呈现为多孔聚集体颗粒形态，孔隙发达。这种结构使得碱渣具有良好的吸附性和保水性，同时也使得其在胶凝材料中起到一定的填充作用。碱渣中含有的 $Ca(OH)_2$ 可以为胶凝材料的水化提供一定的碱性环境，可溶性氯盐和硫酸盐能够促进水化反应的进行，$CaCO_3$ 等难溶性物质在水化产物中起骨架作用，有利于胶凝材料强度的提升。由于碱渣中氯化物含量较高，使得碱渣的利用受到一定限制，尤其是在建筑行业的应用。

碱渣的物理特性也使其在环境保护和农业方面具有应用潜力。碱渣颗粒的粒度极细，粒径≤$3.14\mu m$ 的颗粒质量分数可达 80%，因此碱渣比表面积很大，具有良好的吸附能力，在污水治理方面具有良好的应用潜力。在农业方面，碱渣呈现碱性，可以用其代替石灰改良酸性、微酸性土壤的 pH 值，降低土壤交换性酸和交换性铝含量，保证土壤中钙、镁等养分维持合理比例。同时碱渣中含有多种农作物生长所需要的微量元素，如 Ca、Mg、Si、K、P 等，可以为土壤补充微量元素，促进有机质的分解。

6.2.2 技术进展与创新

碱渣作为建筑材料或道路材料的技术路径主要包括以下几个方面：

(1) 碱渣-矿渣复合胶凝材料的制备

碱渣与矿渣混合可以制备出碱渣-矿渣复合胶凝材料。矿渣是炼铁过程中排出的废渣，具有潜在的胶凝活性，是一种典型的火山灰质材料。碱渣中含有的 $Ca(OH)_2$ 可以为矿渣水化提供碱性环境，而 $CaSO_4$、$CaCl_2$、$NaCl$ 等可溶性盐能与矿渣中的氧化硅、氧化铝等组分生成结晶质水化产物，促进强度发展。此外，亚微米级、纳米级 $CaCO_3$ 颗粒能填充在水化产物孔隙中，起到填充作用，同时由于碱渣多孔结构导致的高吸水性，有助于提高液相离子浓度，促进水化反应的进行。

(2) 碱渣在道路路基路床处理中的应用

碱渣与粉煤灰、矿渣粉、水泥等作为固化剂可以应用于道路工程中，用于路基路床填筑材料。这种方法包括对碱渣和现场土进行晾晒、布料、确定固化土的最佳含水量和最大干密度、均匀拌合、现场铺平碾压等步骤。碾压厚度不得超过 30cm。这种方法可以减少碱渣堆放造成的土地占用，碱渣激发粉煤灰、矿渣中的活性成分产生胶凝物质，对土壤进行有效固化从而提高路基路床的承载能力，而且消除对环境的污染，同时降低市政工程及公路的工程造价，有效固化碱渣中的氯离子。

(3) 碱渣烧制水泥熟料

碱渣中具有较高的 $CaCO_3$ 含量，可作为烧制水泥过程中的钙质原料使用。碱渣中含有一定量的 Si、Al、Fe 的氧化物，也是水泥烧制过程中所需要的硅、铝、铁质矫正原料。相关研究表明，碱渣可以烧制成强度等级达到 52.5 的硅酸盐水泥熟料，其 3 天和 28 天的抗压强度分别可达到 23.4MPa 和 53.1MPa。制备的水泥熟料可应用于路床和路基中替代硅酸盐水泥用于无机结合料。

(4) 制备碱渣轻质土路基填筑应用

碱渣由于其密度低，可以用于制备碱渣轻质土（A-LS），用于路基填筑。通过室内试验和现场填筑试验，可以得出 A-LS 的材料配比及其制备方法。A-LS 的力学特性、耐久性和路用性能得到了系统研究，结果表明 A-LS 具有良好的抗压强度、弹性模量、抗剪强度和 CBR，且抵抗干湿循环和冻融循环的能力强，具有良好的耐久性。A-LS 的应用可以大量消纳碱渣废弃物，节约水泥使用量，减小碳排放，具有工艺简单、经济环保、密度和强度可调节、适用范围广等特点。

(5) 碱渣在其他方面的应用

碱渣还可以用于烟气脱硫、污水处理、改善酸性土壤等方面。碱渣的高碱性使其可以与烟气中的 SO_2 发生化学反应生成石膏,从而达到烟气脱硫的目的。此外,碱渣的粒度小、孔隙率高、比表面积大,粒子表面带负电,具有胶体性质、表面吸附性强,可用作吸附剂、填料、保水剂等。

6.2.3 全国范围应用实例

碱渣在公路建设中的应用已经在全国多个省份得到实践,以下是几个省份的应用案例:

(1) 河北省

河北省拥有全国三大碱厂之一的唐山三友碱厂,每年生产碱渣超 1.2×10^6 t。河北省在工业碱渣在公路工程中的应用技术方面也进行了深入研究。在承平高速的建设中,碱渣被用作路基填料,这不仅解决了碱渣的堆放问题,还减少了对环境的污染。通过在碱渣中加入水泥、石灰、粉煤灰作为结合料,配制出了碱渣-石灰综合稳定土。这种综合稳定土在添加适当的外加剂后,可以显著降低可能影响环境的氯离子的溶出率,并且可以作为一种胶凝材料,用作公路路面结构层综合稳定材料的固化剂。经过无侧限抗压强度试验、击实试验和配合比优化试验,找到了碱渣-石灰综合稳定土的最佳配比,各项性能指标均符合国家行业标准和相应的环保标准,可用作公路建设的原材料,为公路工程中碱渣的应用提供了理论基础和实践依据。

(2) 江苏省

江苏省在碱渣的公路应用方面取得了显著成果。例如,在连云港至宿迁高速公路徐圩至灌云段的 X204 桥头,利用碱渣废弃物制备的碱渣轻质土(A-LS)被应用于路基填筑。通过室内试验和现场填筑试验,A-LS 的力学特性、耐久性和路用性能得到了系统研究。研究结果表明,A-LS 的抗压强度、割线模量、抗剪强度和 CBR 随着湿密度的增加而增大,亦随着龄期的延长而增大。A-LS 抵抗干湿循环和冻融循环的能力强,具有良好的耐久性。现场试验表明 A-LS 的抗压强度、CBR、回弹模量和弯沉均满足设计及规范要求。A-LS 的应用不仅可以大量消纳碱渣废弃物,节约 70% 的水泥,减小碳排放,还具有工艺简单、经济环保、密度和强度可调节、适用范围广等特点,具有很好的推广应用前景。

(3) 河南省

河南省作为氨碱法生产纯碱的大型企业集聚地,年产生的废液约 3×10^7 m^3,碱渣近 3×10^6 t。为了解决碱渣堆放带来的环境问题,河南省焦作市进行了工业废碱渣在公路建设中的综合利用研究。研究发现，在碱渣中分别加入水泥、石灰、粉煤灰作为结合料，可以配制出碱渣-石灰综合稳定土。添加适当的外加剂后，可显著降低可能影响环境的氯离子的溶出率，并且可以作为胶凝材料，用作公路路面结构层综合稳定材料的固化剂。经过无侧限抗压强度试验、击实试验和配合比优化试验，找到了碱渣-石灰综合稳定土的最佳配比，各项性能指标均符合国家行业标准和相应的环保标准，可用作公路建设的原材料。

（4）天津市

天津市市政工程设计研究院申请的发明专利"工业碱渣在道路路基、基层处理中的应用方法"公开了一种将碱渣应用于道路工程中的方法。该方法包括备料、对碱渣和现场土进行晾晒、粉碎、确定混合料的最佳含水量和最大干密度、均匀拌合、喷洒水使其达到最佳含水量、现场铺平碾压等步骤。每一层碾压完成后，洒水养生7天以达到设计强度要求后摊铺上一层混合料。这种方法将碱渣应用于道路工程中，由于综合利用了工业废渣，减少了碱渣堆放占用的土地，消除了碱渣对环境的污染，同时碱渣代替大量的路基、基层填料，降低了市政工程及公路的工程造价，减轻了环境压力。

通过以上案例可以看出，碱渣在公路建设中的应用不仅解决了环境污染问题，还为公路建设提供了一种经济、环保的新材料，具有高值化、规模化的推广前景。

6.2.4 未来展望

碱渣在公路上的高值化利用预示着一个充满潜力的未来。政策上，国家持续推动工业资源的综合利用，并在"十四五"规划中强调了大宗固体废弃物的综合利用，这为碱渣的利用提供了政策支持和方向。

技术层面，碱渣的应用已从简单的填充材料转变为路基填料、路用性能材料等高附加值产品。碱渣胶凝材料、碱渣固化土、碱渣轻质土（A-LS）等材料的研发，通过室内试验和现场填筑试验，已经证明了其在路基填筑中的可行性和优势。不仅能够消纳大量的碱渣废弃物，还能节约大量的水泥，减少碳排放，具有良好的经济和环境效益。

环境方面，碱渣的利用有助于减少其对土壤、空气和水体的污染，转而成为环境保护的有力工具。随着对碱渣性质的深入研究，未来将有更多环保且高效的利用方式被开发出来。此外，随着公众环保意识的提高和绿色建筑材料需求的增加，碱渣的高值化利用将得到更广泛的认可和应用。在市场趋势方面，碱渣利用的经济效益和环保效益将推动其成为公路建设中不可或缺的材料之一。预计未来将有更多的科研项目和工程实践投入到碱渣的高值化利用中,这不仅能够解决废弃物处理问题,还能为公路建设提供新的材料选择,实现经济效益和环境效益的双赢。

6.3 发展展望

高速公路工业固废循环利用是一个涉及环境、资源和工程的交叉学科领域研究方向。随着我国经济的快速发展,工业固废的产生量逐年增加,如何高效、环保地处理这些固废成为了一个亟待解决的问题。将工业固废重新应用到公路的建设或者养护中,这不仅降低了成本,还减少了环境污染,对高速公路的低碳化建造具有重要意义。国家高度重视工业固废的资源化利用,并出台了一系列政策和标准来规范和促进这一领域的发展。我省已经取得了一系列成果,这些技术的应用不仅提高了固废的利用率,还改善了道路工程材料的性能。

然而,尽管在工业固废的资源化利用方面取得了一定的进展,但仍存在一些挑战和不足。固废产生单位与公路建设单位之间存在信息脱节,导致固废的有效利用途径受限。固废在公路行业的应用尚未形成系统的标准体系,行业间的协同利用还有待加强。未来的发展方向包括加强政策引导和经济奖励,提高固废资源化利用的意识,完善标准体系,以及建立固废产生单位和公路建设单位之间的信息桥梁。通过建立固体废弃物数据库,可以为道路设计及建设提供依据,实现固废的高效利用,创造经济效益和社会效益。同时,市场机制的不断完善和商业模式的创新也将为工业固废的循环利用提供新的动力。提高公众对工业固废资源化利用的认识和参与度,通过教育和宣传活动,增强全民节约资源和保护环境的意识,形成全社会共同参与的良好氛围。

综上所述,高速公路工业固废循环利用的未来发展将是一个多方面、多层次的进程,需要政府、企业和公众的共同努力,以实现资源的最大化利用和环境的可持续发展。

7 高速公路桥梁低碳资源化再生利用

我国范围内的桥梁混凝土废弃物资源化利用方案多为粗放处理，技术含量和应用附加值方面与日本、韩国等相对发达国家存在较大差距。再生混凝土已成为国际上解决拆除工程废弃物资源化的主要技术方向，具有节约资源、减少碳排放等环保优势。据国际建筑材料协会的数据显示，使用再生混凝土可以使碳排放量减少约35%。因此，根据实际工程，瞄准长寿命需求，优化新建桥梁结构、更新桥梁安全监测等环节，实现旧桥拆除废弃物的高价值回收利用，形成公路桥梁低碳、绿色、无害化高附加值再生成套技术，将为本行业"降碳"做出极大的贡献，并为今后我国公路桥梁再生提供借鉴和指导。

7.1 桥梁混凝土再生利用现状及问题

河北省高速公路建设起步较早，至2023年年底，通车总里程已达到8421km，路网更新进入改扩建新阶段。高速公路改扩建是一个复杂的系统工程，尤其对于桥梁拆除过程中产生的废弃物的处理，过去采用的填埋或简单处理方式已不再适用于低碳公路桥梁建设的发展。面对这些年代久远、量大面广、成分复杂的废弃物，必须从源头着手，针对废弃物的特点进行再生利用，通过对破碎混凝土再生骨料及再生微粉的评价及性能提升与结构化应用，将目前初步形成的废弃混凝土现场处理技术应用于大规模的高速改扩建中，因地制宜地形成桥梁结构废弃混凝土自我产生、自我消化、自我循环的闭环建设模式，开启就地利用的新模式，采用"现场破碎—加工—检测—施工"的短时、短距离的操作模式，把废弃物的处理与项目的新建紧密结合起来，实现改扩建过程中废弃物真正意义的"零排放"。与此同时，结合新建桥梁结构优化、预制构件低能耗制备、更新桥梁安全监测等环节的示范应用，将有利于打造集多项创新成果于一身的低碳化桥梁更新名片，助力企业固废循环利用、预制构件低碳制备、桥梁健康监测等产业发展。

7.1.1 资源化再生利用现状

国内外围绕旧桥拆除与再生骨料制备技术、再生微粉与再生骨料性能特点与评价方法、再生混凝土配合比设计与性能提升技术、再生混凝土质量控制技术、再生混凝土预制构件低能耗制备技术、再生混凝土免振捣现浇技术、再生混凝土桥梁服役性能智能监测技术与桥梁再生混凝土构件性能研究等方面开展了大量的研究工作,具体研究现状综述如下:

(1) 旧桥拆除与再生骨料制备技术

近年来桥梁拆除工程不断增加,但桥梁拆除施工尚无系统的规范规程可供参考,广大工程技术人员和科研人员在桥梁拆除施工方法、技术应用、环境保护、危害控制等方面积累了一些经验。桥梁拆除方法主要有爆破拆除法、机械拆除法和综合拆除法。旧桥拆除后产生大量的废弃混凝土,经过简单的破碎、筛分和分选等处理得到的有粗骨料、细骨料以及硬化水泥砂浆,通过合理技术手段将粗骨料、细骨料和硬化水泥砂浆有效分离是实现废弃混凝土合理利用的重要途径。

国外对废弃混凝土资源化利用起步早,资源化利用率高,制备再生骨料的方法种类多,总结出来主要有机械外力破碎、机械外力与加热法相结合以及化学法等方式来回收再生骨料。我国对废弃水泥混凝土资源化再利用最初通过引进国外的生产工艺进行简单的改进,生产技术尚不成熟。

(2) 再生骨料与再生微粉性能特点与评价方法

再生骨料(Recycled Aggregate,RA)是废弃混凝土经破碎、筛分以及洗涤后所形成的,其与天然骨料(Natural Aggregate,NA)的性能差异主要在于附着在骨料上的水泥砂浆。再生混凝土(Recycled Aggregate Concrete,RAC)的力学性能随附着砂浆的质量呈正相关,而随附着砂浆的含量而线性降低。

再生微粉(Recycled Powder,RP),是在破碎拆建固废过程中所产生的微细颗粒,约占废弃混凝土质量的20%~30%,粒径一般小于$150\mu m$。RP主要由砂石骨料细粉、未水化水泥颗粒、硬化水泥浆构成,其活性主要来源于未水化的胶凝材料。RP微结构不规则、表面粗糙,且自身比表面积较大,因而具有高吸水率的特性,当其作为辅助胶凝材料掺入混凝土拌合物中,相对需水量随着RP取代率的增加而呈线性增加趋势。

(3) 再生混凝土配合比设计与性能提升技术

由于RA来源的多样性以及利用的复杂性,这使得RAC的配合比设计较普通混凝土复杂得多。现阶段关于RCA配合比设计的理论研究仍然较少,且目前还未形成统一标准，而现有研究的关注点在于，对不同来源的 RA 测试其基本物理性质，在普通混凝土配合比设计方法的基础之上，根据 RA 的品质和吸水率差异，有针对性地调整 RA 掺量以获得预期的 RAC 性能。《再生骨料应用技术规程》（JGJ/T 240—2011）中给出了 RAC 的配合比设计方法，但本质上仍是参照普通混凝土的配制原则，而并未提出系统全面的新方法。

（4）再生混凝土质量控制技术

再生混凝土的质量控制，一方面依赖再生骨料生产的质量控制，另一方面与混凝土生产施工过程密切相关，同时还要求对再生混凝土服役质量进行全面保障。再生骨料的质量提升主要通过骨料表面砂浆的剥离来实现，相较利用盐酸等酸类物质溶解骨料表面砂浆，在工程上更宜采用物理剥离技术。

再生混凝土服役质量保障可通过优化养护环境来实现。再生混凝土的养护温度过高或过低都对其抗裂性能造成负面影响。对于抗碳化能力，再生混凝土的抗碳化能力会随着粗骨料替代率的增加，呈现先上升后下降的趋势。再生混凝土的收缩普遍大于普通混凝土，收缩程度与替代率呈线性关系，且收缩程度前期增长较快，后期逐渐减慢。可以通过改变养护环境抑制收缩，干湿循环养护比薄膜覆盖养护和浸水养护效果更好。

（5）再生混凝土预制构件低能耗制备技术

围绕预制混凝土免蒸养、低能耗、精细化制备技术，国内外高校与研究机构在制品的早期强度发展规律、热损伤机理、关键早强功能材料制备、多因素收缩开裂预测模型、生产过程监控和现场热养护技术等方面开展了大量的研究工作，取得了一定的研究成果。但与发达国家相比，我国在混凝土预制构件低能耗制备理论、关键材料研发、低能耗制造工艺等方面仍存在一定的差距。

目前，传统的蒸汽养护通常需要燃煤或者是天然气，能耗较高，并且产生一定的污染，为实现混凝土制品的免蒸养，同时满足生产周期的需要，降低制品混凝土的热蒸汽养护损伤，非常有必要开展混凝土预制构件生产制造的低能耗养护技术的研究。免蒸养主要是通过化学功能材料和复合矿物掺合料协同发挥作用获得较高的早期强度以达到快速脱模的生产要求。

（6）桥梁再生混凝土构件性能研究

为了弥补再生混凝土性能上的不足，将再生混凝土与钢管相结合，制成钢管再生混凝土构件，使得材料的性能能够优势互补。近年来，再生混凝土下部受压结构积累了一定的经验与理论，但是具体应用于桥梁工程的再生混凝土上部结构性能研究工作仍滞后于基础理论研究。鉴于桥梁上部结构受力的复杂特性，非常有必要对该专业领域的再生混凝土构件力学性能开展进一步研究，形成完整的计算分析与设计应用技术体系，为桥梁低碳资源化再生技术提供技术保障。

（7）再生混凝土桥梁服役性能智能监测技术

再生混凝土桥梁受力性能与传统混凝土因使用材料不同，其抗裂、抗剪性能同样具有显著区别。目前针对再生混凝土桥梁监测技术研究较少，尚无适用于再生混凝土桥梁具体特点的关键监测指标体系，缺少再生混凝土桥梁长期性能监测数据库，再生混凝土桥梁综合评估、预警与预测相关技术研究不足。因此亟需开展再生混凝土桥梁智能监测相关技术研究，以支撑再生混凝土桥梁优化设计、材料配伍、推广应用和安全保障。

（8）再生混凝土桥梁碳排放测算评估体系研究

桥梁碳排放评估体系是在生命周期（LCA）的视角下，以桥梁为研究对象，对桥梁进行碳排放的监测和核算，通过统计、计算的方法从原材料生产、施工，再到后期使用、废弃，整个生命周期内各阶段或全过程中的投入与产出，评估对相关环境所产生的直接或间接影响。主要包括3个步骤：评价对象和范围的确定、清单分析、影响评价。

国内外学者将LCA理论引入桥梁工程，提出了桥梁全生命周期碳排放的计算和低碳评价方法。目前国内外对桥梁碳排放的计算有一定的研究，但是专门针对桥梁碳排放评价的研究还较少，主要体现在桥梁的绿色和可持续性评价等。国内部分学者建立了对于绿色或可持续桥梁的评价体系，主要有两类，一是基于LCA理论对桥梁生命周期进行评价，包括环境影响、能耗、可持续性等；二是通过建立评价指标体系，确定指标权重再运用综合评价方法进行评价；也有将两者结合起来共同评价的方法。

7.1.2 存在问题

综合以上研究现状，目前在高速公路桥梁低碳资源化再生技术方面仍存在以下问题：

（1）缺乏环保高效的桥梁拆除及废弃混凝土资源化处置工艺与装备。由于不同地区资源和发展水平有差别，桥梁拆除和资源化利用是否科学合理，必须结合工程具体情况，做到成本、效率、性能的平衡。桥梁拆除工程对废弃混凝土的处理仍然存在缺乏有效的分类处理、方法不环保、资源利用率低下、对环境影响较大、处理成本高昂等问题。

（2）桥梁混凝土的再生骨料/微粉增强技术及机制尚不清晰。研究普遍聚焦在单一骨料来源和处理方式对再生混凝土宏观性能的影响，改性效果因原材料特性以及设备和工艺而异。此外，并未考虑在长期荷载作用下的桥梁废弃物特点，缺乏与桥梁混凝土的技术要求相适应的再生骨料/微粉制备工艺和改性方法。

（3）桥梁再生混凝土配合比设计尚未考虑再生骨料/微粉的物料特性，尚未形成系统的再生混凝土工作、力学性能提升技术。传统混凝土设计方法在再生混凝土的应用中可能存在适用性问题，再生骨料/微粉与化学外加剂的潜在兼容性问题和对真实服役环境面临多因素的复杂耦合作用尚不明确，高成本的前处理过程和复杂的改性限制其大规模应用。

（4）缺少针对桥梁再生混凝土构件，尤其是桥梁上部混凝土结构的力学行为分析与设计方法。再生混凝土下部受压结构积累了一定的经验与理论，但是具体应用于桥梁工程的再生混凝土上部结构性能研究工作仍滞后于基础理论研究，尚未形成完整的计算分析与设计应用技术体系。

（5）缺乏桥梁用再生混凝土质量控制与预制构件低能耗制备技术。再生骨料/微粉具有较高吸水率，在混凝土制备过程中起到了储水作用并在养护阶段中释放水分，不利于再生混凝土工作性能和硬化性能的控制，而且再生微粉活性不足，会降低胶凝体系整体的水化程度，从而影响早期强度发展。

（6）尚未建立再生混凝土桥梁服役性能智能监测技术。再生桥梁在建成后，由于再生混凝土的力学与长期变形性能特点，以及长期在重载交通作用下，桥梁结构比普通混凝土桥梁更易发生收缩、徐变、变形及开裂等破坏，其强度、刚度和行车舒适度会随时间的增加而降低。现有的桥梁健康监测体系尚未建立针对再生混凝土的智能监测指标体系，无法实现服役性能的智能评估、预警与预测。

（7）缺少考虑结构优化与材料再生利用的桥梁碳排放评估体系与方法。国内外对于桥梁碳排放核算主要聚焦于常规桥梁，多是基于全生命周期建立桥梁评价指标体系，主要针对绿色或可持续桥梁的评价，对于再生混凝土桥梁拆除重建全过程的碳排放核算方法和评价体系目前尚处于起步阶段。

7.2 关键技术研究

基于目前的研究现状与存在问题，需解决2个关键科学问题与4个关键技术问题（图7-1）。

1. 关键科学问题

（1）再生骨料/微粉品质调控原理及其对混凝土性能的影响机制

再生骨料表面附着砂浆的存在使其的吸水率、压碎指数和磨损系数高于原始骨料。再生微粉微结构不规则、表面粗糙，且自身比表面积较大，具有

Ⅲ 低碳技术与装备篇

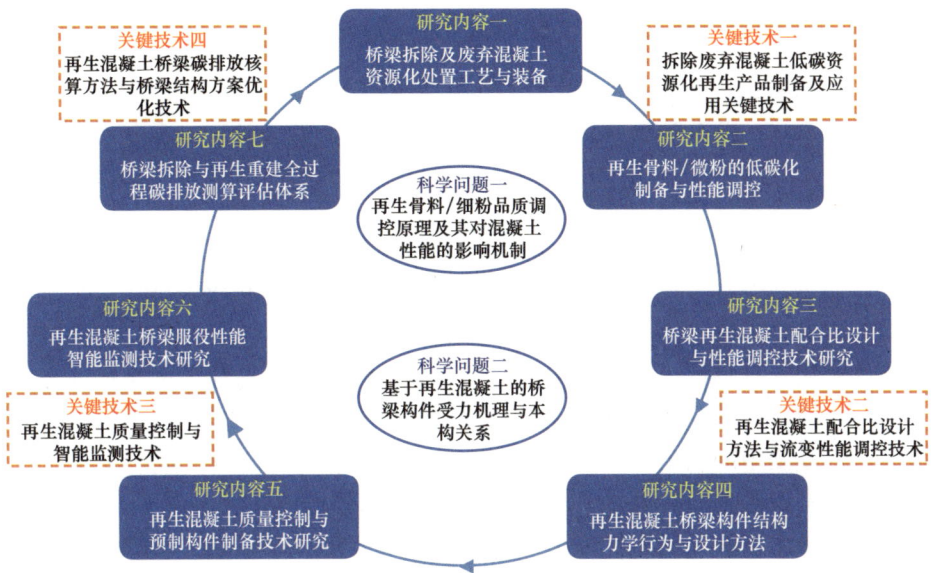

图 7-1 关键问题与研究内容的相关关系

高吸水率的特性，利用再生骨料和微粉通常都会影响混凝土的工作性能和力学性能。因此，明晰再生骨料/微粉品质的调控原理，揭示其对混凝土性能的影响机制，是调控再生骨料、微粉的物化品质，提高其在混凝土利用率中的关键。研究不同调控方法对再生骨料、微粉品质的影响规律，通过系统的混凝土性能研究，选取适用于工程实际的调控手段，制备高品质再生骨料与微粉，从而满足不同再生混凝土的强度、耐久性、体积稳定性、碳排放等性能指标的要求。

（2）基于再生混凝土的桥梁构件受力机理与本构关系

由于再生混凝土特殊的微观结构与界面特性，其力学性能与变形性能与常规混凝土存在一定差异，因此明晰再生混凝土桥梁构件的受力机理与本构关系，是实现再生混凝土在桥梁工程中应用的基础与关键。针对再生混凝土构件开展数值模拟及静力试验，通过调整结构、材料参数，分析其对构件力学性能的影响，探讨考虑长期效应的结构受力机理，明确桥梁再生混凝土构件的本构关系，并指导结构设计工作。

2. 关键技术问题

（1）拆除废弃混凝土低碳资源化再生产品制备及应用关键技术；

（2）再生混凝土配合比设计方法与流变性能调控技术；

（3）再生混凝土质量控制与智能监测技术；

（4）再生混凝土桥梁碳排放核算方法与桥梁结构方案优化技术。

3. 创新成果

（1）模块化功能高度集成的桥梁拆除废弃混凝土现场资源化工艺及装备

结合需求，开发移动式生产线，除给料系统、破碎系统、筛分系统、输送系统外，根据流动作业的机动性，配备能自给的动力装置，满足桥梁现场拆除与废弃混凝土破碎处理的需求。

（2）多路径再生骨料/微粉改性以及再生混凝土性能提升技术

一般废弃混凝土块破碎得到的再生骨料表面附着硬化水泥浆体，吸水率高、强度低，限制了再生骨料在实际工程中的应用。高速公路桥梁低碳资源化再生利用项目将提出基于分级破碎、碳化增强、造壳搅拌等多途径的再生骨料改性技术及再生混凝土性能提升关键技术，有效提升再生骨料的品质，及其在混凝土中的利用率。

（3）基于再生混凝土力学性能特点的桥梁构件设计方法

针对再生混凝土的力学与变形性能，依据有限元数值模拟及静力试验分析，明确再生混凝土桥梁上部构件的力学性能，建立其承载力和刚度的计算方法，提出再生混凝土上部构件设计方法。

（4）再生混凝土桥梁长期性能分级智能监测技术

首先，针对再生混凝土桥梁的服役性能监测的实际需求，建立再生混凝土桥梁服役性能智能监测指标体系。其次，集成应用智能硬件、5G、混合数据库等信息化技术，构建再生桥梁长期性能观测数据库。最后，基于多源监测数据，利用机器学习、灰色理论等方法，建立构件级和结构级基础设施服役性能预测算法，实现桥梁服役性能的智能评估与劣化曲线分析，辅助桥梁预防性养护和管养决策。

（5）考虑材料循环再生与结构性能优化的混凝土桥梁碳排放测算方法

首先，针对再生混凝土桥梁建设全过程，确定再生骨料及再生混凝土制备的碳排放系数，提出基于再生混凝土桥梁拆除重建全过程碳排放核算方法。随后，从碳排放角度分析不同结构组合下，再生混凝土桥梁结构方案优化技术。

7.3 总体实施路线和方法

7.3.1 总体实施路线

高速公路桥梁低碳资源化再生利用项目依托石太高速公路改扩建项目，

Ⅲ 低碳技术与装备篇

选取石太高速大龙窝1号大桥为试点，分别从桥梁拆除重建的设计阶段、拆除阶段、施工阶段和服役阶段全过程出发，开展高速公路桥梁低碳资源化再生技术的研究工作。如图7-2所示，在设计阶段，主要通过国内外资料调研和相关技术评估；在拆除阶段，主要进行桥梁破碎装备的研发改进与再生骨料低碳化制备；在施工阶段，主要研究再生混凝土配合比设计、再生混凝土构件力学行为、再生混凝土施工技术以及再生混凝土构件的低能耗制备技术；在服役阶段，基于工程示范应用，开展再生混凝土桥梁的智能监测并进行全过程的碳排放测算评估研究，最终建立废弃混凝土高值化再生利用技术体系。

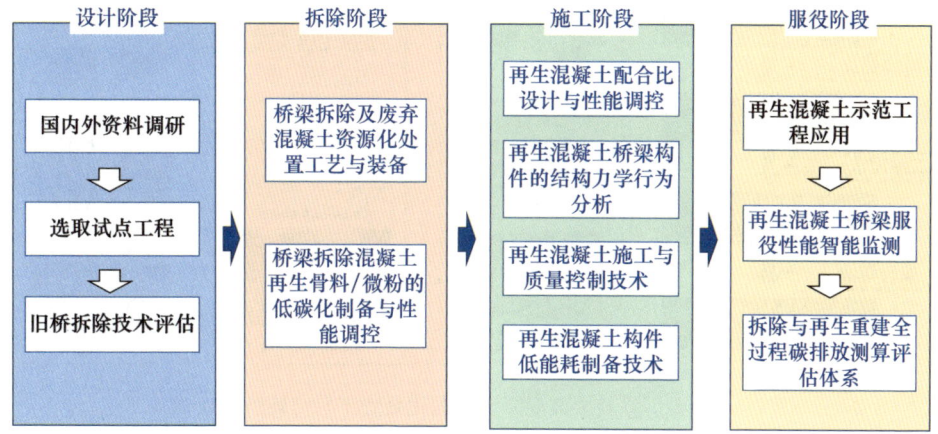

图7-2 总体实施路线

秉持"来源于工程、服务于工程、高于工程"的总体指导思想，具体的实施计划分为以下几个部分：

首先，主要是结合石太高速公路改扩建项目工程进度，针对包括大龙窝1号大桥在内的多个桥梁改扩建工程，开展桥梁破碎装备改进、再生骨料/微粉低碳制备、再生混凝土配合比设计与性能提升等相关应用技术的研究工作。通过现场的拆除破碎工作，制备再生骨料与再生微粉，探索再生骨料与微粉对混凝土性能的影响机制，提出基于工程需求、符合现场实际条件的再生混凝土工作性能、力学性能与耐久性能调控技术，实现再生骨料、微粉在实际工程建设中的应用。

其次，同步开展再生混凝土桥梁结构的力学行为分析、再生混凝土施工与质量控制技术、再生混凝土桥梁智能监测等工作，为再生混凝土在石太高速大龙窝1号大桥的应用提供理论依据与技术保障。

最后，依托大龙窝1号大桥拆除重建工作，开展再生骨料碳化改性制备、桥梁用再生混凝土构件低能耗制备、再生混凝土结构预应力损失规律、再生混凝土桥梁智能监测体系等相关前沿基础理论与技术研究，为河北省后续的高速公路改扩建项目，以及建筑垃圾资源化再生利用产业的发展提供技术积累。

7.3.2 实施方法

1）桥梁拆除及废弃混凝土资源化处置工艺与装备（图 7-3）

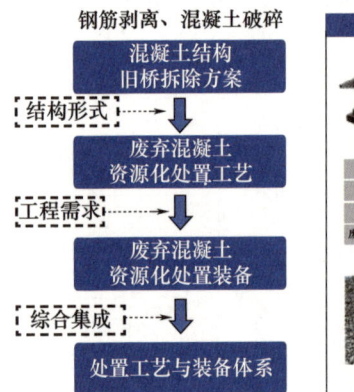
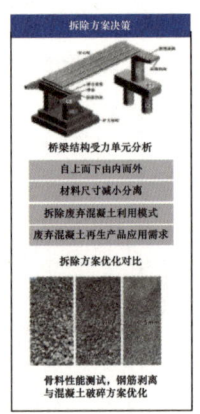
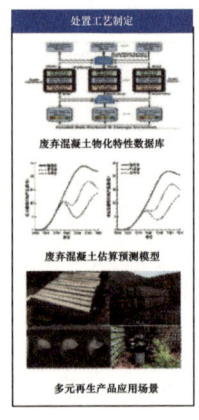
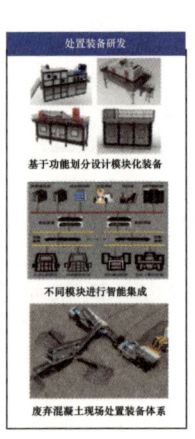

图 7-3 桥梁拆除及废弃混凝土资源化处置工艺与装备研究方案

（1）旧桥拆除、钢筋剥离与混凝土破碎方案研究

梳理我国改扩建工程中常用的旧桥拆除技术，同时调研河北省已完成改扩建项目的旧桥拆除施工方案，并根据依托工程现场检测结果，分析桥梁拆除过程中的难点，以降低能耗，控制粉尘噪声为原则，有机综合利用机械切割法、预裂法、热熔法等机械拆除方法，依托实体工程，提出适合高速公路低碳发展的绿色拆除方案。针对预应力等特殊结构，制定涵盖拆除前准备检查、确定拆除范围和拆除方式、保护其他构件完好性、选择拆除方式等内容的详细方案。调研并选择无尘、低噪、高效的钻孔机、金刚石锯等桥梁拆除设备、绿色高效混凝土破碎设备以及高效的钢筋混凝土破碎再生设备，对拆除的旧桥进行钢筋剥离与二次破碎，根据再生混凝土的需要将破碎混凝土加工成不同规格的骨料，对破碎筛分后的混凝土骨料进行物理和力学性能试验，通过试验结果，进一步优化钢筋剥离与混凝土破碎方案。

（2）废弃混凝土资源化处置工艺

对桥梁拆除现场废弃混凝土进行调研取样，通过现场试验与实验室分析相结合的手段分析获取废弃混凝土物化信息，建立桥梁结构废弃混凝土物化特性数据库。通过典型结构案例优化，构建桥梁结构废弃混凝土估算预测模型，对工程现场废弃混凝土拆除、资源化工艺进行指导与管理。在桥梁结构废弃混凝土估算预测模型的指导下，以现场废弃混凝土最大减量化和资源化率为原则，研发桥梁拆除现场处置分类、再生骨料制备、再生混凝土产品生产模块工艺。

（3）废弃混凝土资源化处置设备

针对当前设备能耗高，功能单一等问题，调研市场设备基本情况。基于桥梁结构废弃混凝土估算预测模型，根据桥梁结构废弃混凝土制备再生骨料及其制品工艺，结合再生产品应用场景需求，采用破碎、筛分、再生产品制备等不同功能划分的模块化设计方法，研发桥梁结构废弃混凝土专用资源化设备模块，优化设备参数，降低设备能耗比。最后，研发自动控制系统，对不同模块进行集装组合，形成移动式桥梁结构废弃混凝土资源化生产线，构建应对再生产品不同应用场景的模块化桥梁结构废弃混凝土现场处置装备体系。

2）桥梁拆除混凝土再生骨料/微粉的低碳化制备与性能调控（图7-4）

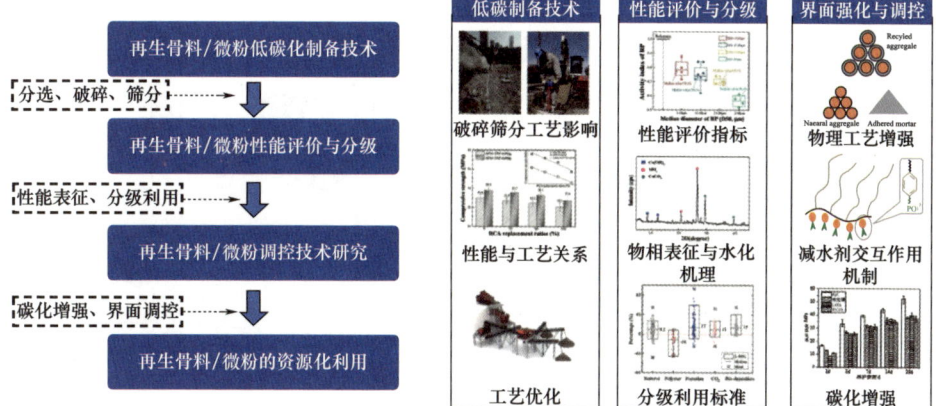

图7-4　桥梁拆除混凝土再生骨料/微粉的低碳化制备与性能调控研究方案

（1）基于桥梁拆除混凝土的再生骨料/微粉低碳化制备技术

首先，建立再生骨料/微粉关键性能指标与再生骨料/微粉制备工艺过程参数（破碎、筛分、清洗、研磨等）的相关性。其次，考察不同强度等级混凝土破碎后再生微粉比表面积、表面粗糙度、球形度、空隙率、表观/堆积密度等物理性能以及元素组成、矿物组成、水化活性、热稳定性。然后，根据再生骨料/微粉来源特点，提出适用于本工程的再生骨料/微粉性能的制备工艺优化方法。

（2）混凝土再生骨料/微粉性能评价与分级

定量评价再生微粉细度、需水量比、活性指数、流动度2h经时变化量、亚甲蓝MB值、安定性（煮沸法）、含水量、氯离子含量和三氧化硫含量等指标，依据标准优选可用于制备混凝土的再生微粉。定量评价骨料级配、微粉含量、泥块含量、吸水率、针片状颗粒含量、压碎值、坚固性、有害物质含量、杂物含量、表观密度、空隙率、碱集料反应等性能指标，依据标准优选可用于制备混凝土的再生骨料。

（3）再生微粉与再生骨料性能调控技术研究

基于碳化增强原理，提出适用于现场实施的再生骨料/微粉碳化强化方法，考察温度、相对湿度、CO_2浓度、碳化压力、碳化时间等关键参数对不同来源、级别的再生骨料/微粉宏观性能与微观结构的提升效果，形成再生骨料/微粉碳化强化工艺方案，并制定再生骨料/微粉碳化强化效果评价标准。研究再生微粉与骨料的减水剂吸附特性，考察不同改性工艺下再生骨料/微粉对混凝土流变与力学性能的影响。

3）桥梁再生混凝土配合比设计与性能调控技术研究（图7-5）

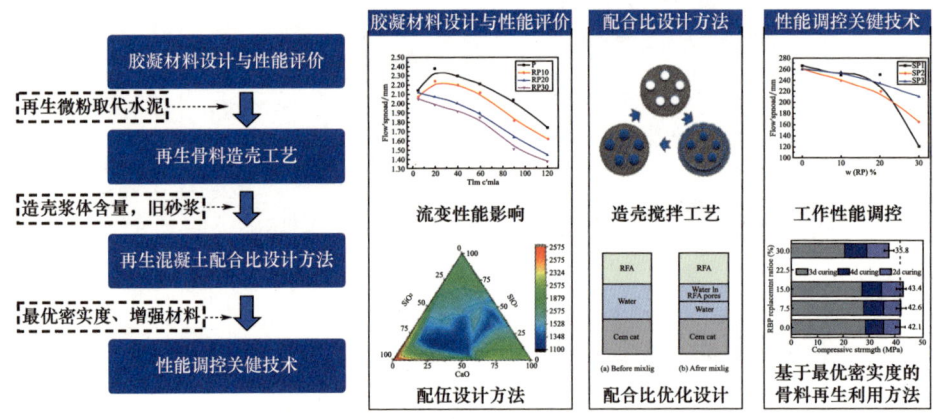

图7-5　桥梁再生混凝土配合比设计与性能调控技术研究方案

（1）基于再生微粉的胶凝材料设计与性能评价

首先，选取不同品质（细度、水化活性、组成等）再生微粉作为胶凝材料，考察再生微粉在不同取代量下混凝土的坍落度及其经时损失、含气量、抗压强度、耐久性能（碳化、冻融等）。然后，采用（普通）硅酸盐水泥、粉煤灰、矿粉、石粉和硅灰等常用胶凝材料，考察不同胶凝材料组成浆体水化放热、水化产物生成速率与数量、微观形貌演变以及孔结构发展等，提出适用于不同品质再生微粉的最佳水泥种类和胶凝材料组成比例范围。

（2）再生混凝土用骨料增强方法与配比设计研究

首先，提出适用于工程现场生产应用的再生骨料造壳搅拌工艺，采用常用胶凝材料制备造壳浆体，研究造壳浆体组成与用量、混凝土投料顺序、搅拌制度等对再生混凝土工作、力学和耐久性能的影响，明确关键工艺参数与造壳浆体配比。然后，定量评价造壳搅拌工艺对再生混凝土骨料-浆体界面粘结强度的影响规律，并对比造壳搅拌工艺与常规工艺对骨料-浆体界面过渡区密实程度、水化产物的差异，揭示骨料-浆体界面过渡区强化机制。根据再生骨料粒径分类搜集统计其表面砂浆含量，基于体积法设计混凝土配合比，将再生骨料表面砂浆与造壳引入浆体作为砂浆组分，提出适用于本工程的再生混凝土配合比设计方法。

（3）再生混凝土性能调控关键技术研究

基于再生骨料制备与改性研究成果，以骨料级配、微粉含量、吸水率、针片状含量、压碎值等为关键控制指标，考察再生骨料与天然骨料的合理掺配比例；针对不同强度等级混凝土应用场景，考察不同比例再生骨料-天然骨料组合制备混凝土的工作性能、力学性能、耐久性能、收缩变形和徐变，提出再生骨料-天然骨料组合方案。分别研究减水剂、引气剂、纤维、膨胀剂等单一改性增强材料或组合方案对再生混凝土性能的影响规律，针对桥梁不同部位再生混凝土的强度级别与性能要求，提出适宜的性能调控与提升方案。

4）基于再生混凝土的桥梁构件结构力学行为与设计方法（图7-6）

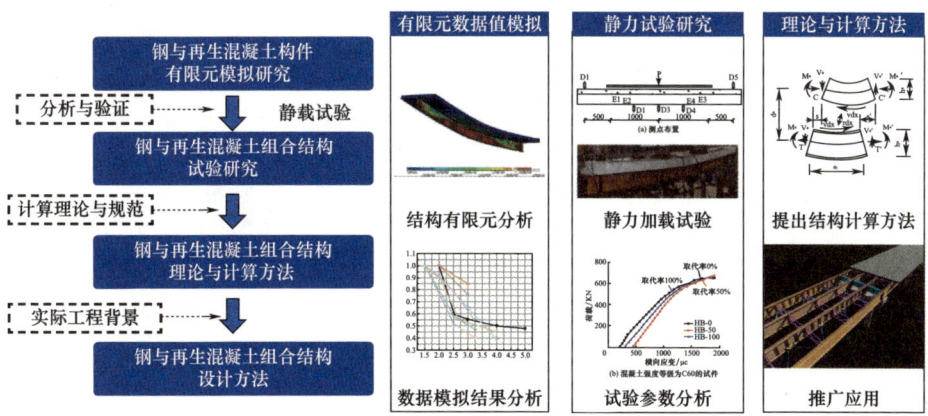

图7-6 基于再生混凝土的桥梁构件结构力学行为与设计方法研究方案

（1）钢筋-再生混凝土结构受力理论与数值模拟研究

根据相关的理论原理和国内外的规范，对其承载力、刚度、损伤累积等进行分析研究。采用有限元力学计算软件建立有限元模型对构件的静力性能和疲劳性能开展数值模拟，与试验结果进行对比，验证有限元模型的合理性和有效性，在此基础上，改变设计参数，进行有限元拓展分析研究。

（2）钢筋-再生混凝土构件静力试验研究

基于桥梁再生混凝土构件，开展缩尺试件力学静载试验，观察试件受力过程和破坏形态，通过调整结构几何参数、材料强度、再生粗骨料取代率等设计变量，分析其对构件承载力、变形及耐久性能的影响。结合理论及数值模拟分析，明确钢与再生混凝土组合构件的力学性能。

（3）钢筋-再生混凝土结构计算方法研究

首先，分析影响因子对钢与再生混凝土组合构件受力及抗震性能的影响规律。结合研究内容六获取的监测数据，研究预应力损失对构件长期性能的影响，建立其考虑长期效应的承载力和刚度的计算方法。其次，基于各种损伤分析模型计算，给出其相应抗震性能水准的损伤量化指标，明确组合构件的力学及抗震性能。最后，基于以上研究成果，提出钢与再生混凝土组合构件设计方案，并推广应用到具体桥梁工程中。

5）桥梁用再生混凝土质量控制与预制构件制备技术研究（图7-7）

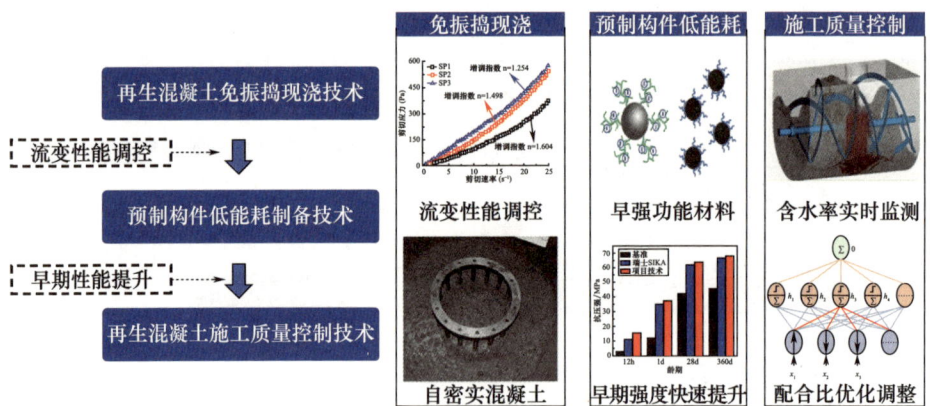

图7-7 桥梁用再生混凝土质量控制与预制构件制备技术研究方案

（1）再生混凝土免振捣现浇技术研究

针对再生自密实混凝土体系，考察胶凝组成、再生骨料/微粉品质与取代率等对自密实混凝土拌合物扩展度、扩展度经时损失、V型漏斗流出时间、L型仪试验、泌水率、含气量等性能的影响规律，提出适用于本工程的再生自密实混凝土流动性控制指标。研究化学外加剂种类、化学分子结构对再生自密实混凝土工作性能的影响规律，阐明再生骨料/微粉对化学功能材料的吸附作用机制。采取超分散降黏度型、宽容性高分散型化学外加剂，降低体系的黏度及外加剂的敏感性，提出基于化学外加剂的再生自密实混凝土流变性能调控方法。研究再生自密实混凝土力学性能、耐久性能与流变性能的相互关系，建立施工性能、强度以及耐久性的协同设计方法，形成高速公路桥梁再生自密实混凝土制备关键技术。

(2) 再生混凝土施工质量控制技术与施工工艺研究

在再生混凝土制备技术研究基础上，依托工程建设实际，针对工程混凝土性能需求，提出再生混凝土原材料品质控制指标以及混凝土配合比设计及生产运输控制原则，制备出满足本工程施工强度和耐久性能需求的高性能再生自密实混凝土。综合采用配合比参数优化（如再生骨料取代率、砂率、用水量等）、质量控制工艺优化（如原材料品质波动范围、环境要求、施工工艺指南等）以及专用化学外加剂研发与应用（界面吸附分散、剪切行为调控）等技术措施，形成再生混凝土配制与施工成套技术。

(3) 再生混凝土预制构件低能耗制备技术研究

调研桥梁用预制构件生产全过程的能耗情况，分别统计计算单方混凝土的原材料能耗，以及生产过程搅拌、浇注成型、振捣、蒸汽养护等环节的能耗，针对能耗高的环节，制定相应的节能改进措施。通过有机/无机纳米杂化、超支化、机械力活化等方法设计桥梁用混凝土预制构件专用超早强关键功能材料，研究关键功能材料对免蒸养混凝土制品凝结时间、强度发展的影响规律，研究免蒸养制品用混凝土胶凝材料、矿物掺合料、集料、外加剂的优选和配合比设计方法，基于混凝土材料密实堆积设计等方法建立预制箱梁、隔离带水泥护栏、盖板等高速公路桥梁工程预制构件的免（少）蒸养低能耗制备技术。研究保温保湿养护技术对预制构件混凝土内部温、湿度场的影响，揭示保温保湿养护技术对混凝土水化硬化过程、力学性能和耐久性能的影响，形成适用于高速公路桥梁工程预制构件的无间歇长效保温保湿养护技术。

6) 再生混凝土桥梁服役性能智能监测技术研究（图 7-8）

(1) 再生混凝土桥梁服役性能智能监测指标体系研究

调研分析再生混凝土桥梁服役荷载与环境、力学特性、典型关键病害，结合再生混凝土桥梁服役性能衰变长期观测需求，建立再生混凝土桥梁服役性能智能监测指标体系。针对再生桥梁上部结构，重点开展再生混凝土结构体内预应力损失、收缩徐变变形等相关关键监测指标研究，同时根据结构运

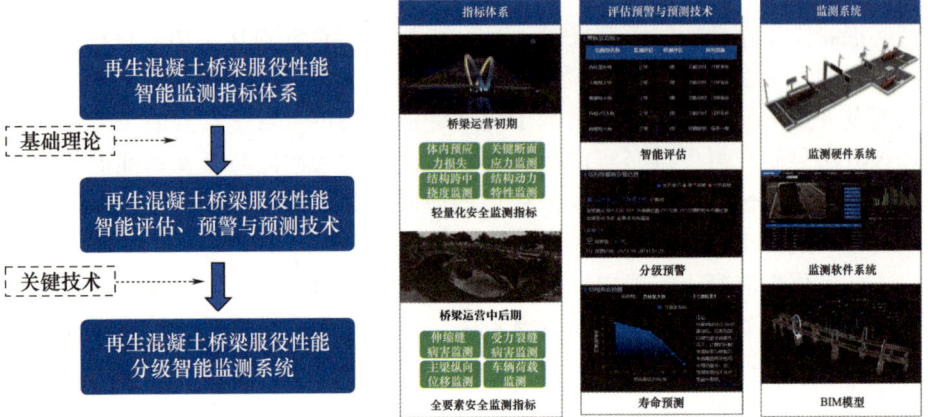

图 7-8　再生混凝土桥梁服役性能智能监测技术研究方案

营期风险分析及受力病害发展情况，适时增加针对安全风险和受力关键病害的相关监测，建立囊括安全风险和关键病害的全要素安全监测指标体系。

（2）再生混凝土桥梁服役性能智能评估、预警与预测技术研究

重点从管养需求的角度，梳理再生混凝土桥梁安全评估指标，提取表征再生混凝土桥梁安全评估指标特征的实时监测数据，通过与再生混凝土桥梁安全评估标准的比较，实现基于监测数据的再生混凝土桥梁安全状态的实时评估，并结合每年定期监测数据，通过分层加权方法赋予监测指标不同的权重，建立基于多源数据的再生桥梁综合评估模型，实现再生混凝土桥梁健康状况综合评估。

根据再生混凝土桥梁仿真力学模型及实际技术状况，设定再生混凝土桥梁安全预警阈值，将实时监测数据与预警阈值比较，实现再生混凝土桥梁分级预警，同时将预警情况和相匹配的应急预案同步推送给管养人员，解决预警不及时、频繁预警、应急处置滞后等问题，指引对再生混凝土桥梁进行外观检查，预防重大事故、灾害的发生。

基于监测系统积累的不少于 5 年的海量监测数据，通过灰色理论、机器学习等算法，研究构件级和结构级基础设施服役性能预测算法，通过监测数据不断修正预测算法模型，实现基础设施构件级和结构级服役性能的精准预测，辅助桥梁预防性养护和管养决策，为再生混凝土桥梁优化设计提供数据支撑，反馈再生混凝土桥梁结构设计。

（3）再生混凝土桥梁服役性能分级智能监测系统研发

该系统研发需集成多种预应力损失智能传感设备，跟踪桥梁施工进展进

行提前部分监测设备预埋，开展基于 5G 的再生混凝土桥梁数据传输技术应用研究，搭建再生混凝土桥梁服役性能分级智能监测硬件系统。在上述智能监测与评估理论研究成果的基础上，研发再生混凝土桥梁服役性能分级智能监测软件系统，实现再生混凝土桥梁服役性能全寿命周期智能监测、分析及评估预警功能，为再生混凝土桥梁服役安全预警保障、材料结构设计优化、预防性养护决策提供技术支撑。

7）桥梁拆除与再生重建全过程碳排放测算评估体系研究（图 7-9）

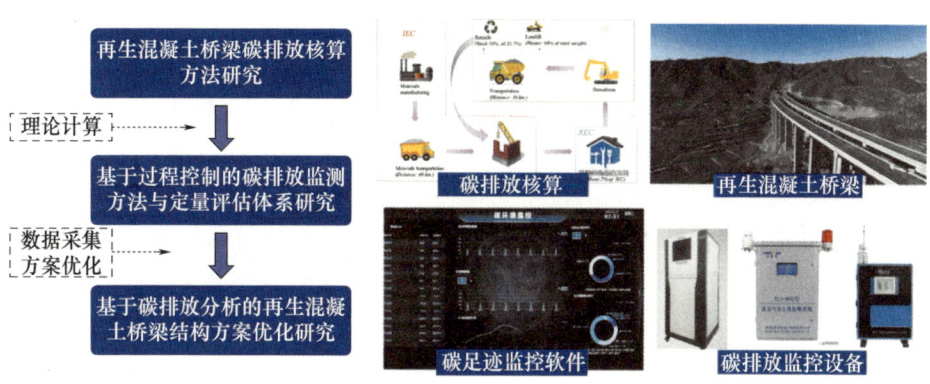

图 7-9　桥梁拆除与再生重建全过程碳排放测算评估体系研究方案

（1）桥梁拆除与再生重建过程碳排放核算方法研究

结合旧桥拆除与再生混凝土桥梁建设全过程，确定碳排放边界，从源头和过程两方面分析项目特征及碳排放来源，界定核算范围，编制全过程碳排放清单，搭建碳排放计算框架。根据以上关键技术，核算再生骨料和再生混凝土制备碳排放因子，构建符合工程实际的通用性、模块化碳排放核算方法，完成桥梁拆除-建设全过程基础数据的梳理和碳排放核算，总结碳排放重要环节和影响因素，分析桥梁拆除及再建全过程的影响因素，并提出有效的节能减碳实施路径。

（2）基于过程控制的碳排放监测方法与评估体系研究

对既有碳排放监测设备进行调研，同时梳理现阶段核心碳排放监测方法，根据实际，制定碳排放监测方案。然后选择适合桥梁拆除与再生重建的监测设备，对拆除混凝土集中破碎场地和再生混凝土桥梁预制梁厂等重点监测场景进行监测仪器的布设。通过对监测数据汇总、整理、分析，分析利用再生混凝土与采用常规混凝土对桥梁建设经济效益、环保效益、社会效益的影响。结合碳排放核算数据、效益影响分析、监测数据分析，构建碳排放定量评估体系。

(3) 基于碳排放分析的再生混凝土桥梁结构方案优化研究

结合再生混凝土桥梁的设计方案及其在实际应用中的部位，在满足承载力要求的基础上，从碳排放的角度对比分析钢结构桥梁与不同强度等级要求下的再生混凝土桥梁，以及不同结构形式的再生混凝土桥梁之间的碳排放总量和强度。基于此对比分析，提出再生混凝土桥梁的结构优化方案。

7.4 应用前景

1. 桥梁改扩建工程中的拆除混凝土的资源化再生利用

截至2023年年末，我国公路桥梁共计107.93万座、9528.82万延米，其中特大桥梁10239座、1873.01万延米，大桥17.77万座、4994.37万延米，桥梁基础设施规模庞大。我国桥梁建设标准自《公路工程设计准则》到《公路桥涵设计通用规范》经历了多个版本，公路桥梁设计荷载标准经历5次修订，其中按照旧标准建设的在役桥梁，技术标准及荷载标准低，面对当前交通量持续增长、货运车辆大型化重载化的通行需求，存在严重安全风险，改扩建需求强烈。

面对日益增长的混凝土构件拆除重建需要，通过研究桥梁拆除混凝土破碎再生利用技术、桥梁破碎微粉活性激发再生水泥技术、桥梁更新混凝土配合比设计，施工过程控制及质量检验评定技术、再生混凝土预制构件低能耗制备与施工技术体系等，提升再生利用效率，实现拆除桥梁混凝土100%原址循环利用，构建钢筋混凝土构件低碳无害化再生新理念，形成基于桥梁绿色拆除、混凝土破碎、水泥活性激发、混凝土再生、低碳桥梁结构等关键核心技术的钢筋混凝土桥梁等效再生技术，在高速公路改扩建及危旧桥改造工程中具有广泛的推广应用前景。

以衡德高速改扩建工程和荣乌高速沧州段改扩建工程为例，目前荣乌高速沧州段改扩建工程包含既有桥梁改扩建，根据结构验算及桥梁检测报告的结论，拆除重建大桥3座，中桥12座，分离式立交4座，小桥19座（含板式通道12座）。其中，除捷地碱河大桥因防洪不满足要求，需整桥拆除重建；其余构造物均为上部结构拆除重建。衡德高速公路改扩建工程既有桥梁，根据结构验算结果和桥梁检测报告结论，全线拆除重建大桥1座，中桥3座，分离式立交13座，天桥8座，拆除桥梁构造物产生的混凝土量为31821m³，具体数量见表7-1。经破碎加工后，共计产生粗骨料约3.8×10⁴t，细骨料约1.6×10⁴t，细粉约1.3×10⁴t。

表 7-1　桥梁等构造物拆除工程数量

类别	名称	混凝土/m³	粗集料/t	细集料/t	细粉/t
大桥	跃进渠大桥	3628	4388	1881	1567
中桥	老盐河中桥	1206	1459	625	521
	惠民渠中桥	796	963	413	344
	广川渠中桥	982	1188	509	424
互通立交	—	17629	21324	9139	7616
天桥	—	5860	7088	3038	2532
小构造物	—	1720	2081	892	743
合计		31821	38491	16496	13747

综合以上两条高速公路改扩建桥梁构造物拆除情况，结合石太大龙窝 1 号桥对再生混凝土力学性能、耐久性能、收缩、徐变的影响规律研究，初步拟定将混凝土破碎加工制备的再生混凝土，在验算满足要求的基础上，应用于钢筋再生混凝土预制桥面板或用于新建及拼宽桥梁的盖梁、墩柱等下部结构。

2. 废弃混凝土、建筑垃圾的再生利用装备开发与相关产业

废弃混凝土、建筑垃圾的再生利用装备与相关产业主要分为固定式拆除回收利用与移动式拆除回收利用两种模式。

固定式废弃混凝土拆除与再生骨料制备成套装备与技术，以固定厂房形式，主要用于城市更新项目，通过对建筑垃圾分类分级破碎、筛分，生产出可取代天然砂石的骨料。其中一部分骨料作为商品骨料销往混凝土搅拌站、公路地基回填等；另一部分骨料作为企业深加工原材料，用以生产预拌砂浆、水泥混合材、墙板及构件等再生产品；筛选出的粉料和泥土供给建材厂家生产砌块和园林部门作为绿化用土。

移动式废弃混凝土拆除与再生骨料制备成套设备与技术，以可移动式的拆除装备的形式，主要用于公路、桥梁等基础设施的改扩建项目，拆除的骨料、微粉可以就地处理、就地利用，用于路基、再生混凝土等。再生骨料、微粉具有就地处理、就地利用的特点，因此其运输成本较低，综合成本要优于天然骨料。

Ⅳ 低碳能源篇

8 河北省高速公路低碳能源发展情况与展望

我国高速公路网规模大、覆盖广，并处于不断发展完善阶段，截至2023年底，我国高速公路里程已超过1.84×10^5 km。随着"5G+智慧交通"时代的来临，电动汽车、智能充电桩、无人驾驶等技术在交通领域不断革新，加上原有的服务区用电设施、桥隧照明通风设施，高速公路系统运营需要消耗大量的电能，在煤炭、石油等不可再生资源逐渐枯竭的背景下，随着"碳达峰"和"碳中和"目标的提出，以环保和可再生为特点的太阳能、风能、氢能等新能源的开发利用已成为新主流。

2020年8月，交通运输部发布《交通运输部关于推动交通运输领域新型基础设施建设的指导意见》（交规划发〔2020〕75号），文件中指出：引导在城市群等重点高速公路服务区建设超快充、大功率电动汽车充电设施。鼓励在服务区、边坡等公路沿线合理布局光伏发电设施，与市电等并网供电。《河北省公路发展"十四五"规划》提出"鼓励公路沿线合理布局光伏、风电、储能，支持充电桩、换电站、制氢加氢站等建设。"根据高速公路用电需求和发展趋势，充分利用边坡、服务区、收费站、养护工区、互通圈内、闲置空地、隧道顶等场地空间条件，安装分布式光伏、分布式风电等设施，在服务区建设储能系统、电动汽车充电桩和加氢站，与现有的配电设施、用电负荷、监控和保护装置等组成微电网。建设基于分布式光储系统的高速公路智慧能源服务平台，促进绿色能源发用电产业一体化发展。

2024年4月7日河北省发改委印发《关于支持开展高速公路分布式光伏建设有关事项的通知》，鼓励利用高速公路屋顶、闲置土地、沿线空间发展分布式光伏。

交通与能源作为我国两大全局性和基础性行业，在"碳达峰、碳中和"背景下，亟待加快深度融合发展。随着高速公路路网近年来不断扩建与修整，其能源需求逐渐增多。当下在高速公路路网应用分布式太阳能光伏、风力发电、地源热泵，部署电动汽车充电桩、加氢站等已成为了一种趋势。既节约了更多的自然资源，又减少了碳排放，节省了更多造价及环境成本，社会效益显著，是"交通+新能源"统筹融合发展的必由之路。

8.1　河北省高速公路低碳能源发展情况

8.1.1　河北省低碳能源状况

河北省风光资源丰富，接入与消纳条件优越，为新能源发展提供了广阔的空间；省内高速公路网络广泛覆盖，在国家及河北省积极鼓励风、光、氢等新能源统筹开发利用，且风、光等新能源产业已高度成熟的背景下，河北省拥有打造绿色发展高地、拓展路衍经济的得天独厚的优势。

（1）风能资源

河北省风能资源按优劣依次是张承地区、沿海区域、内陆平原。目前全省风电90%以上集中在张承地区。

低风速区域具备一定的开发价值。2014年低风速风机（叶片更长、塔筒更高）投入市场后，沧州、衡水、邢台等内陆风速较低区域也具备开发价值。风机选型是风电场盈利的关键。风速差异并不完全体现在发电量上，长叶片、高塔筒的机型更适用于低风速区域。

（2）太阳能资源

河北省太阳能资源分布规律与风能资源大体相近，年总辐射量比内蒙古、新疆、青海、西藏等略低，和辽宁、吉林、山东、山西等省份相近。

太阳能资源同一区域相差不明显。同纬度和高程地区，资源量接近，基本不受地形影响。与风电主要集中在张承地区不同，光伏发电项目的分布较为均匀且范围较广。

（3）氢能资源

河北省具有丰富的能源资源优势，为发展氢能产业提供了良好的资源基础。河北省有充裕的风能、太阳能等可再生能源，张承坝上地区和唐山、沧州沿海地区为百万千瓦级风电基地，风能资源技术可开发量 $8\times10^7\,\mathrm{kW}$ 以上，其中陆上技术可开发量超过 $7\times10^7\,\mathrm{kW}$，近海技术可开发量超过 $1\times10^7\,\mathrm{kW}$。北部张家口、承德地区年日照小时数平均为 3000~3200h，中东部地区为 2200~3000h，分别为太阳能资源二类和三类地区，有较大的开发利用潜力。在河北省发展氢能产业可以将富余的风电、光伏等可再生能源进行能源转移，利用可再生能源优先发展电解水制氢技术及核心装备。

8.1.2 河北省低碳能源发展情况

近年来，河北省注重推进交通运输与能源融合发展，鼓励利用高速公路、港口、机场、客货枢纽场站等基础设施空间资源，开展光能、风能等可再生能源利用的探索与实践，全省交通基础设施领域光伏、风力发电等设施设备总装机容量超过 403MW。

河北省在交能融合领域加快布局。一是技术投入强度大。积极参与双碳等关键技术攻关，年科研投入强度超 3.43%，支持保障高新技术企业、"专精特新"企业加快布局新能源、新材料产业。二是战略合作快速布局新能源业务。通过合资成立交投新能源公司、股权收购、签署战略合作协议等方式，快速布局国内光伏、风力发电及氢能等业务，实现了规模化、产业化发展。三是主动盘活路域资源拓展光伏发电业务。充分盘活高速公路沿线边坡、加油站、服务区、隧道隔离带、停车场遮阳棚等闲置土地资源，布置太阳能光伏组件实现光伏发电，高速公路沿线光伏电站装机容量大幅提升。四是率先打造两个低碳零碳服务区。已建成荣乌高速新线雄安北服务区，是河北省首个综合能源零碳智能服务区；承平高速河北段雾灵山服务区以运营零碳排放为目标，实现光伏、储能、充换电数据聚合和协调控制。

全国多地积极推动高速＋光伏项目建设。光伏发电应用场景多样，市场化程度高，山东、湖北、江西、江苏等多地积极布局开发高速＋光伏的示范项目。山东高速集团光伏发电规模已突破 100MW，已完成 500MW 智能化分布式光伏备案，光伏发电充分应用于服务区、收费站、互通圈、高速边坡、隧道等场景。

根据交通运输部公布的数据显示，截至 2023 年 10 月底，全国已建成充电停车位的服务区共计 6257 个，占高速公路服务区总数的 94%。全国高速公路服务区累计建成充电桩 2 万个，覆盖 4.9 万个小型客车停车位。北京、辽宁、吉林、上海、浙江等 11 个省份高速公路服务区充电设施覆盖率达到 100%，极大地便利了新能源汽车的出行。

Ⅳ 低碳能源篇

河北交投集团计划2025年建成以380V并网的"自发自用，余电上网"项目，共计2.4×10^5 kW，建成以10kV并网的平价上网项目7×10^5 kW，提高集团可再生能源电力消费占比，集团新能源产业投、建、营一体化能力迈上新台阶，成为新的增长板块。预计2030年，全部由新型能源体系构建能源增量，提前完成碳达峰任务，建成一批零碳服务区、收费站、隧道等，扩大氢能、储能应用规模和场景，绿色能源深度融入高速公路数字化、智能化新发展格局。

因此，"光伏＋高速公路"模式成为交通和能源两大行业绿色转型重要路径之一。可以为交通设施提供清洁能源支持，为服务区提供充电设施、路灯、监控系统等电力供应，降低对传统能源的依赖，提高能源利用效率。此外，光伏等可再生能源的应用还能够为交通运输行业带来经济效益，降低运营成本，提升服务水平。"光伏＋高速公路"应用市场潜力巨大。

推进光伏、边坡一体化，使光伏成为高速公路的有机组成部分，形成高速公路边坡防护新形式。未来，边坡光伏还将与充电桩、5G基站、智慧高速等有效融合，为高速公路设备设施、出行公众、沿线能源用户提供清洁绿色能源服务，产生潜力巨大的社会效益。

虽然光伏等新能源在交通产业中加快应用，但在工作推进过程中，也面临着一些问题和制约。例如，交能融合项目涉电许可和涉路许可等方面，跨行业、多部门协调存在着较大的体制壁垒。交通基础设施领域的新能源设施建设缺乏上位布局规划，很多项目被搁置。现阶段，交通运输、能源行业相关建设技术规范与标准尚不健全，交能融合项目在审批、设计、建设、验收等各个环节缺乏依据，增加了项目审批难度，延长了项目建设周期。此外，当前国内针对交能融合的研究和应用主要围绕光伏发电项目，在消纳利用上基本采用"自发自用、余电上网"的传统模式，"源、网、荷、储"一体化系统构建的研究与应用亟待深化。

风力发电行业成熟度高，兆瓦级风机历经多年发展，技术成熟、经济性好、运维有保障，但按照风机设计规程规范需要满足距离输电网、道路、建筑物等1.2倍以上的叶尖高度，存在覆冰、噪声影响，是新能源主力，但在高速公路沿线布局极少。千瓦级风机灵活，适合于对高速公路监控、道路照明等设备供电，但性价比不高。

京津冀能源协同给河北省氢能发展提供了巨大的市场空间，河北省丰富的可再生能源是京津冀地区能源转型升级的重要保障。根据河北省《氢能产业发展的指导意见》，张家口、雄安新区将率先规划布局加氢站的建设，优先在京张高速和京港澳高速、河北等沿线服务区设立加氢站，实现加氢站与加油站、加气站和充电站多站合一的布局。在丰富的资源储备和京津冀协同发展战略支持下，河北省氢能发展的市场前景非常广阔。

2024年5月8日，河北高速燕赵驿行集团武强服务区加氢站设备安装完成，标志着燕赵驿行集团新能源产业布局补全了关键一环，实现河北高速公路服务区加氢产业"零"的突破。武强服务区加氢站项目选址衡水武强服务区，地理位置优越，交通便利，总占地面积2750m^2，日加注量1000kg，预计年加氢量约180t。项目创新环保设计理念，采用先进的加氢技术和设备，功能更全面，加注过程更安全。同时，采取长管拖车作为氢能储运方式，可快捷拆卸更换，极大地增加了机动性、灵活性，节省了成本、提高了效率。武强服务区加氢站设备的安装完成，为河北高速综合能源补给和绿色能源产业发展增添了新活力。

8.1.3　河北高速公路新能源建设实例

2024年5月20日中电建迁曹高速分布式光伏项目首批光伏阵列成功投产发电。该项目位于河北省唐山市迁曹高速公路沿线，总装机容量5.062MW，是河北分公司首个"交通＋能源"复合项目，实现了光伏发电与交通基础设施的完美结合，预计年平均上网电量达6788.42MW·h，每年可为国家节约标准煤约$2.26×10^3$t，每年可减少多种有害气体和废气排放。项目投产发电后可为迁曹高速公路运营提供更多低碳、绿色、环保的清洁能源，为实现交通领域绿色低碳发展注入了新的动力，对促进区域经济社会发展、能源结构改善和节能减排发挥积极作用。

2024年7月，河北省首个全路域高速公路分布式光伏项目——荣乌高速分布式光伏EPC项目廊坊段实现全容量并网发电，该段在服务区大车停车区采用的柔性支架光伏组件建设属全国同类项目首例应用。

该项目位于荣乌高速新线（京台高速至京港澳高速段）沿线，采用"自发自用，余电上网"模式在荣乌高速廊坊段、保定段全路段分离式路基中分带、高填方路基边坡、收费站空地、服务区大车停车区、智能建造基地顶棚、互通圈等多个场景，建设了光伏发电设施。其中高速公路大车停车区柔性光伏组件施工是亮点工程，最大程度上体现了光伏项目的实用性，为后续全国各高速公路实现"光伏＋"提供了参考经验。

荣乌高速是河北省首条成规模利用路域资源建设光伏发电设施、实现并网发电的高速公路，发电投产后，预计年均发电量约3608.06万kW·h，每年可节约标煤约11321.45t，减排二氧化碳27434.7t，在为高速公路供电提供最佳补充电源的同时，也为绿色交通、节能减排贡献了积极力量。

Ⅳ 低碳能源篇

2024年7月，张家口高速公路京藏路段和张石（含海张）路段"光伏＋交通"融合发展项目装机容量为17MW，项目建成后，预计年发电量约为2355.46万kW·h，每年可节约7725.92t标准煤，减少碳排放约23483.98t。该项目是张家口高发展公司继去年京新高速（张家口路段）分布式光伏项目全线并网后的又一重大成果，也是两年内完成的第3个分布式光伏项目。截至目前该公司所辖4条高速公路共计610km路段将在年底前全面使用清洁能源。

2024年8月1日，京石高速公路涿州等6对服务区及石家庄北、石家庄西收费站分布式光伏发电项目在定州服务区举行开工仪式。该项目为省冀交能源公司首个自主投资路域光伏发电项目，利用6对服务区以及2座收费站的路域资源建设分布式光伏发电设施，计划装机容量12.68MW，为服务区和收费站持续提供清洁绿色电力供应，助力服务区和收费站实现绿色低碳运行。按设计方案，将在定州服务区配备30kW水平轴小型风力发电机组、太阳花造型光伏设备等，实现多种形态新能源发电综合示范运用，同时建设定州服务区分布式光伏二级运维中心，构建公司光伏发电智慧化运维平台。在石家庄北收费站内建设光伏发电系统、储能系统及新能源汽车超充站，实现光储充一体化示范运营。

2024年8月5日，由河北高速集团资源开发运营有限公司投资建设的河北高速集团首个光储充一体示范站投入使用，标志着该集团推进路域外充电基础设施建设迈上新台阶。本次投用的光储充一体示范站位于石家庄市栾城区复兴大街辅路与石栾大街交会处，集光伏发电、电池储能、新能源汽车快速补能于一体，采用即发、即用、即储模式，利用华为全液冷超充技术实现了车桩协同、桩网协同。

示范站充电主机最大功率为720kW，超充终端最大功率为600kW，充电速度接近"一秒一千米"。站内共安装充电枪36把，其中600kW超充枪4把、250kW特快充枪8把、120kW普快充枪24把，预计每年减少碳排放108t。截至目前，河北高速集团已成功布设充电枪约2000把，实现了集团高速公路服务区充电设施全面覆盖。

8.2 智慧微电网技术

8.2.1 智慧微电网技术

微电网是由分布式电源、储能装置、负荷、配电设施、监控和保护装置等构成的小型发配电系统，由多个分布式电源及其相关负载按照一定的拓扑结构组成，能够进行自我保护、控制与管理。由于传统化石能源不可再生且对环境污染严重，人类不断寻找可再生、清洁和低污染的新能源，同时，目前风力发电和光伏发电等新能源具有分散性和不确定性等缺点，给传统配电网的安全运行带来极大的冲击和挑战。因微电网可以充分利用风力发电和光伏发电，促进大规模分布式电源接入低压配电网，减少石油和煤炭等化石能源发电带来的污染排放，所以微电网符合时代新能源发展的潮流，成为当今电力技术领域的重要组成部分。

智慧微电网技术可高比例消纳分布式电源，是实现分布式风、光、储、荷等协同控制和高效互动的新型电网形态，在实现国家"碳达峰，碳中和"战略目标方面大有可为。微电网是实现主动式配电网的一种有效方式，对于提高系统的供电可靠性、推进节能减排、实现能源可持续发展具有重要意义。本世纪初，美国、欧洲及日本等发达国家已开展微电网技术规模化应用。与国外发达国家相比，我国对微电网技术的研究和微电网示范工程的建设起步较晚，现在处于示范和试点阶段。

8.2.2 微电网技术的应用情况

（1）智慧微电网技术在国家电网、园区厂内已逐渐成熟，并得到一定应用

微电网技术符合我国电力发展的理念，有利于充分利用可再生能源和清洁能源发电，对助推我国新型电力系统发展和实现"双碳"目标具有重要意义。近年来，我国在微电网技术应用方面做了大量的工作。其中，国家电网公司等重点企业投入了大量的资金和人力，建立了国际先进的微电网示范工程。我国第一个微电网试点工程在天津建成，该工程连接了微电网和配电系统，实现了微电网与智慧楼宇之间的信号传输，为微电网技术在我国的广泛应用奠定了基础。南方电网公司在成立之初便确立了智能电网的发展目标，即智能、高效、可靠、绿色。通过不断提高电力系统的运行能力、工作效率和服务水平，如今微电网应用技术已达先进水平；常州经开区重点选择绿色产业园区、外贸出口相对集中的园区、"危污乱散低"综合治理"绿岛"园区、科创产业园区等园区类型和市级及以上绿色工厂，以近零碳园区为主阵地，同步开展近零碳工厂培育和新型智能微电网、光储充一体化场站建设，构建绿色低碳产业生态，打造绿色数智开发区。

（2）智慧微电网技术在高速公路上已广泛开展试点应用

智慧微电网技术应用在高速公路供电系统中，通过先进的传感器和监控

Ⅳ 低碳能源篇

设备实时监测沿线的电力设备运行状态，及时发现潜在故障，并通过预警系统通知运维人员进行处理，提高了供电可靠性，为高速公路的稳定运营提供了保障。此外，智慧微电网作为一个小型的电力系统，可以独立于主电网运行，也可以与主电网并网运行，具有灵活的运行方式和较高的供电可靠性。智慧微电网在高速公路中的应用，体现了对传统供电系统的升级和优化，通过智能化的管理和控制，提升了高速公路的服务质量和运营效率。

智慧微电网技术在公路中的应用主要体现在零碳智慧高速的建设中，通过光伏、风力发电、智能微电网等技术，实现碳排放综合管控、可再生能源利用。在济南至潍坊高速公路（济青中线济潍段）的建设中，创新边坡光伏、智能微电网等技术，打造了光伏边坡一体化试验路段和首个零碳标准路段，努力实现整条高速公路在运营阶段的"净零"排放目标。

（3）智慧微电网技术在河北省高速公路上的应用蓄势待发

行驶在河北交投集团所属高速公路上，在路域中央分隔带、回转车道以及收费站周边空地等位置，随处可见整齐排放的光伏组件。这是河北交投集团积极构建新型能源体系，发展路域新能源产业的积极实践。据统计，集团已在京石、张石、邢临、曲港、保津、迁曹、保阜等18条路段建设分布式光伏发电项目，目前总建设规模达到403MW，2024年年底并网规模将达到209MW。同时，所属省冀交能源公司还在京石高速石家庄北收费站、保津高速胜芳收费站打造光储充一体化示范性项目，年底实现投产运营；在望都服务区推进微电网技术示范应用，提供服务区日常用电和充电桩电力供应。

目前，正在建设的石太高速公路改扩建项目、衡水-昔阳高速公路赵县至赞皇（冀晋界）段、邯港高速公路衡水沧州界至国道G205段、衡德高速公路改扩建工程等都同步进行了路域分布式光伏发电工程设计，计划同步实施建设。在线性高速公路服务区、隧道、养护工区等节点区域采用智慧微电网技术，充分利用可再生能源，打造零碳园区、标准段落。

8.2.3 智慧微电网技术的发展前景

微电网作为分布式电源优化集成的一种方式，受到世界各国电力系统的关注。随着新能源、智能电网技术、柔性电力技术的发展，未来微电网技术将具备如下新特征：促进多种能源综合利用，能够解决远距离输电问题，并高效地实现多种能源之间的协调；微电网将与配电网之间实现更高层次的互动，通过微电网的内部能量优化和智能配电网的全局优化调控，逐步提高微电网的经济性；微电网将承载信息和能源双重功能，实现能源互联和通信网络的设计与建设。

未来微电网技术不断向智能电网方向发展是技术创新和能源绿色环保利用的必然选择。微电网不仅可以在偏远地区、高速公路隧道等远离市区段进行孤岛运行，还可以在一些商业园区、高速公路服务区等近市区段进行并网运行，微电网灵活的运行模式引起了广大科研工作者的兴趣，考虑利用风力发电和光伏发电的剩余电力制造氢气存储起来，并将氢气输送到城市的燃气管道利用和给氢燃料电池充电等，是未来利用氢气作为清洁能源接入到微电网的另一个重要研究方向。

世界各国在微电网技术方面已取得了大量的理论和应用成果，但是在微电网的运行控制、接入标准、保护方法、电能质量等方面还存在许多问题亟待解决。微电网技术研究对于我国电力系统的发展意义重大，一方面可以提高电力系统的安全性与可靠性，另一方面可以促进高比例可再生能源分布式发电消纳。微电网技术研发得到国家的大力支持，且建立了许多示范试点工程。

在高速公路领域，智慧微电网的应用要创新模式，建立适合公路运营的方式至关重要。智慧微电网距离大规模应用还有很长的路要走，需要政府、企业、科研机构以及社会各界等的共同努力。

未来，智慧微电网技术在高速公路及其他交通领域的应用前景广阔。随着技术的不断进步和政策的持续支持，智慧微电网将能够更好地服务于交通运输行业，推动能源结构的优化升级，实现绿色低碳发展。同时，智慧微电网的广泛应用也将为交通运输行业的智能化、信息化转型提供有力支撑，推动交通运输行业的可持续发展。

8.3　河北省高速公路低碳能源发展展望

能源与交通息息相关、不可分割。交通是能源的最大负荷领域，绿色发展是交通发展战略的必然要求。交通和能源都是关乎国计民生的全局性、基础性、战略性行业，也是"双碳"工作的关键环节。交能融合即交通行业与绿色可再生能源的融合发展，不仅可以进一步拓展绿色能源的发展空间，而且可以减少交通碳排放，从而实现"双碳"目标。近年来，我国交通运输部与能源部门充分考虑燃料、电力及绿色能源等输送特点，在新型交能设施统筹布局规划建设中不断探索，将共建共享理念融入交能基础设施，一方面提高设施利用效率，另一方面减少能源资源消耗。现有研究主要集中在交通运输部门对绿色能源的需求以及新型绿色能源的开发上，旨在为低碳目标开发出交能融合、具有实际意义的路径。在公路交能融合设计和应用方面，相关

Ⅳ 低碳能源篇

研究主要集中在运输所需绿色能源的开发与融合上,荷兰建设了世界上首个路面光伏,该路面光伏所发电量可供路灯以及其他用电道路设施使用;杭州沪杭甬高速路相关设计师设计了光伏弧形顶棚以满足收费站的电力需求等。绿色能源系统规划方面提出了路域"源—荷—储",交通运输部致力于开发"源—荷—储—存"的智慧公路交能融合应用技术框架;国家交能融合发展研究院就我国交能融合的现有基本形态和发展模式进行了全面总结。交能融合的优点突出,首先,更好地贴合我国资源节约和环境友好的低碳政策,进一步加速推进交通运输朝低碳供给型转变;其次,低碳交通加速推进有利于实现"碳达峰、碳中和"目标;最后,还可以促进地方交通基础设施建设和运营管理模式的优化,例如高速公路服务区等典型区域,推动高速公路沿线区域经济的快速发展。

在"碳达峰、碳中和"战略背景下,推动能源与交通融合发展、促进交能融合的绿色低碳转型,意义重大。在"碳达峰、碳中和"战略目标导向下,绿色低碳成为交通行业转型发展的内在要求。"交通运输+绿色能源"融合发展为交通领域双碳目标的达成提供了一条技术路径,高速公路沿途和服务区等局部区域具有发展新能源的土地条件,需要开发利用新能源,实现绿色电力就地消纳,提高高速公路用能中的绿色电力占比。采用交能融合发展模式能够推进高速公路绿色低碳发展,是新能源发展的必然实施路径。

"交通运输+绿色能源"融合发展为高速公路绿色低碳转型提供了良好思路。在交通方面,高速公路沿线的通信、照明和隧道、服务区等都有一定的电力需求,而且随着电动汽车的快速发展,用电需求将进一步提升。相比于传统燃油车,新能源汽车每年可减少碳排放 1.5×10^7 t 左右,从用电端实施绿电替代对于交通绿色化具有重要意义;在能源方面,高速公路沿途、互通交会处和隧道入口处具备开发新能源的土地资源,新能源可为高速公路提供一定的绿色电力支持。利用交通能源一体化的解决思路,发展"交能融合",能够为打造绿色、低碳、高效的交通运输体系奠定良好基础。

1) 高速公路发展绿色电力的要求

结合能源资源开发建设条件及高速公路供电需求,提高公路能源保障能力,实现用能清洁化,促进清洁能源开发利用,在公路沿线建设清洁能源项目,打造绿色电力供应体系。从土地资源看,高速公路的沿途路基两侧、交叉互通、隧道入口、服务区空地及屋顶均具备开发新能源的土地条件。一般情况下,考虑上述闲置土地资源条件,每 100km 预计可开发的光伏规模约为 50MW。从资源角度看,各地的风能、太阳能资源各有不同,需针对具体路段进行详细评估。

2）交能融合背景下的高速公路绿色电力发展策略

（1）建设新能源微电网

高速公路具有距离长、能耗密度低、不同时期变化大等特点。高速公路一般位于荒野，位置较偏远，在电网末端，由于电网结构较薄弱，供电能力较差，需加强电网，才能满足供电需求，但这会增加电网建设成本。就地开发利用新能源，建设新能源微电网，不仅能够满足供电需求，还能降低用能成本。

（2）打造源网荷储一体化系统

技术人员需要以公路交通用电需求为中心，配套风电、光伏等清洁能源，发挥储能设施的灵活调节能力，建设新能源利用率高、调节能力强的一体化绿色供电模式；发挥服务区所在区域的多种能源组合优势，大力开发服务区的各种能源资源，合理建设风电、光伏、储能、充换电等基础设施，如加氢站等不同形式的能源站，为服务区提供绿色低碳的能源，创建特色的源网荷储一体化服务区。由于新能源出力存在不稳定性，受天气影响比较大，源网荷储一体化系统需与电网联络，以大电网为依托，才能满足整体的供电可靠性。

低负荷高电源场景。在新能源整体出力较大时，容易出现电源出力较高而负荷相对较低的场景。此时源网荷储一体化系统中电源出力水平较高，通过存储新能源大发时刻的多余电力，在新能源小发时刻发出，可以实现能量转移，提高系统整体调节能力，满足系统整体用电需求。

高负荷低电源场景。光伏在阴天出力很低，容易出现负荷较高而电源出力较低场景。此时源网荷储一体化系统中电源出力水平较低，而用电负荷需求较高，储能系统发出电池中剩余的电量，系统总体电力缺口较大，系统需要依靠电网满足电力需求。

"双碳"目标对高速公路碳排放的要求越来越严格，在绿色低碳要求下，需要充分发挥"交通运输＋绿色能源"模式的优势，以交能融合促进高速公路绿色发展。以交能融合为背景，以交通分析和绿色能源分析为基础，建设新能源微电网和源网荷储一体化等交能融合发展策略及实施路径。

参考文献

[1] 河北省交通运输厅. 河北高速公路建设实录 [M]. 北京：人民交通出版社股份有限公司, 2018.

[2] 中华人民共和国生态环境部. 全国碳市场发展报告（2024）[R]. 2024.

[3] 朱宇, 吴东阳, 杨友森, 等. 双碳目标下高速公路施工的碳管理研究 [J]. 中国资源综合利用, 2024, 42（1）: 176-180.

[4] 高杰, 刘庆斌, 孙绍云, 等. "双碳"战略下高速公路管控转型升级探索应用 [J]. 科技和产业, 2022, 22（4）: 334-339.

[5] 高硕晗, 孔亚平, 余璇, 等. 面向碳达峰目标的公路基础设施低碳发展对策研究 [J]. 公路, 2023, 68（12）: 315-319.

[6] 程书祥, 何毅, 缪伟, 等. 广东省公路建设阶段低碳政策发展环境分析 [J]. 交通节能与环保, 2022, 18（6）: 1-7.

[7] 黄山倩, 黄学文, 高硕晗, 等. 基于LCA的高速公路建设全过程碳排放核算 [J]. 交通运输研究, 2022, 8（6）: 72-80, 89.

[8] MORA C, MCKENZIE T, GAW I, et al. Over half of known human pathogenic diseases can be aggra-vated by climate change [J]. Nature Climate Change, 2022, 12.

[9] 住房城乡建设部. 建筑碳排放计算标准: GB/T 51366—2019 [S]. 北京：中国建筑工业出版社, 2019.

[10] 李强, 储昭胜, 罗宵, 等. 高掺量SBS改性乳化沥青的制备 [J]. 湖北大学学报（自然科学版）, 2020, 42（2）: 217-221.

[11] 罗镓彬. 降噪抗滑冷拌冷铺薄层罩面材料及路用性能研究 [D]. 重庆：重庆交通大学, 2023.

[12] BABAGOLI R, AMELI A, SHAHRIARI H. Laboratory evaluation of rutting performance of cold recycling asphalt mixtures containing SBS modified asphalt emulsion [J]. Petroleum Science and Technology, 2016, 34（4）.

[13] 汪德才, 常昊雷, 郝培文, 等. 改性乳化沥青冷再生混合料动态模量特性 [J]. 长安大学学报（自然科学版）, 2020, 40（6）: 35-46.

[14] 邱伟. RAP特性对乳化沥青路面冷再生性能影响的研究 [D]. 重庆：重庆交通大

学，2017.

[15]　朱俐娜. "光伏＋高速公路"推动绿色交通加速发展［N］. 中国城市报，2024-03-04（A7）.

[16]　陈晓华，王志平，吴杰康，等. 微电网技术研究综述［J］. 黑龙江电力，2023，45（6）：471-480，506.

[17]　赵嘉琦，李瑞. 微电网技术研究进展［J］. 山西电力，2022，（5）：10-13.

[18]　田健. 微电网绿色低碳发展的关键技术与应用［J］. 计量科学与技术，2023，67（7）：25-33.